知的生きかた文庫

図解！　江戸時代

「歴史ミステリー」倶楽部

JN257346

三笠書房

はじめに

慶長《けいちょう》八年（一六〇三）に徳川家康が江戸の地に幕府を開いて以降、江戸時代は二六〇年余にわたって続いた。

この間、幕末を除いて大きな内乱はなく、世界史上から見ても極めて珍しい時代だったといえる。なぜ、これほどまで長期にわたって平和な時代が現出されたのだろうか。その背景には、幕府の支配を絶対のものとする独特の政治機構の確立がある。

しかし一方、江戸の庶民は幕府による統治のもと、町《ちょう》を形成し、実直に働き、盛大に遊び、存分に食べ、熱心に学んだ。――泰平の世を謳歌《おうか》したのである。

本書は、この、ある意味不思議な江戸時代と江戸の人々をより深く理解するために、地図やチャート、当時の絵図や写真をふんだんに使用して徹底図解につとめた。

時代劇などでお馴染みだが、誤解や間違いも含めて、知っているようで知らないことが多いこの時代。人々の生活と「しくみ」を切り口として読み解くことで、新たに浮かび上がってくるリアルな江戸像を楽しんでいただければ幸いである。

第2章 江戸の暮らし方——住居とインフラ、暦と貨幣

第3章 江戸のしくみ——行政・防犯・防災

第4章 江戸の支配者——武士の生活

【将軍の奥入り】奥に泊まれるのは月に一〇日ほど、しかも添い寝役に監視されながら………134
【大奥の掟】機密保持・綱紀粛正・経費削減…、「女の園」の秩序を保つべく多くの細則が……136
【将軍の印判】花押に加え御朱印・御黒印が、将軍印として各種書類に用いられた……138
【将軍の実権】政務は老中による合議制となり、家康の頃とは違い将軍は象徴的存在に………140
【将軍の生理現象】正装の将軍に影のように付き従う、謎の役人「公人朝夕人」の仕事とは!?……142
【将軍の食事】将軍一人の日々の食事のために、城内には千人ほどの係の者がいた!……144
【将軍の娯楽】将軍家に好まれた鷹狩りは、民情視察や軍事教練などの意味もあった……146
【大奥の運営】奥女中は人数が多く高禄のため、大奥の経費は幕府財政を圧迫した!……148
【大名のランク】「親藩・譜代・外様」の親疎別だけでなく、大名はさまざまに格付けされた……150
【御三家と御三卿】家康の子を祖とする「御三家」と、八代将軍吉宗が創設した「御三卿」……154
【登城の作法】登城日の際は家格や役職に応じて、順番や入れる門などが決まっていた!……156

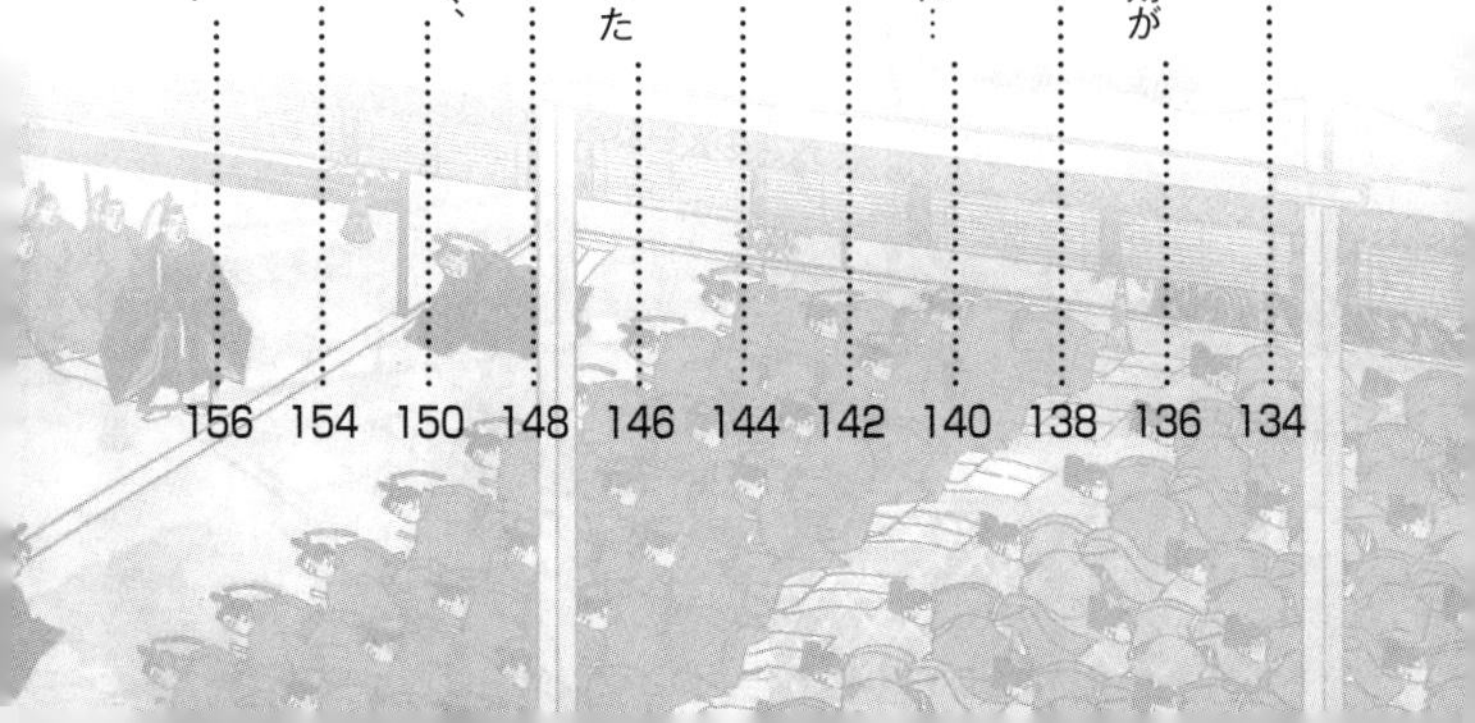

図版・DTP／ハッシィ

第1章

江戸の開発

将軍の町の基本

家康が起工し三代家光が完成させた、桃山の豪奢な気風を残す寛永期の江戸

天正《てんしょう》十八年（一五九〇）に徳川家康が入府する以前の江戸は、町屋がわずかに立ち並ぶ武蔵野《むさしの》の寒村にすぎなかった。一方で、江戸湊《みなと》は古来、さまざまな物資が行き交う要衝《ようしょう》の地だったともいう。

長禄《ちょうろく》元年（一四五七）に室町時代の武将・太田道灌《おおたどうかん》がこの地に築いた江戸城は、粗末な城であったようだ。しかし家康は、ここを居城と定めた。

そして慶長《けいちょう》八年（一六〇三）に江戸幕府を開くと、江戸城を中心とした本格的な町づくりに着手したのである。江戸城の周辺には大名屋敷が配されて「内郭《かく》」とされた。さらにその周辺に寺社や町地が「外郭」として配置された。

しかし平野部は湿地帯が多く、居住地が不足していたので、家康は江戸城南の日比谷《ひびや》入江を埋め立てる。神田山（のちの駿河台《するがだい》あたり）を切り崩し、その土を運んで埋め立てていったのである。

こうして陸地化したのが、現在の日本橋・京橋・銀座一帯だ。

また、低湿地には運河を切り開いて水運の整備を図るとともに、日本橋を起点

として街道を整備した。物資を全国から江戸へ運びやすくするためである。

家康没後の元和《げんな》二年（一六一六）、二代将軍秀忠《ひでただ》は神田と湯島の間の土地を開削し、それまでたびたび氾濫《はんらん》していた平川の流れを変えた。こうしてできたのが神田川《かんだがわ》である。

神田川沿いの北岸には浅草平右衛門《へいえもん》町《ちょう》や瓦町《かわらまち》・神田久衛門町《きゅうえもんちょう》が、南岸には徳右衛門町《とくえもんちょう》・柳原町《やなぎはらちょう》といった新たな町が形成された。

さらに秀忠は、江戸城本丸の改築にも着手する。それまで梅林坂《ばいりんざか》・北桔橋《きたづめばし》・西桔橋門に囲まれるように存在していた出丸を本丸に取り込み、そこに新たな天守を設けたのである。

三代将軍家光《いえみつ》の時代になると、寛永《かんえい》十二年（一六三五）に、江戸城の三の丸を縮小し、二の丸を拡張する工事がなされた。同年八月には本丸御殿を新造し、寛永十五年には新たな天守を築いている。翌年の火災で全焼したが、寛永十七年（一六四〇）に再建された。

また、家光は平川の上流と江戸城の外《そと》濠《ほり》にあった溜池《ためいけ》とをつなぐ工事に着手。外濠をさらに取り囲むように濠を形成した。こうして江戸城と周辺城下町の建設は、ここに完成したのである。これらの工事は、「天下普請《てんかぶしん》」として諸大名に人員を供出させるかたちで行なわれた。

江戸城の拡張工事

① 徳川家康入府直後の江戸城

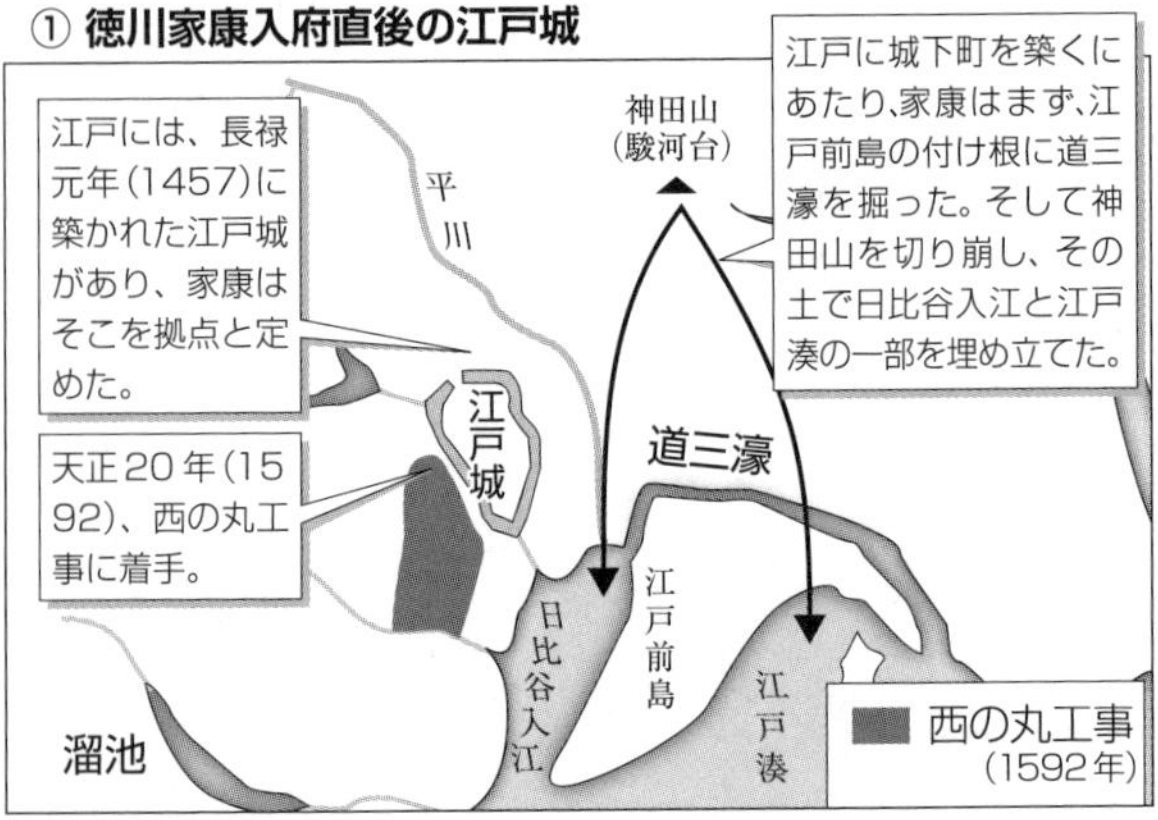

家康は、まず江戸前島の付け根に道三濠を掘り、江戸城と江戸湊を運河でつないだ。そして城下町建設に取りかかった。

② 家康晩年の江戸城

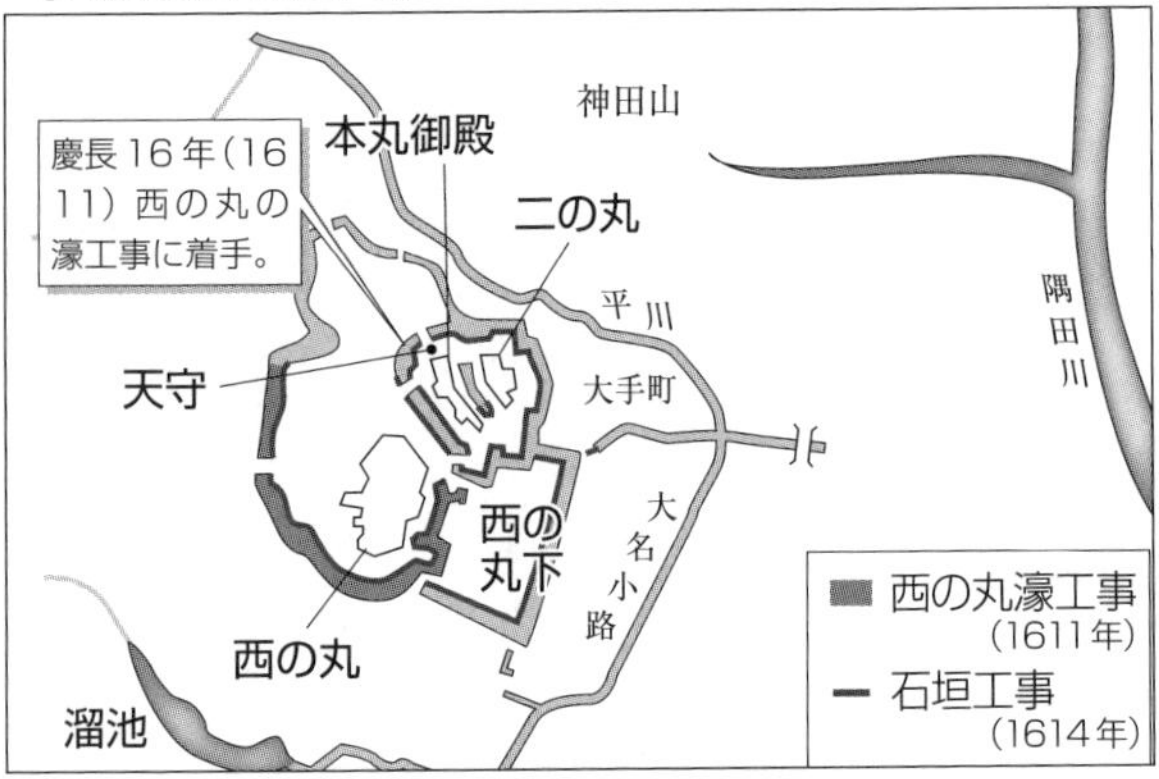

慶長10年(1605)には本丸御殿が、慶長12年には天守が築かれた。慶長16年になると西の丸の濠の工事が行なわれた。

③ ２代秀忠時代の江戸城

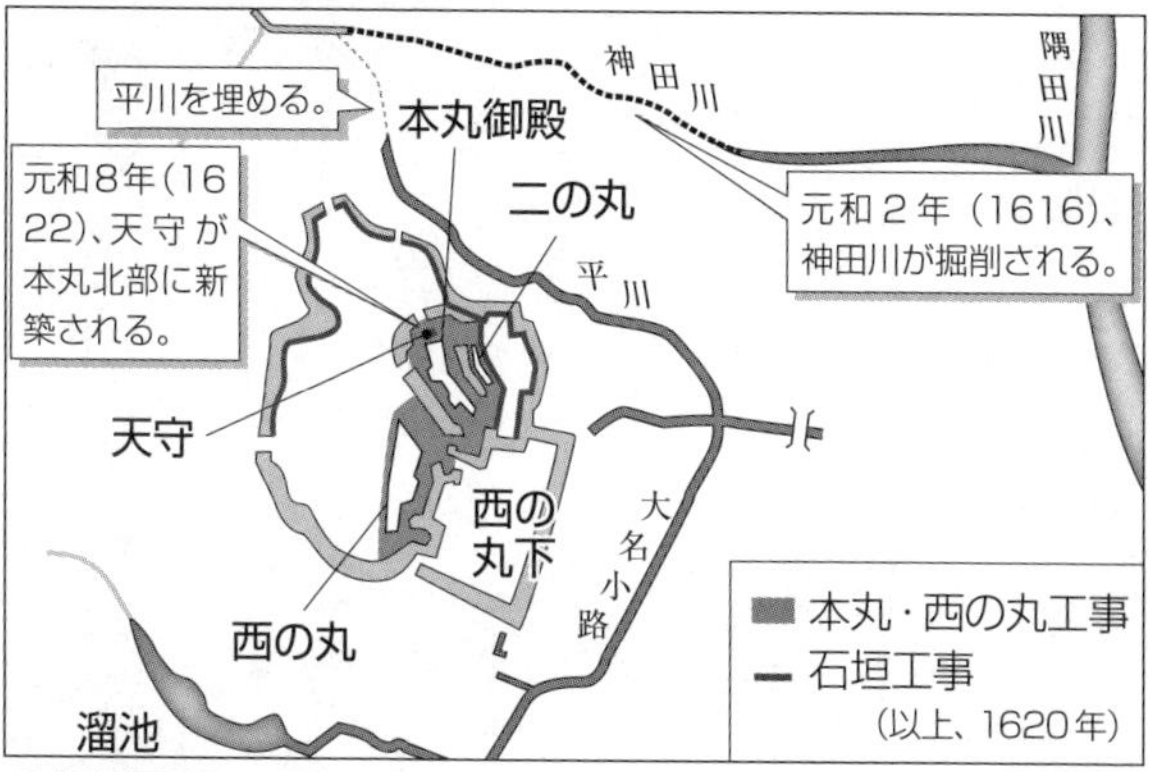

２代将軍秀忠は元和２年（1616）に神田川を通じて城の外郭とすると、元和８年（1622）には天守を本丸の北部に新しく築いた。

④ ３代家光時代の江戸城

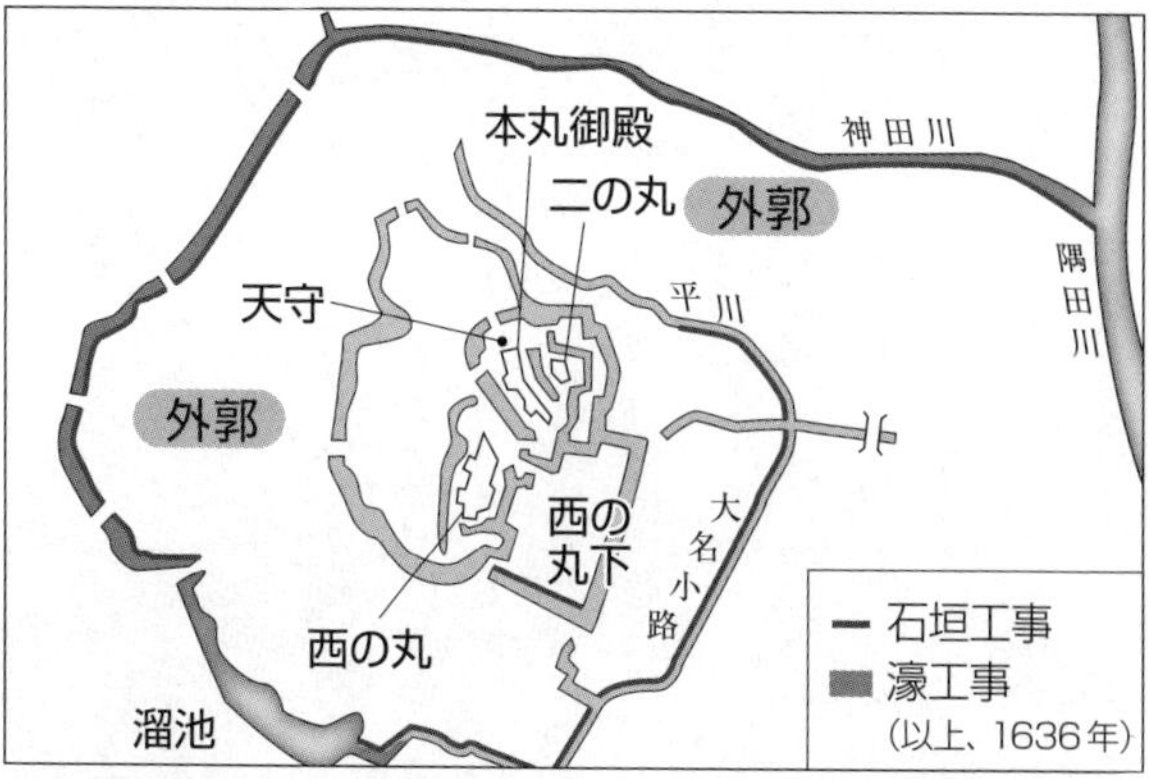

３代将軍家光は、二の丸の拡張や、焼失した天守の新築、江戸城北西の台地に濠を設けるなど、江戸城増築の総仕上げを行なった。

江戸の人口

一八世紀には一〇〇万人を突破？ 世界で最も人口が多かった江戸！

徳川家康の入府以降、江戸の人口は年々増加した。徳川家に仕える旗本《はたもと》・御《ご》家人《けにん》（直参《じきさん》）のほか、全国の大名の藩邸が置かれ、そうした武士相手の商人や職人たちも多く集まって来たからだ。

慶長《けいちょう》十六年（一六一一）に江戸を訪れたスペイン人のフィリピン総督ドン・ロドリゴが記した『日本見聞録』によると、江戸の町には一五万人ほどの町人がいたという。

ただし、これが正確な数かどうかはわからない。幕府が初めて公式の人口調査を行なったのは、八代将軍吉宗《よしむね》（在位一七一六～四五）の時代だからである。

調査が行なわれた享保《きょうほう》六年（一七二一）では、町人の数は五〇万一三九四人。武家と公家については調査が行なわれていないが、五〇万人は優に超えていたと考えられている。

つまり、一八世紀の時点で、江戸は「百万都市」となっていたのだ。

当時のロンドンの人口が約八七万人、パリが約五五万人だったというから、江戸は世界一の人口を擁していたようだ。

江戸町人の人口変遷（町奉行所管轄内）

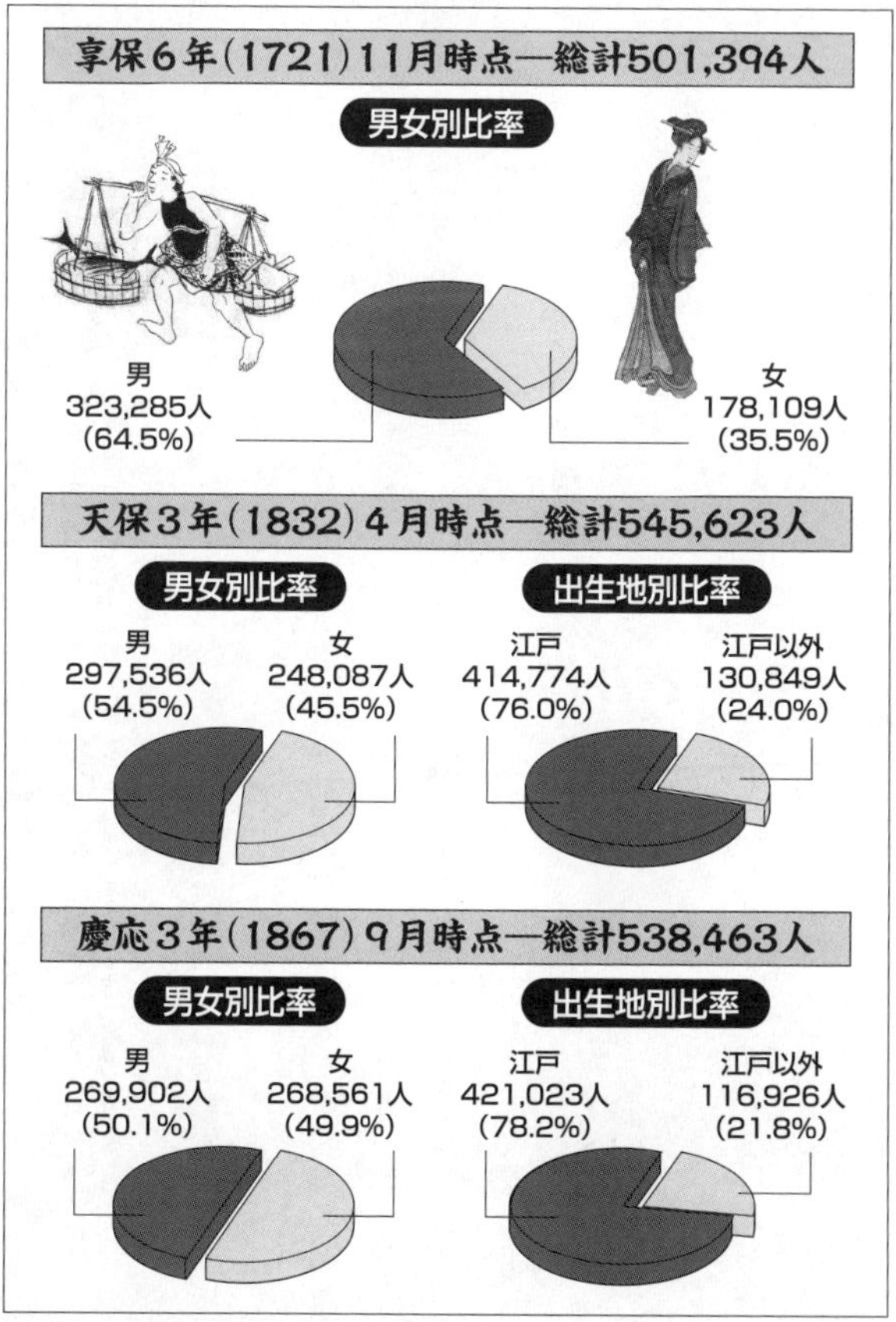

18世紀前半、江戸は圧倒的な男性社会だったが、幕末にはほぼ男女同数になった。

江戸の町の構造

日本橋一帯から開発された町地は、通りを挟んだ「両側町」で構成された

徳川家康は江戸の町の開発にあたり、京都・平安京の碁盤目状の都市計画を参考にしたといわれる。江戸の町割に京《きょう》間《ま》という一間《けん》六尺五寸（約一・九七メートル）の建築尺度が採用されたのは、そのためである。

ただし、江戸の町が正確な碁盤目状となっていないのは、地形に合わせ、地域ごとに柔軟な建設を行なっていったからだ。

江戸の町は、道路幅四丈（約一二メートル）の表通り・裏通り・横町《よこちょう》に囲まれた京間六〇間四方が基本的な一区画となっている。

この正方形の街区に京間二〇間四方の宅地が、通りに面して八つ築かれた。中央は会所地《かいしょち》（空き地）とされ、江戸時代初期の頃は共同のゴミ捨て場として利用された。

平安京ではこの正方形の街区を一つの町《ちょう》の単位として数えていたが、江戸の町はそうではなく、通りを挟んで向かい合った両側の町屋敷で一つの町を構成していた。これを「両側町《りょうがわちょう》」という。

このような形式になったのは、通りは日常的に人が行き交う重要な交流拠点であることから、通りを共有する向かい合う町屋敷同士で連携したほうが、何かと都合がよかったためだ。

そこで町衆《ちょうしゅう》は、自分たちの意志で両側町という自治体を構成していったのである。

江戸の町は、まず高橋（現・常盤橋《ときわばし》）の東側から開発が始まった。このエリアは、江戸の最初の町であり大元であることから、「本町《ほんちょう》」と呼ばれた。現在の中央区日本橋石町《こくちょう》・日本橋室町《むろまち》・日本橋本町一帯である。

その後も京間六〇間四方の区画を基本として町の開発が行なわれていき、一八世紀半ばには一六〇〇町を数えるまでに発展したのであった。

なお、江戸の人口増加にともなって、会所地の存在が問題となった。遊休地としておくのはもったいなく、地主らはここを開発することで、収益を上げたいと考えるようになったのである。

そこで新設されたのが、「新道《しんみち》」である。新道が設置されると、その通り沿いにも商店が形成された。

現在、江戸時代から続く問屋街として常に多くの人で賑わいを見せる日本橋馬《ば》喰町《くろうちょう》・横山町の新道通りは、かつての新道の名残である。

江戸の町の構造

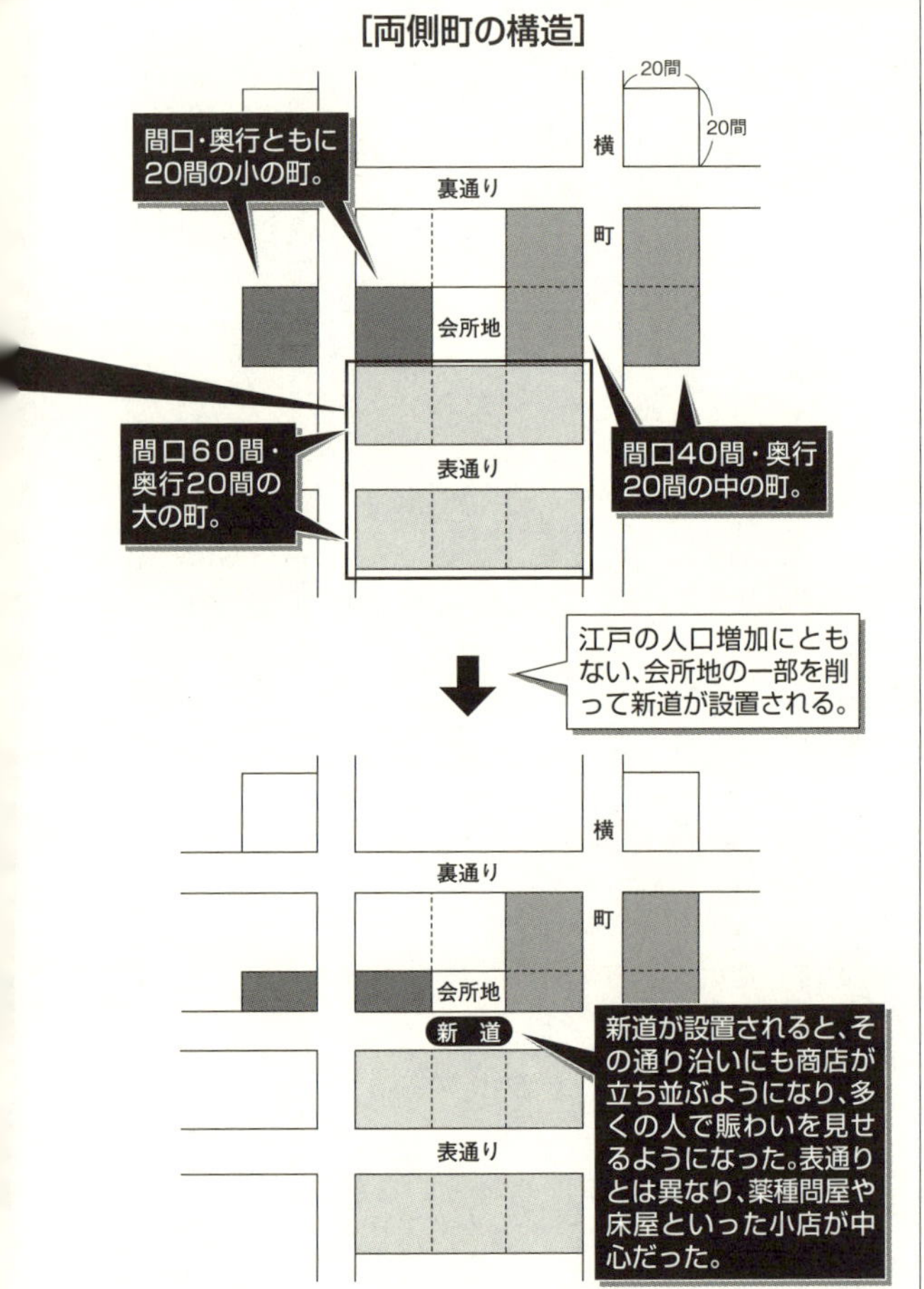
[両側町の構造]
20間
20間
横
町
裏通り
会所地
表通り
間口・奥行ともに20間の小の町。
間口60間・奥行20間の大の町。
間口40間・奥行20間の中の町。
江戸の人口増加にともない、会所地の一部を削って新道が設置される。
横
町
裏通り
会所地
新道
表通り
新道が設置されると、その通り沿いにも商店が立ち並ぶようになり、多くの人で賑わいを見せるようになった。表通りとは異なり、薬種問屋や床屋といった小店が中心だった。

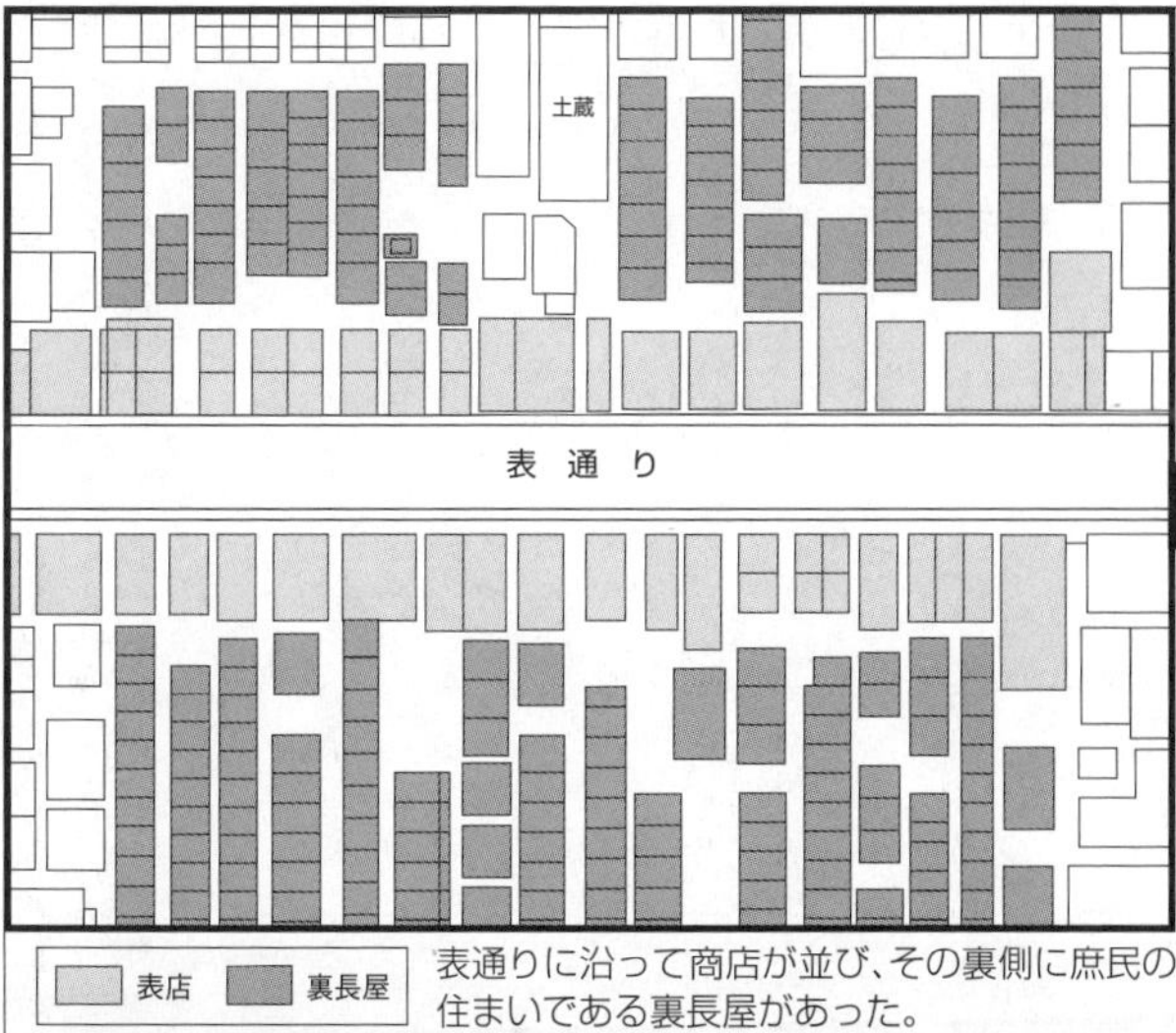

表通りに沿って商店が並び、その裏側に庶民の住まいである裏長屋があった。

表通りには、大小さまざまな商店が軒を連ね、多くの人で賑わった。
（歌川広重『東都大伝馬街繁栄之図』国立国会図書館蔵）

大江戸八百八町

明暦大火後に急速に開発された町地は、約一七〇〇町にまで膨らんだ！

江戸の町《ちょう》は一般に「大江戸八百八《はっぴゃくや》町《ちょう》」と呼ばれるが、実際はそれよりもはるかに多かった。

慶長《けいちょう》～寛永《かんえい》年間（一五九六～一六四四）に、江戸城を中心としておよそ三〇〇町が誕生。その後、明暦《めいれき》三年（一六五七）に起きた明暦大火によって、江戸城天守をはじめ町の多くが焼失するが、これを契機に都市改造に取り組んだ幕府によって、本所《ほんじょ》や深川をはじめ未開発地域が次々と拓《ひら》かれた。

寛文《かんぶん》二年（一六六二）には町奉行《まちぶぎょう》が支配する町は六七四にまで拡大。正徳《しょうとく》三年（一七一三）には九三三町と、「八百八町」を突破した。

延享《えんきょう》二年（一七四五）から翌年には、それまで寺社奉行管轄の門前町が町奉行の支配下となったため、江戸の町数は一六七八町にまで増加したのである。

ただし、江戸市街地の総面積のうち、町地はわずか一四パーセントほど。大半は武家地・寺社地であり、町人たちは過剰な人口密度のなかで生活を営むことを余儀なくされていたのである。

江戸の土地利用（17世紀前半）

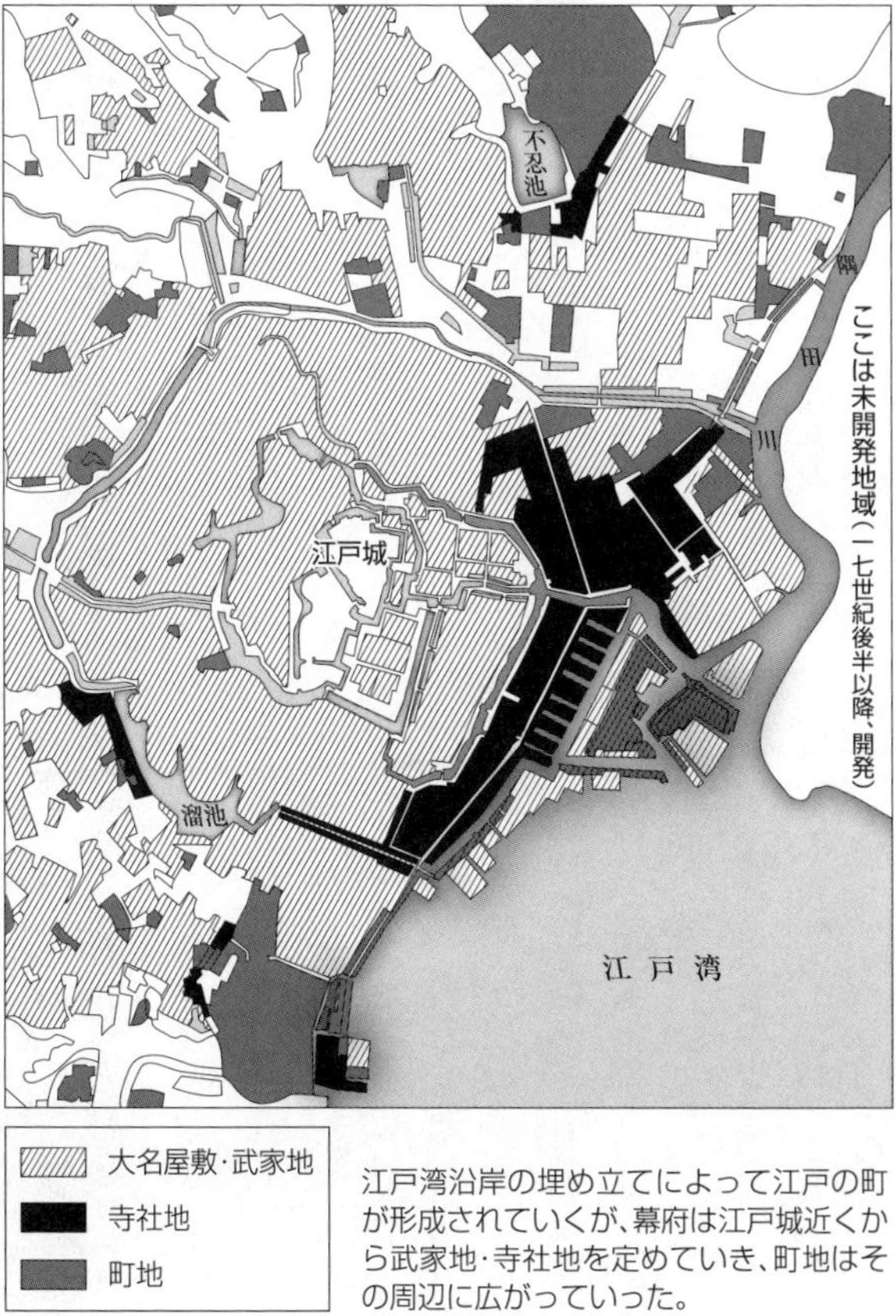

江戸湾沿岸の埋め立てによって江戸の町が形成されていくが、幕府は江戸城近くから武家地・寺社地を定めていき、町地はその周辺に広がっていった。

拡大の一途をたどる江戸の市街地に、朱線を引いて決められた「御府内」の範囲

前項で江戸にはじつに多くの町《ちょう》が存在したことにふれたが、それでは江戸とはいったいどこからどこまでを指すのだろうか。じつは、これに正解はない。時代によって江戸の範囲が変化していったからである。

寛政《かんせい》三年（一七九一）の頃には、「江戸城から四里（約一六キロメートル）四方の場所が府内《ふない》（江戸）」という大まかな目安は出されている。

また、江戸払いという追放刑では、「品川・板橋・千住《せんじゅ》・四谷大木戸・本所《ほんじょ》・深川の外に追放する」とされているので、これより内側の地域が一般に江戸とされていたようである。

こうした曖昧な状況が続くなか、幕府がはっきりと江戸の範囲を決めたのは、文政《ぶんせい》元年（一八一八）のことだった。

江戸の地図上に朱線を引き、府内と府外を分けたのである。府内は、北は板橋・千住、東は亀戸《かめいど》（江東区）、小名木《おなぎ》（江東区）、西は現在の山手線内と決められたのだ。朱線で引かれたことから、この地域は「朱引内《しゅびきない》」と呼ばれる。

定められた江戸の範囲

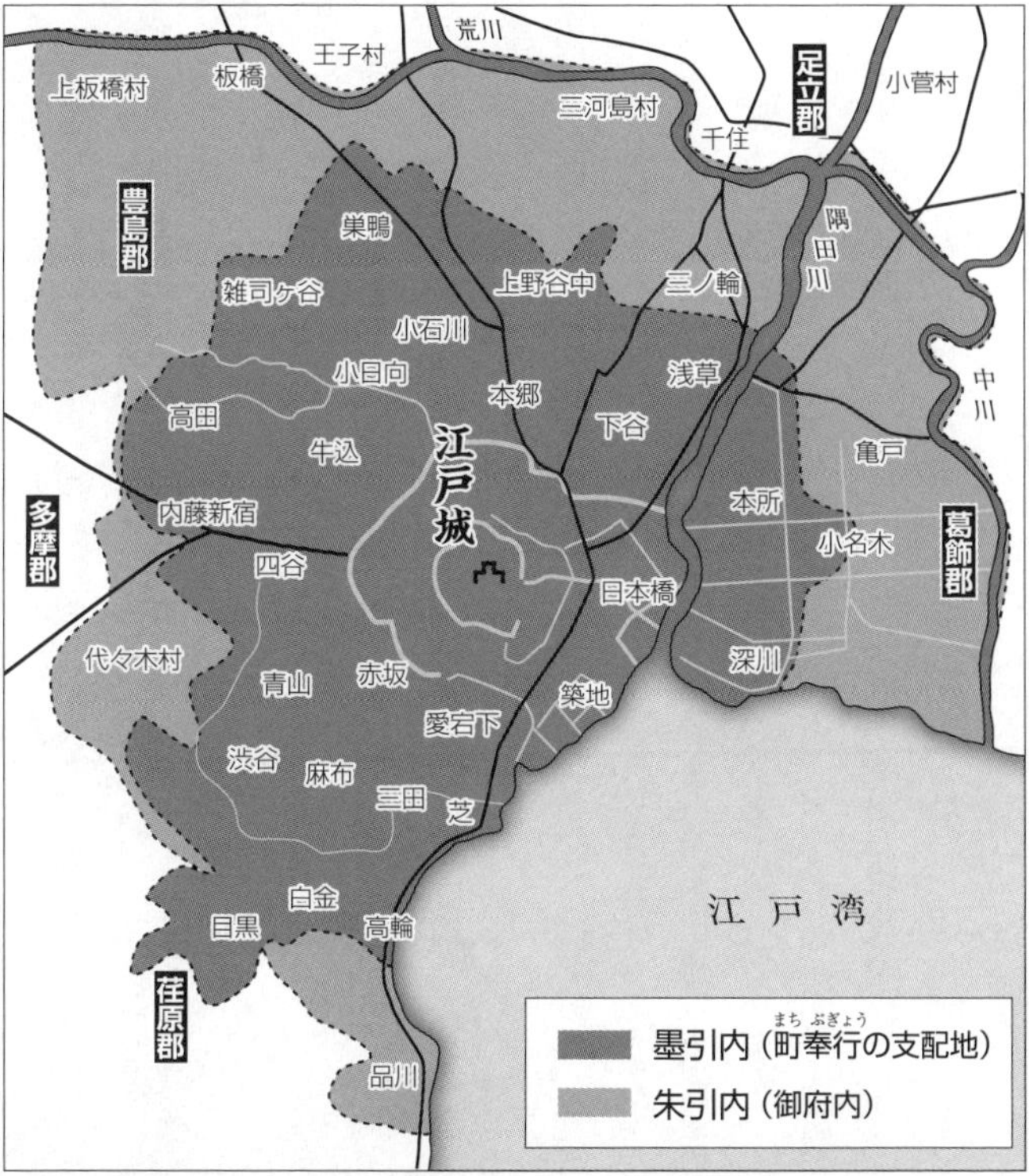

幕府によって江戸の範囲が定められたのは、文政元年（1818）のこと。江戸の地図上に朱線を引き、その線よりも内側が「御府内」とされた。このとき、町奉行が行政を担当する地域も墨線で引かれた。墨線の外側から朱引内にかけての地域において、町奉行は治安維持のみを担当した。
（参考：『旧江戸城朱引線内図』東京都公文書館蔵）

街道の整備

参勤交代のために整備された、江戸・日本橋を起点とする「五街道」

江戸・日本橋から全国各地へと通ずる主要な五つの街道を五街道と呼ぶ。

すなわち、太平洋側から京へ向かう東海道、内陸部から草津へ向かう中山道《なかせんどう》、八王子を経て甲斐《かい》国へ向かう甲州道中《こうしゅうどうちゅう》、陸奥《むつ》白河へ向かう奥州《おうしゅう》道中、宇都宮《うつのみや》で奥州道中と分離して日光東照宮へ向かう日光道中である。

これらは、三代将軍家光《いえみつ》が定めた参勤交代の制度を受け、四代将軍家綱《いえつな》が整備した街道だ。

最も重要視されたのは東海道である。

江戸―京都間一二五里一二町（約五〇二キロメートル）の道程で、途中に計五三の宿場があったことから、「東海道五十三次《つぎ》」と呼ばれた。参勤交代の大名や商人・町人などさまざまな人が往来し、一つの宿場町において、一日に約三〇〇人の人が通行するほどだったという。

また、中山道は東海道の裏道的な存在であり、険しい山道が多く通行量が少なかった。そのため、皇族や公卿《くぎょう》の姫君が徳川将軍家や御三家に嫁ぐ際の輿《こし》入れの行列はここを通った。

五街道と脇街道

妻籠(つまご)宿
中山道六十九次のうち、42番目の宿場。江戸時代の街並みがいまも保存され、多くの観光客が訪れる。
弘前
秋田
盛岡
新庄
仙台
山形
新発田
会津
長岡
高田
白河
日光
富山
金沢
宇都宮
水戸
上田
福井
甲府
江戸
松江
米子
鳥取
福知山
岐阜
佐倉
京都
桑名
名古屋
府中
小田原
浜田
福山
岡山
姫路
岡崎
赤間関
広島
明石
大坂
安濃津
浜松
掛川
津和野
鳥羽
小倉
佐賀
長崎
五街道　脇街道
❶日光道中　Ⓐ水戸街道
❷奥州道中　Ⓑ北国街道
❸甲州道中　Ⓒ北国路
❹中山道　Ⓓ伊勢街道
❺東海道　Ⓔ山陰道
Ⓕ中国街道
Ⓖ長崎街道
○主な城下町　↔関所
東海道五十三次之内　小田原
街道は整備されたが、川には橋が設けられなかった。(歌川広重『東海道五拾三次』「小田原・酒匂川」国立国会図書館蔵)

江戸・日本橋を起点とした五街道と脇街道が整備されたことで、さまざまな階層の人々と物資が街道を行き交うようになった。

「江戸四宿」は旅人だけでなく、江戸っ子が遊里として通う場所だった

五街道の起点が置かれた日本橋から、それぞれの街道へ向けて出立《しゅったつ》すると、まもなく第一の宿場町へたどり着く。奥州《おうしゅう》道中《どうちゅう》は千住《せんじゅ》宿、中山道《なかせんどう》は板橋宿、甲州《こうしゅう》道中は内藤新宿、東海道は品川宿である。

これらは江戸の玄関口にあたり、「江戸四宿《ししゅく》」と呼ばれた。いずれも日本橋から二里（約八キロメートル）余の地点にあり、江戸から各地へ向かう人、地方から江戸へ入る人で大いに賑わった。

もともと宿場町は、周辺農村の市場としての役割も担っていた。

しかし、元禄《げんろく》年間（一六八八～一七〇四）、商品経済の発達と同時に旅人が増加すると、主要街道沿いの宿場町には旅籠《はたご》や茶屋などが増加するようになった。

旅籠が宿泊客を集めるために置いたのが、飯盛女《めしもりおんな》である。名目上は食事の給仕係だったが、実態は遊女だった。天保《てんぽう》年間（一八三〇～四四）には、品川宿に一五〇〇人もの飯盛女がいたという。

江戸四宿は近場でもあり、旅人以外の男たちもこぞって遊びに出かけた。宿場町は実質、遊里となっていたのだ。

江戸の四宿

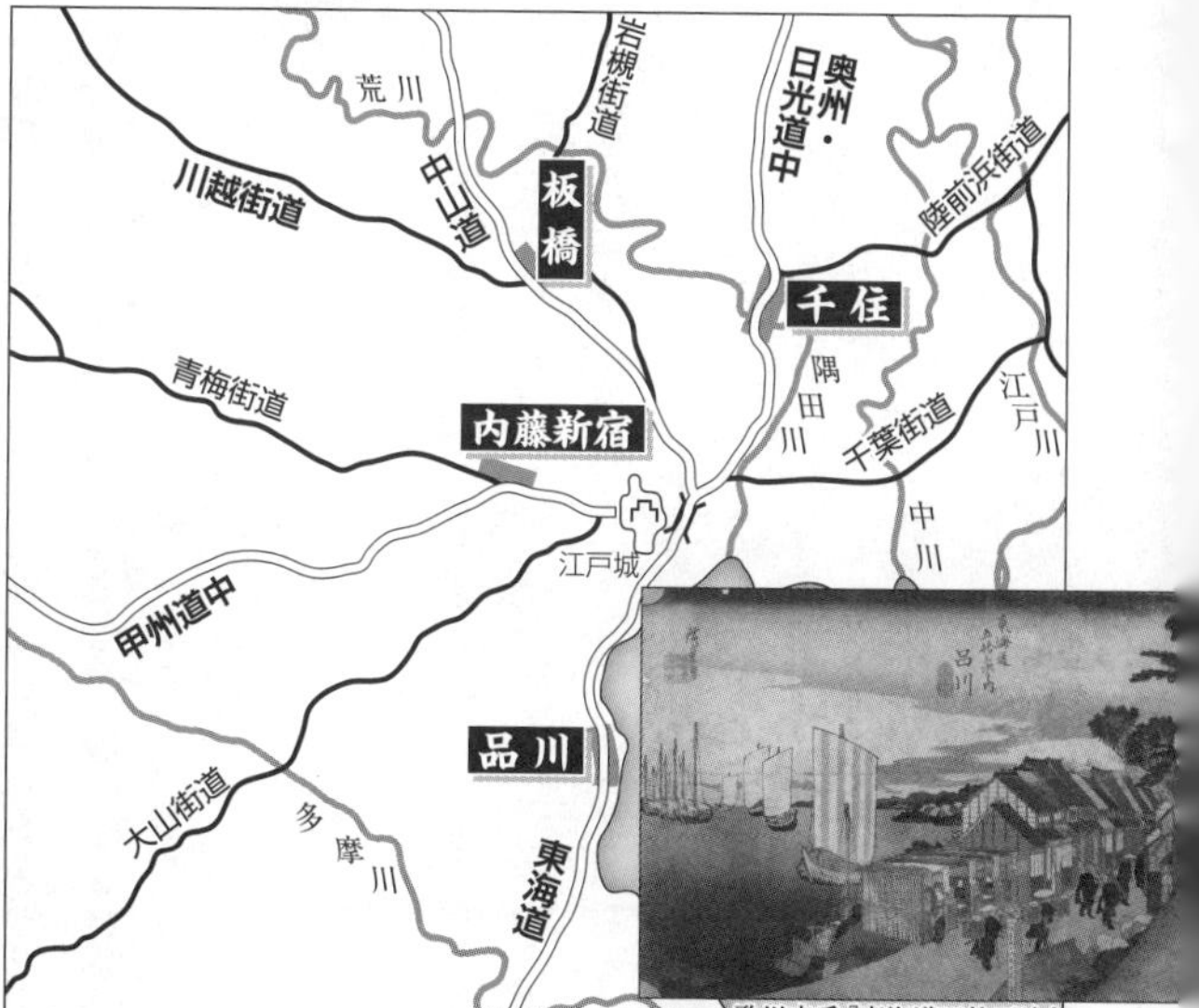

歌川広重『東海道五拾三次』「品川・日之出」国立国会図書館蔵

【江戸四宿概要】

宿名	本陣	脇本陣	旅籠屋	人口
品川	1	2	93	6,890
内藤新宿	1	0	24	2,377
板橋	1	3	54	2,488
千住	1	1	55	9,956

※数字は『宿村大概帳』による

【飯盛旅籠料金表（一例）】

品目	料金
玉代	200～500文（5,000円～12,500円）
上玉代	700文（17,500円）
酒肴代	400文（10,000円）
御祝儀	200文（5,000円）

※「玉」は飯盛女のことを指す

江戸を出立したのち、それぞれの街道で最初の宿場が品川・内藤新宿・板橋・千住の「江戸四宿」。四宿は大勢の人で賑わった。その理由として飯盛女（＝遊女）を置いた旅籠が多くあったことがあげられる。

街道と関所

江戸の防衛と治安維持のため、幕府は街道の往来に目を光らせた

江戸を中心として全国に街道網を整備した幕府は、街道沿いに関所を設置し、誰もが自由に通行できないようにした。江戸の防衛と治安維持のためである。

海や山・川といった自然の要害を活かして設置された関所は、全国で五〇ヵ所以上におよんだ。なかでも、東海道に設置された箱根関所は最大の規模を誇っていた。

これらの関所を通行する際、男性は「往来手形」、女性や武器を運ぶ者は「関所手形」を提示することを義務づけられた。

これらの手形を所持せずに関所を通過しようとしたり、関所を避けて裏道を通ったりした場合には、関所破りとして罰せられた。

ただし、通行の審査はそこまで厳密に行なわれてはいなかったようだ。男性や江戸へ向かう女性は「生国と名《しょうごく》」を名乗るだけで通過でき、全国を渡り歩く芸人は芸を見せれば通行できたようである。

また相撲取《すもうと》りも、体形を見ればひと目でそれとわかったため、無手形で通行できたという。

主要街道の関所配置図

(気賀関所案内板をもとに作成)

箱根関所見取図

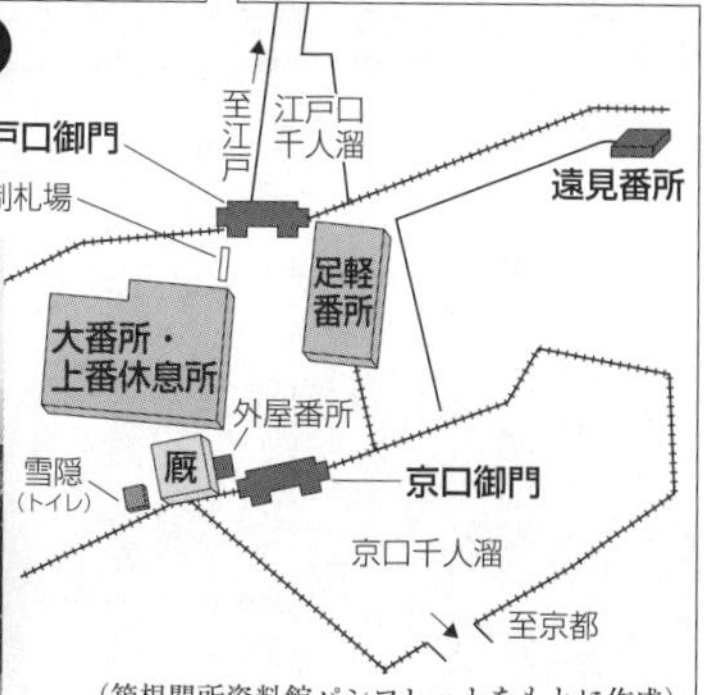

(箱根関所資料館パンフレットをもとに作成)

関所は全国に50ヵ所以上設置され、なかでも箱根関所は東海道を通行して江戸に入るときの最大の関門だった。通行する際には往来手形（男性）や関所手形（女性と武器を運ぶ者）を提示する必要があった。

水運と河岸

全国を結ぶ沿岸航路が発達し、江戸には水運網が張り巡らされていた

幕府は五街道の整備とともに、全国各地の都市を廻船《かいせん》で結ぶ海運網をつくりあげた。一度に大量の物資を運ぶには、海運のほうが便利だったからである。

江戸市中の消費生活を支えたのも、水運による物資の輸送だった。そのため江戸の町には、河川や堀などを活かして築いた水路が縦横に張り巡らされていた。

大型船で各地から江戸湾に入って来た物資は、隅田川の河口で小舟に積み替えられ、複雑に発達した水路を通じて江戸市中へと運ばれた。

物資を荷揚げする場所を河岸《かし》という。河岸は荷揚げ、荷物置き場、貯蔵庫という役割に加え、物資の取引を行なう市場としての役割も担った。

江戸時代後期には河岸の一部を蔵地として、荷物を保管する蔵を建てることが許されたため、河岸周辺には蔵が林立したという。

江戸の河岸は、旧江戸前島沿岸・旧三《みつ》又《また》分流・日本橋川河口部・隅田川・外《そと》濠《ぼり》・神田川・汐留《しおどめ》川・芝雑魚《ざこ》場《ば》・網干場《あぼしば》の八つのエリアに分けられていた。

江戸へ至る主な海運網

◎ 二都
▣ 城下町
○ 港町
東廻り航路
西廻り航路
南航路（江戸・大坂の大動脈。西廻り航路にも含まれる）
東廻り航路
東北日本海から津軽海峡を回り、太平洋から江戸へ。商人・河村瑞賢（かわむらずいけん）が開いた航路。
西廻り航路
東北日本海から下関を回り、瀬戸内を通って大坂へ。河村瑞賢が開いた航路。
南航路
灘で醸造された酒は南航路を通じて樽廻船で江戸へ運ばれた。他の物資は菱垣（ひがき）廻船が運んだ。
青森
鰺ヶ沢
八戸
能代
土崎
宮古
酒田
石巻
塩釜
荒浜
小木
平潟
福浦
那珂湊
銚子
江戸
浦賀
小湊
三崎
柴山
下田
温泉津
兵庫
大坂
鳥羽
安乗
丸亀
方座
大島

廻船で江戸へ運ばれた物資は、小船に乗せ替えられ、江戸市中へ運ばれた。（葛飾北斎『富嶽三十六景』「江戸日本橋」国立国会図書館蔵）

江戸の河岸

昌平河岸
神田川
河台
浅草茅町河岸
両国橋
竪川
浜町河岸
竜閑川
鎌倉河岸
米河岸
東方河岸
日本橋川
（外濠川）
日本橋
魚河岸
道三濠
菖蒲河岸
大橋
鎧河岸
行徳河岸
八代洲河岸
城辺河岸
木更津河岸
旧江戸前島
本材木河岸
楓河岸
永久河岸
北新堀河岸
南新河岸
永代橋
八丁堀
外濠
将監河岸
越前堀河岸
新富河岸
旧三又分流
西豊玉河岸
築地
鉄砲洲
楓河岸
隅田川
汐留川
東豊玉河岸
小田原河岸
芝口河岸
江戸湾

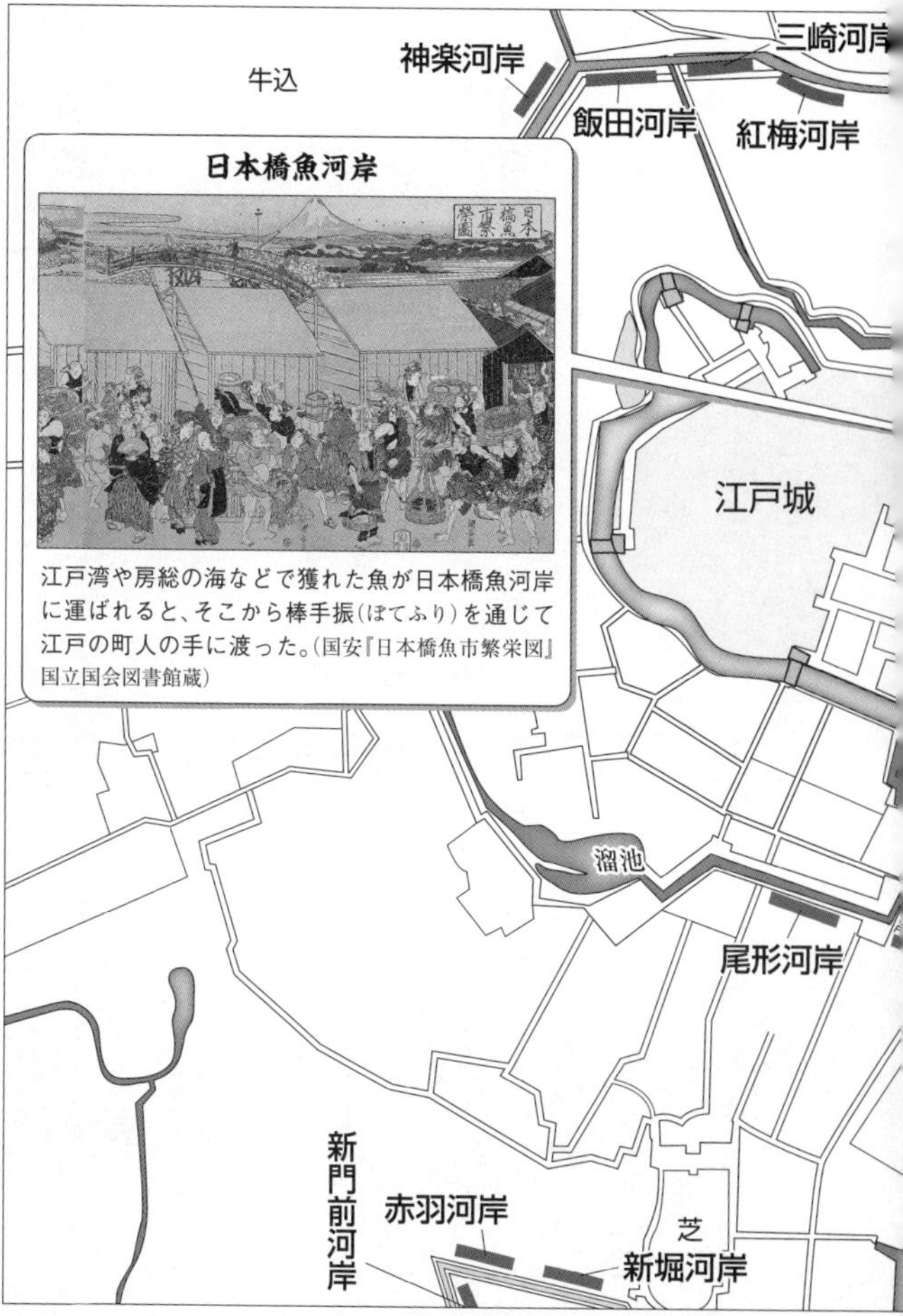
牛込
神楽河岸
三崎河岸
飯田河岸
紅梅河岸
日本橋魚市繁榮圖
江戸城
溜池
尾形河岸
新門前河岸
赤羽河岸
芝
新堀河岸

日本橋魚河岸

江戸湾や房総の海などで獲れた魚が日本橋魚河岸に運ばれると、そこから棒手振(ぼてふり)を通じて江戸の町人の手に渡った。(国安『日本橋魚市繁栄図』国立国会図書館蔵)

「天下の台所」

豊臣を滅ぼした家康は大坂を復興、物流の一大拠点として大いに発展！

大坂の町が、近世都市としての様相を呈するようになったのは、天正《てんしょう》十一年（一五八三）、豊臣秀吉が大坂城築城の普請を始めてからのことだ。

秀吉に仕えていた諸大名の屋敷もこぞって新築された。彼らが本国から輸送した米の貯蔵庫を大坂に設け、売買を行なったことで、大坂は商業が盛んな町として発展した。

ところが元和《げんな》元年（一六一五）、大坂夏の陣で徳川家康が豊臣家を滅ぼしたことで、大坂は衰退するかに思われた。

しかし幕府は、江戸へ物資を大量に供給するとともに、年貢米を売りさばく市場を必要としていたため、戦後まもなくして大坂の復興作業に乗り出す。

寛永《かんえい》二十一年（一六四四）には、西は木津川《きづがわ》の沿岸、東は道頓堀《どうとんぼり》沿岸にまで市街地を拡大させた。

このとき築かれた大坂の市街地の特徴は、京町堀や長堀といった巨大な運河を建設し、その両岸に町屋敷を開発したところにある。これは、水運による物資の輸送を見据えてのことだ。

大坂における移入・移出品目

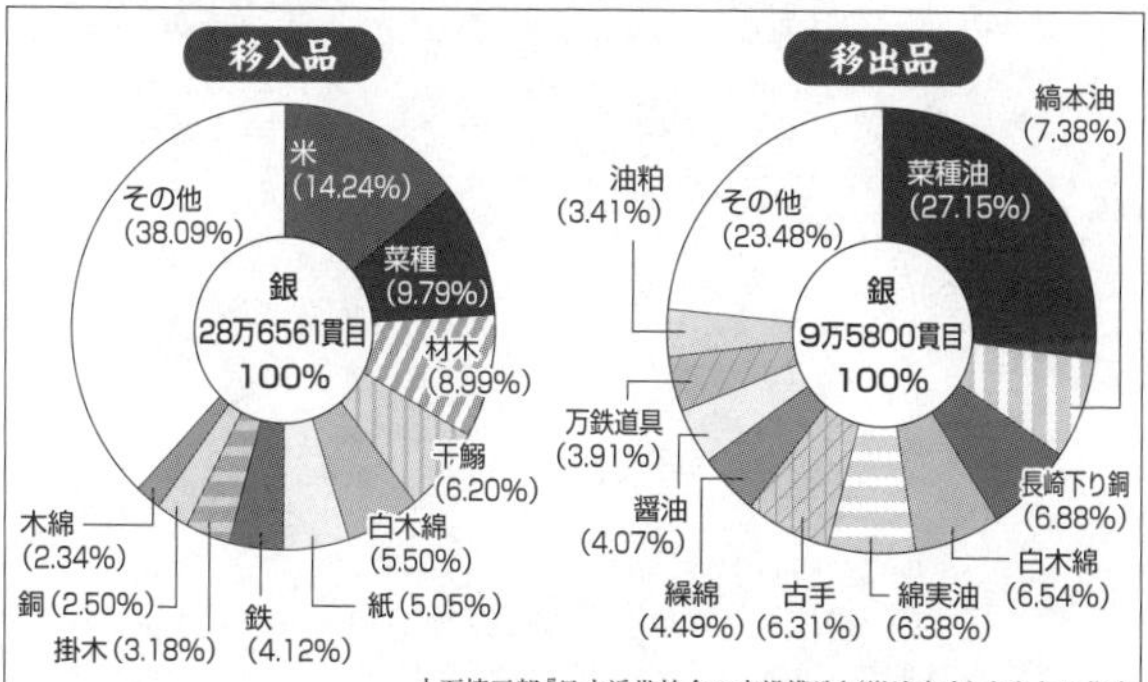

大石慎三郎『日本近世社会の市場構造』(岩波書店)をもとに作成

大坂にはじつにさまざまな商品が集まり、また、運び出された。大坂が「天下の台所」と呼ばれる所以である。

全国各地から大坂へ入港する廻船は安《あ》治川《じがわ》、木津川の下流一帯で小船に物資を積み替え、川や運河を利用して大坂市中へ物資を運んだ。大坂から諸国に物資が輸送される際は、この逆パターンである。

こうして水運網が整備されると、諸藩は蔵米を保管し、換金するための蔵屋敷を堂島《どうじま》や天満《てんま》、中之島などに設ける。

米以外にも麦や塩・砂糖・油など多くの物資が大坂に集積した。そのため商品の流通や金融に関わる問屋や両替商といった商人の経済活動も活発となった。

こうして大坂は物流取引の中心地となり、「天下の台所」と呼ばれるようになったのである。

大坂の開発

大坂の青果物を独占的に販売。堂島米市場、雑喉場（ざこば）魚市場とともに大坂の三大市場と称される。
淀川
天満青物市場
難波橋
天神橋
大川
天満橋
京橋
東町奉行所
大坂城
西町奉行所
船場
上町
玉造
日本橋
豊臣時代の開発
江戸初期の開発
水路
大阪府
大阪湾
現在の大阪城周辺

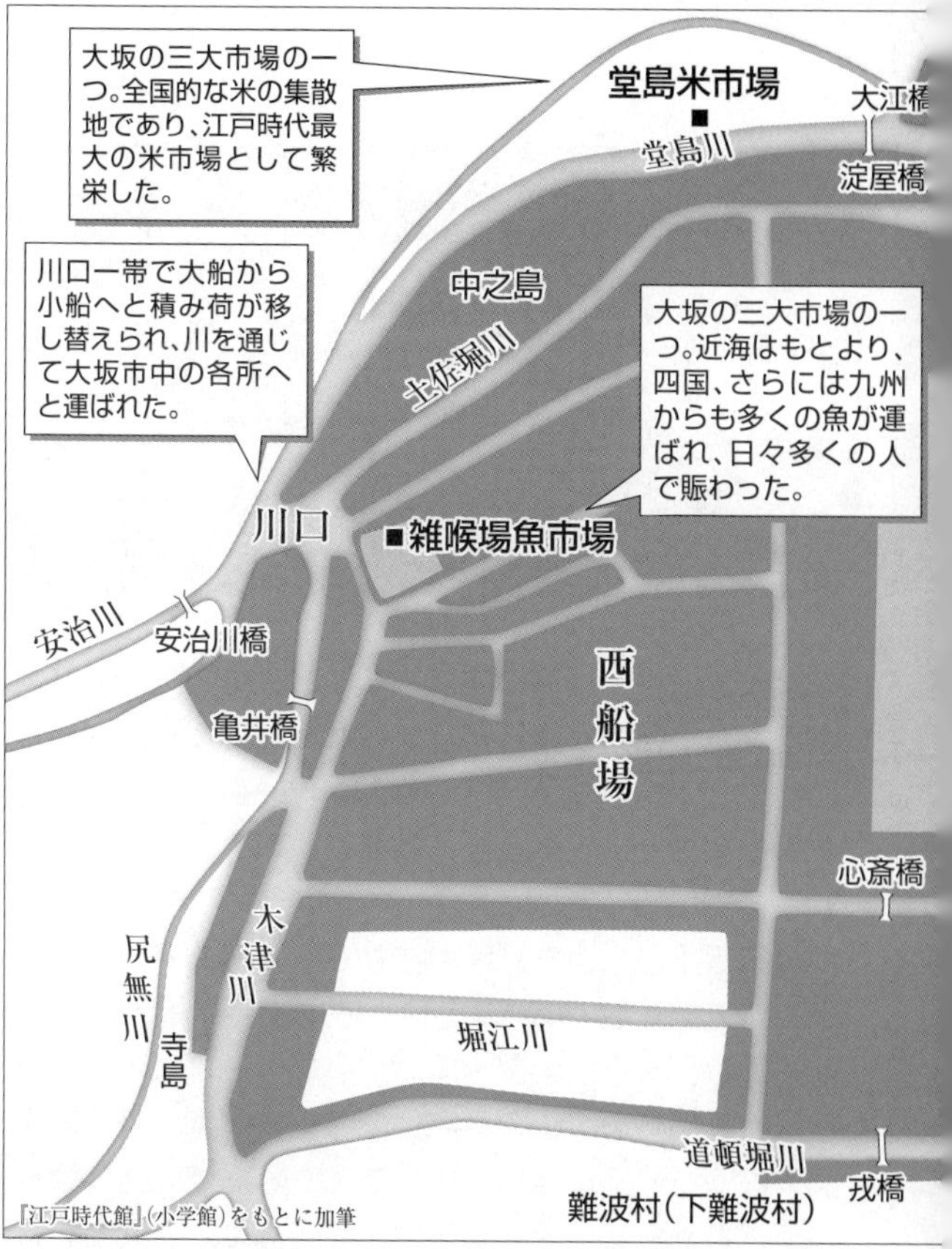

大坂は元和5年(1619)に幕府の直轄地とされた。幕府は、大坂を物資の供給地と、物資を売りさばく市場の役割をもつ商人の町へとつくり変えた。

相撲《すもう》

歌川豊国『勧進大相撲の図』(国立国会図書館蔵)

現代と同様、相撲は江戸っ子にとって人気のある娯楽だった。相撲が興行として行なわれるようになったのは、江戸時代前期からである。寺社の建立《こんりゅう》・修繕費を集めるという名目で「勧進《かんじん》相撲」の興行が行なわれるようになったのだ。

当初は土俵も決まり手も存在しなかったが、元禄《げんろく》年間(1688 ~ 1704)に土俵と決まり手(四十八手)が成立し、また、大関・関脇・小結の三役なども定められた。現代の力士の最高位である横綱は、当時、大関のなかでとくに強い力士に与えられる儀式上の資格にすぎなかった。それが番付上の最高位とされたのは、明治時代に入ってからである。

歌舞伎《かぶき》

歌川豊国『芝居大繁昌之図』(国立国会図書館蔵)

江戸の歌舞伎興行は、明六《あけむ》ツ(午前6時頃)から夕七ツ半(午後5時頃)まで1日がかりで行なわれた。

時間によって演者は異なり、朝のうちは駆け出しの役者が出演した。人気の歌舞伎役者が出演するのは夕七ツ(午後4時頃)。芝居小屋の最高潮である。

歌舞伎の見物客には芝居茶屋を通して入る上級客と木戸から入る一般客があり、前者は高級な桟敷《さじき》席で、後者は土間の升《ます》席の狭いエリアで歌舞伎を見物した。

ただし芝居小屋への入場料は安いものではなかった。土間ですら、銀25匁《もんめ》(約4万5000円)はかかったという。加えて敷物代・飲食代、ひいきの役者への「おひねり」などを加えると、庶民には贅沢な娯楽だった。

見世物《みせもの》

梅堂小国政『墺國ウヲジアー大曲馬』(国立国会図書館蔵)

江戸っ子たちを熱狂させた娯楽の一つに見世物がある。ラクダやゾウといった珍獣、玉乗り・刃渡り・手品（手妻《てづま》）など、その種類はじつに多岐にわたる。

見世物小屋が設けられたのは、人出の多かった盛り場。なかでも、明暦《めいれき》大火後に設けられた火除地《ひよけち》の両《りょう》国広小路《ごくひろこうじ》は回向院《えこういん》と日本橋を結ぶ大通りであっただけに常に人の往来が多く、見世物小屋が林立していた。

料金は見世物の内容によって異なる。たとえば文政《ぶんせい》7年（1824)、両国で行なわれたラクダの見世物は32文（約800円）だった。安価で楽しむことができたこともあり、庶民は珍奇な見世物を見るためにこぞって盛り場へ足を運んだのである。

第2章

江戸の暮らし方

住居とインフラ、暦と貨幣

将軍の住まい

表・中奥・大奥で構成される本丸御殿。将軍はこの御殿内で生活した

江戸城の内郭《ないかく》は、本丸・二の丸・三の丸・西の丸・北の丸などの曲輪《くるわ》で構成されていた。このうち、将軍が住まいを構えていたのは本丸である。

本丸に置かれた幕府の政庁・本丸御殿は、大きく分けて、南から表《おもて》・中奥《なかおく》・大《おお》奥《おく》の三つの区域からなる。

表は、公的な行事が行なわれたり、役人が政務を執ったりする場所だった。なかでも最も格式が高かったのが、大広間である。上段之間（三四畳）・中段之間（三四畳）・下段之間（四四畳）など計五〇〇畳の広大な部屋だった。将軍宣下《せんげ》の儀式や将軍の謁見などの公式の行事はここで行なわれ、将軍は上段之間に座り、その権威を誇示した。

中奥は、将軍の私的な生活空間である。中奥の中心となっていたのは、御座之間《ござのま》と御休息之間《ごきゅうそく》だった。

御座之間は、上段之間（一二畳）・下段之間（一八畳）・御次之間《おつぎ》（一八畳）・御側衆《おそばしゅう》詰所（二〇畳）、大溜《おおたまり》之間（二二畳）からなる。

将軍が老中や若年寄と面会するとき、

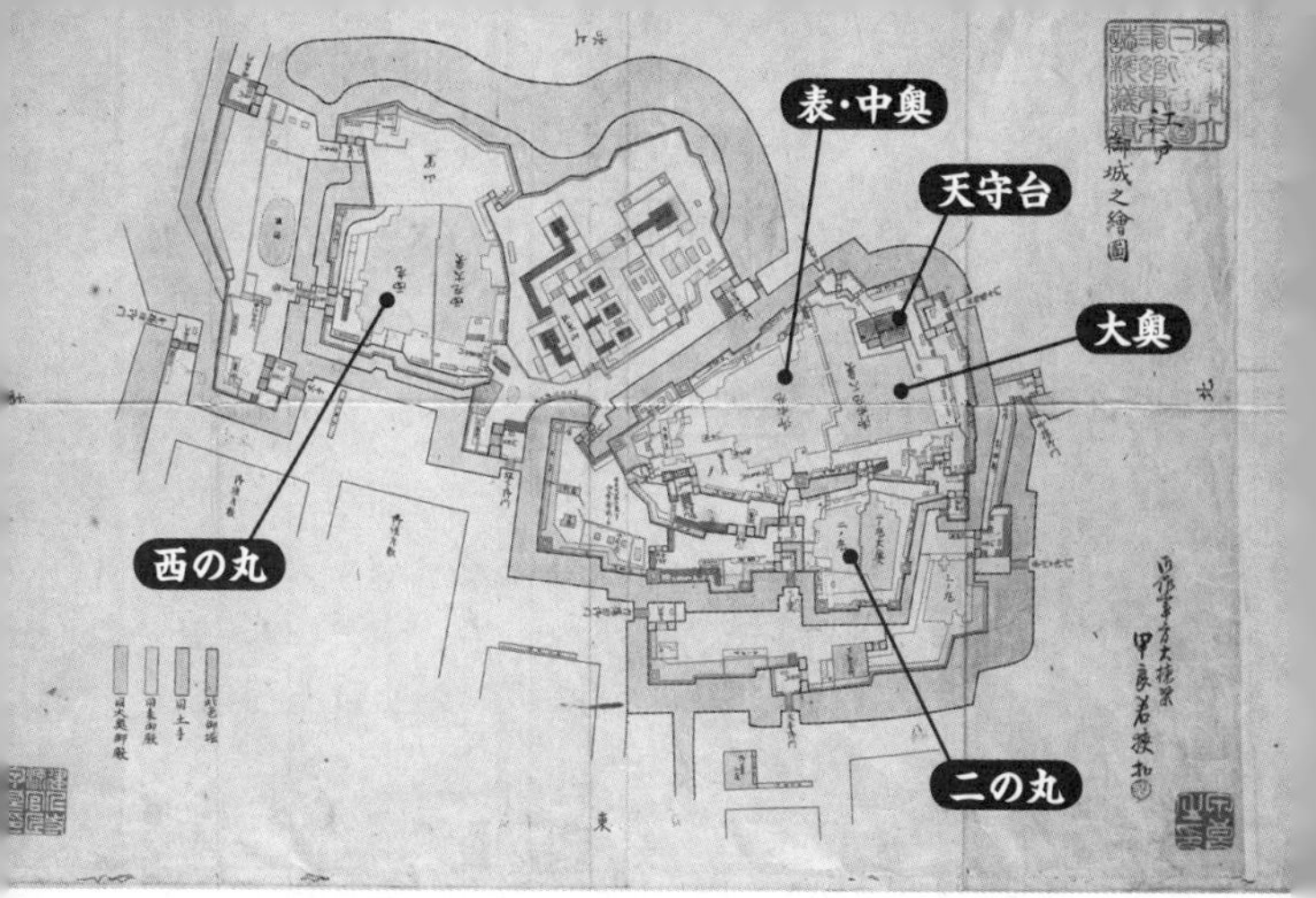

18世紀初期の江戸城を描いた絵図。天守台の南側に、本丸御殿が広がる。
（『江戸御城之絵図』東京都立中央図書館特別文庫室蔵）

また、御三家・御三卿《ごさんきょう》が大老や側用人《そばようにん》たちと面談するときは、この部屋を使用した。

御休息之間は、上段之間（一八畳）・下段之間（一八畳）からなる。将軍が日常で公務を離れた際の安息の場であり、中奥で寝るときは御休息之間の上段を使用した。

また中奥には、風呂にあたる御湯殿《ごゆどの》棟も設けられていた。

中奥の奥が大奥となっている。御台《みだい》所《どころ》（将軍正室）や女中などが暮らす区域だ。中奥とは上御鈴廊下《かみのおすずろうか》、下御鈴廊下で結ばれていたが、その間には御錠口《おじょうぐち》が設けられ、厳密な区別がなされていた。

本丸御殿詳細見取り図

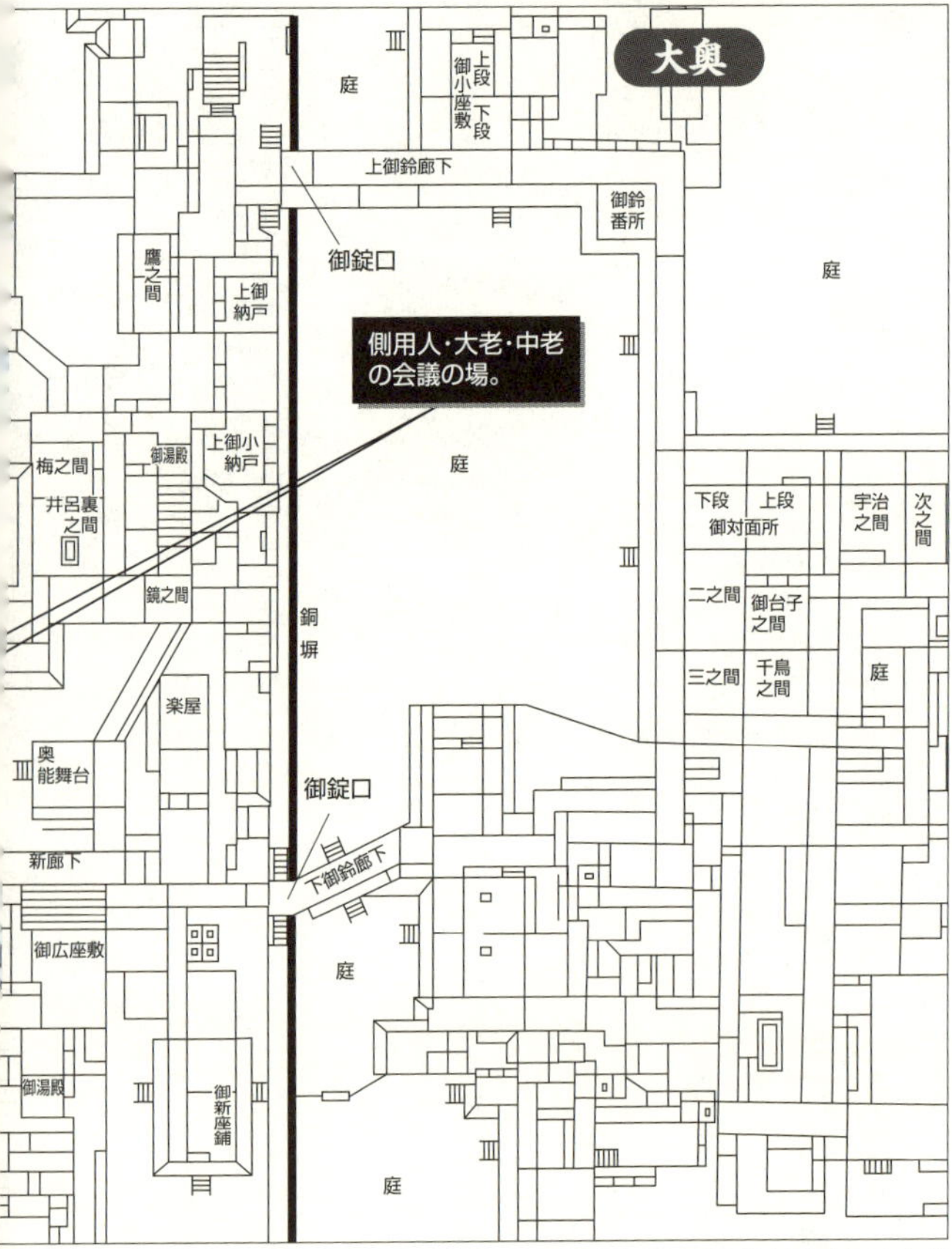

『国史大事典』(吉川弘文館)をもとに加筆

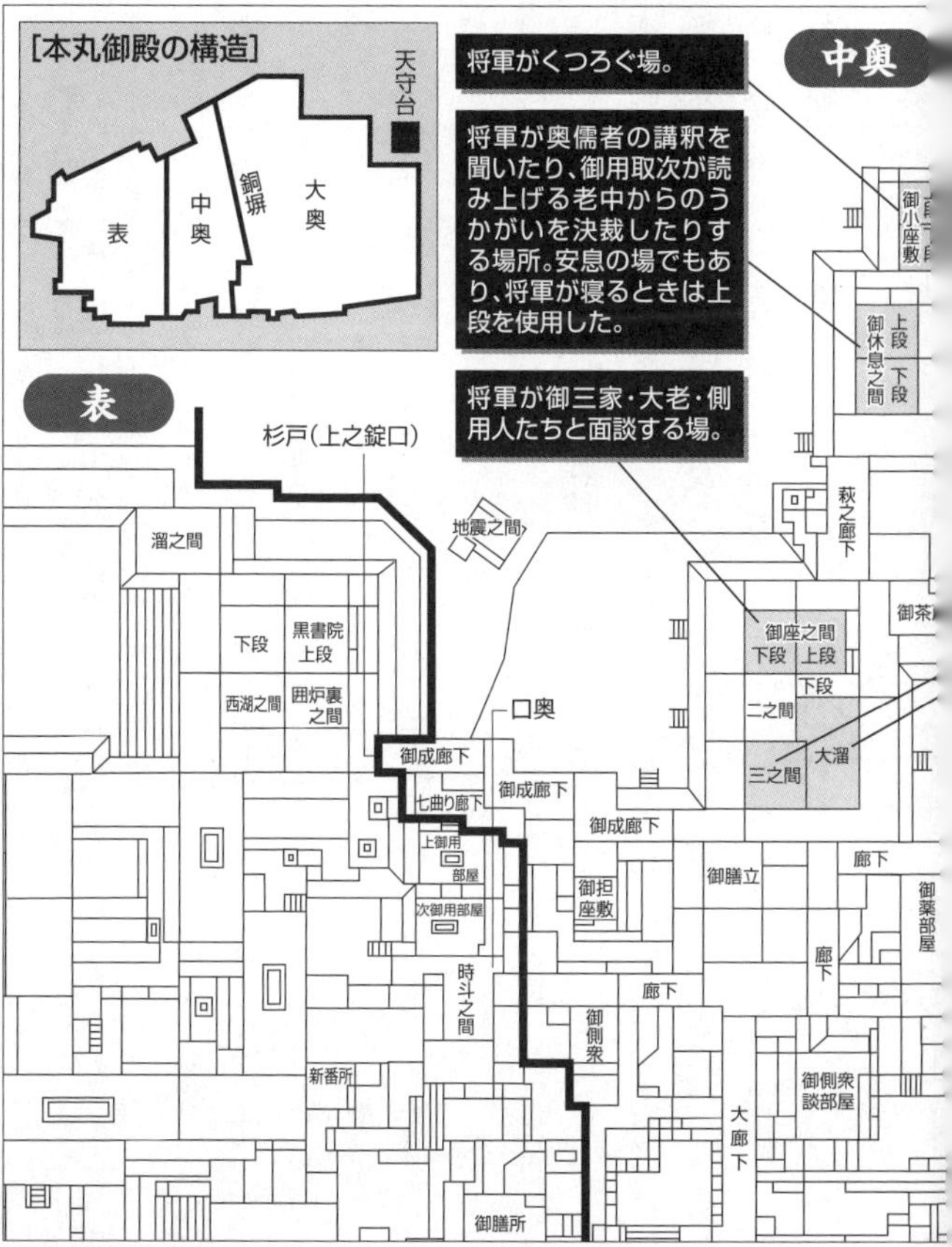

本丸御殿は「表」「中奥」「大奥」の3つの区域からなる（━━ 線が区域の境界）。このうち中奥は将軍の私的空間の場となっていた。

大名の住まい

参勤交代制によって全国の大名は、江戸に上・中・下の各屋敷を構えた

参勤交代の制度の確立により、大名は妻子や家臣を住まわせる屋敷を江戸に構えた。屋敷は藩の江戸出張所の役割を担っていたことから、藩邸とも呼ばれる。

大名屋敷には主に上《かみ》屋敷・中《なか》屋敷・下《しも》屋敷があり、これらにはそれぞれ別の役割が与えられた。

上屋敷は、江戸における本邸である。本邸の面積の上限は幕府によって定められており、一、二万石の大名で二五〇〇坪、五、六万石で五〇〇〇坪、一〇～一五万石の大名で七〇〇〇坪だった。

この広大な面積の屋敷内には、大名やその妻子が住む御殿や、藩士たちが住む長屋・学問所・武芸所などが配された。

すでに隠居している前藩主や、大名の跡継ぎが住まう家として機能したのが、中屋敷。中屋敷には、上屋敷が火災で焼失した際の予備邸としての役割も与えられた。

さらに下屋敷には、上屋敷に入り切らない藩士たちの住まいや、菜園などが設けられた。江戸郊外に置かれたため、別荘としての役割ももっていた。

長州・毛利家の上屋敷間取り図

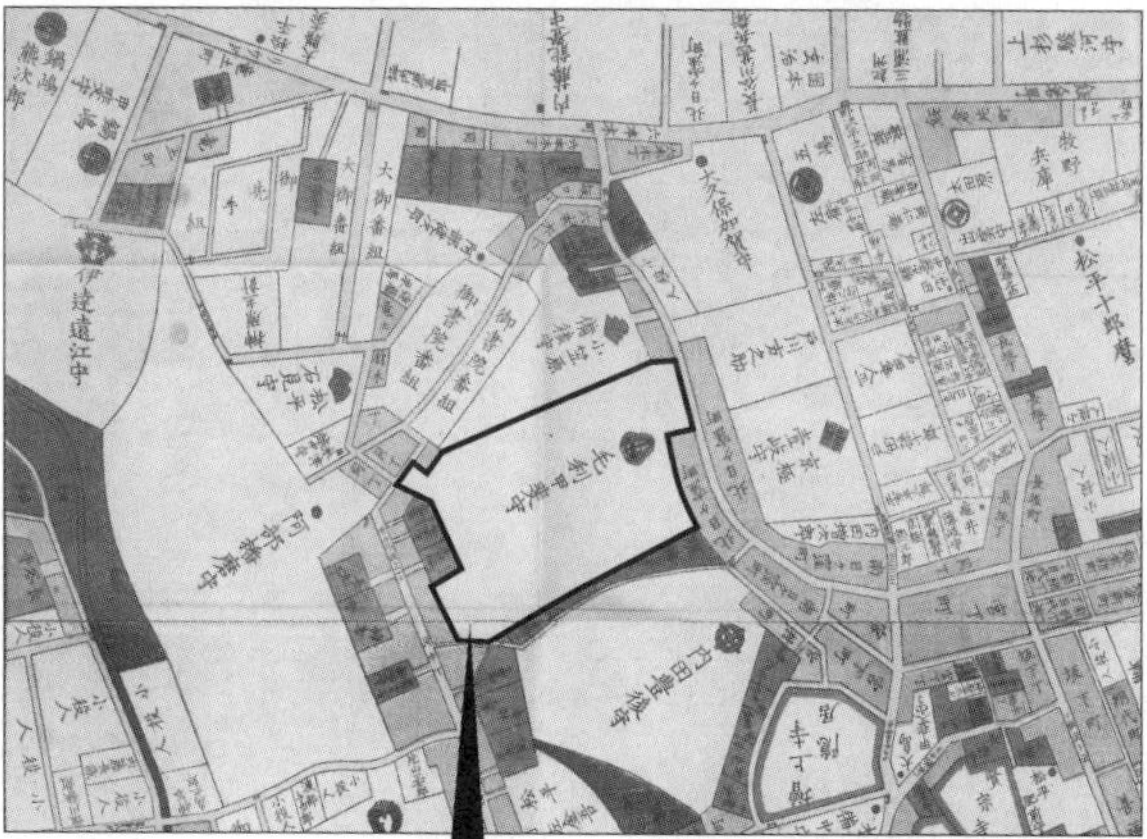

『東都麻布之絵図』（国立国会図書館蔵）

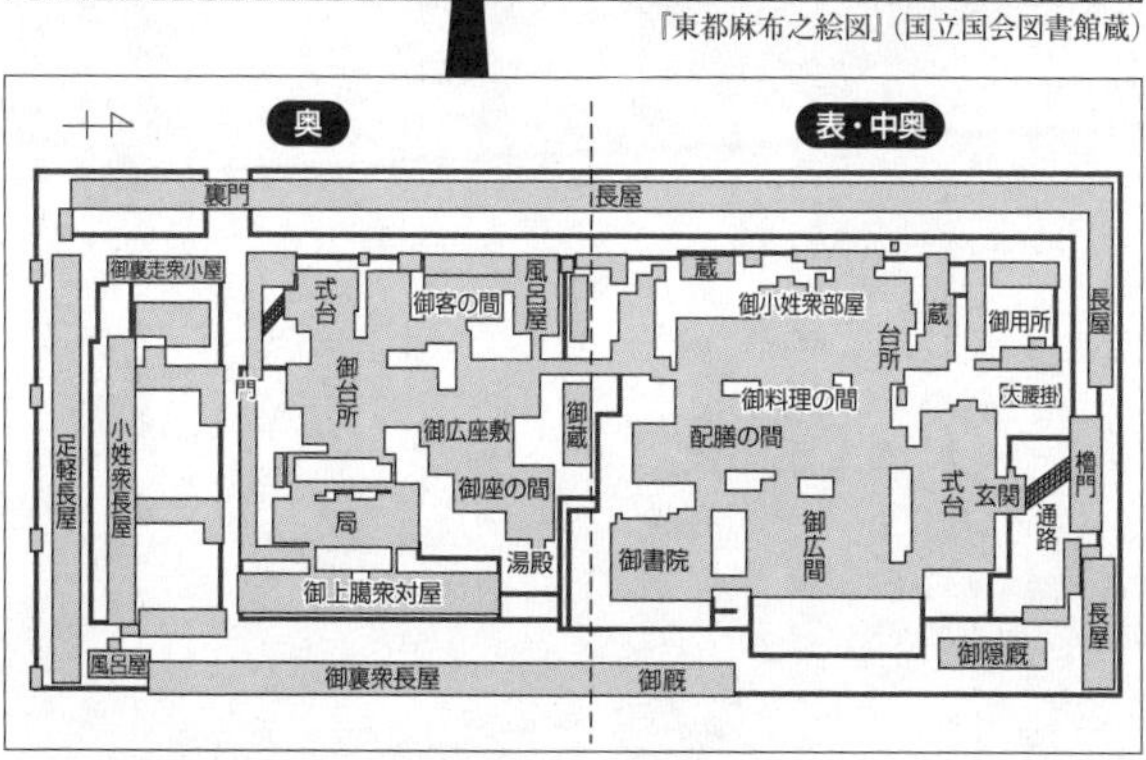

大名の上屋敷は、表・中奥・奥からなる。表と中奥は政務所の役割を担う。中奥には大名の住居スペースも置かれた。奥は正室や子どもが住まう場となっていた。また、屋敷を囲うようにして長屋が築かれ、藩士はそこで生活を営んだ。　『江戸上屋敷極り之惣指図』（山口県文書館蔵）をもとに作図

武士の
住まい

江戸詰めの藩士は藩邸内の長屋に、旗本などの幕臣は拝領屋敷に住んだ

幕府（徳川家）に仕えていた旗本《はたもと》や御家人《ごけにん》といった武士は、幕府から拝領した屋敷で生活していた。

旗本屋敷は、大名屋敷（上屋敷）の外側に配され、とくに番町《ばんちょう》・駿河台《するがだい》・小川町《おがわまち》一帯に多く立ち並んでいた。

大名同様、旗本も石高《こくだか》によって拝領屋敷の面積が異なっていた。三〇〇〇石以上であれば一五〇〇坪以上だが、一〇〇〇石未満の場合は五〇〇坪以下だった。

御家人の屋敷は、さらにその外側に配された「組屋敷」である。与力《よりき》や同心《どうしん》、徒組《かちぐみ》といった同じ組の武士にまとめて与えられた屋敷のことだ。

ただし、藩邸などの長屋のように一つの棟にみなが集住するのではなく、各組に割り当てられた敷地内に、それぞれの御家人の屋敷が用意された。

たとえば、八丁堀《はっちょうぼり》の町奉行所《まちぶぎょうしょ》に勤務する与力・同心の組屋敷の総敷地面積は三万二七〇〇余坪。そのなかに与力五〇人、同心二〇〇人分の屋敷が構えられていた。概ね二〇〇坪前後の敷地内の三〇坪ほどの屋敷で暮らしていた。

幕府直参旗本の住まい事情

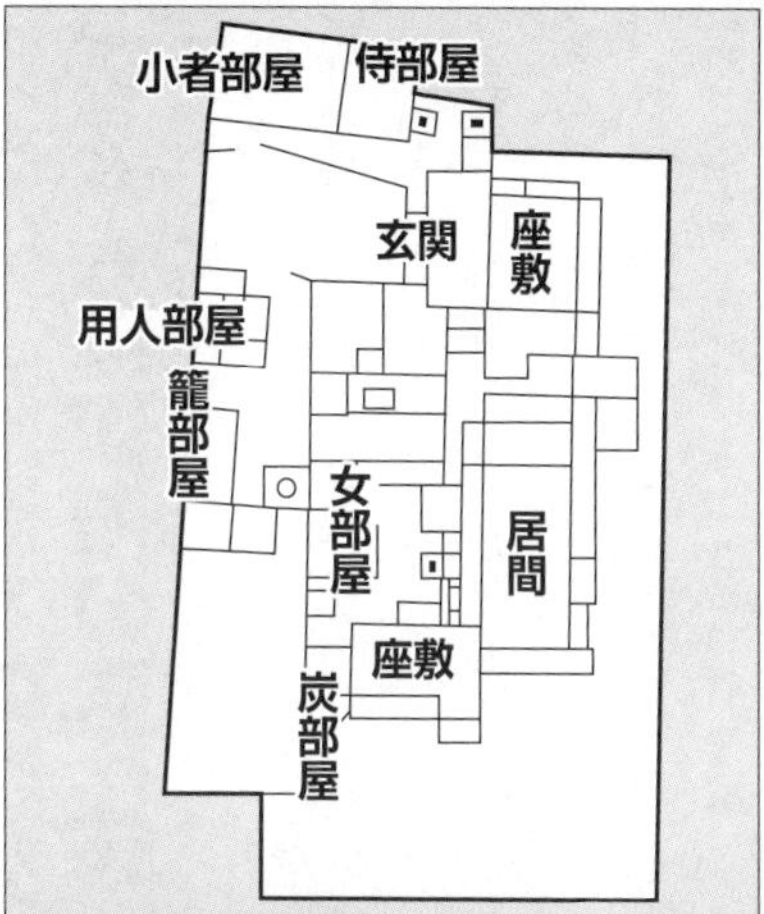

出典：小松重男『旗本の経済学』（新潮社）

建坪	62坪
母屋	１階 47.5坪
	２階　6.5坪
侍・小者部屋	8.0坪

左図は125俵取りの下級旗本屋敷の平面図。大名と同じように、旗本の拝領屋敷も石高によってその面積は格差がつけられていた。江戸城北部の台地に旗本屋敷街が形成されたが、明暦大火後は、本所などにも割り当てられた。

旗本屋敷が並ぶ番町周辺。石高により、敷地の広さが異なるようすがうかがえる。（『番町絵図』国立国会図書館蔵）

商人の店と住まい

大店は二階建ての防火建築！奉公人は店内の居住空間に住んだ

両側町の表通りに面した敷地には、表店《おもてだな》と呼ばれる商店が立ち並んでいた。メインストリートであるだけに地代は高く、店を構えていたのは比較的裕福な商人である。

間口は店によってさまざまだが、奥行は京間《きょうま》二〇間《けん》（約三九メートル）あった。庶民が住まう長屋とは異なり、それぞれの敷地に独立した家屋を設けていたのが特徴だ。敷地内には家屋のほか、商品貯蔵用の土蔵も設置された。

表店は、基本的には二階建てである。一階は広々とした畳敷の広間となっている。ここで座売りをし、呉服店であれば客の注文に応じてただちに着物を仕立て上げた。

広間の奥の座敷は主に奉公人の食事スペースとなっており、奉公人は交代で食事休憩をとった。

二階は奉公人が寝泊りする部屋である。丁稚《でっち》は一つの部屋に雑魚寝《ざこね》するが、重役になると個別に部屋が与えられた。また、二階にも倉庫スペースが設けられていた。

火事が多かった江戸にあって、防火対

白木屋間取り図（白木屋は百貨店となり、現在はコレド日本橋）

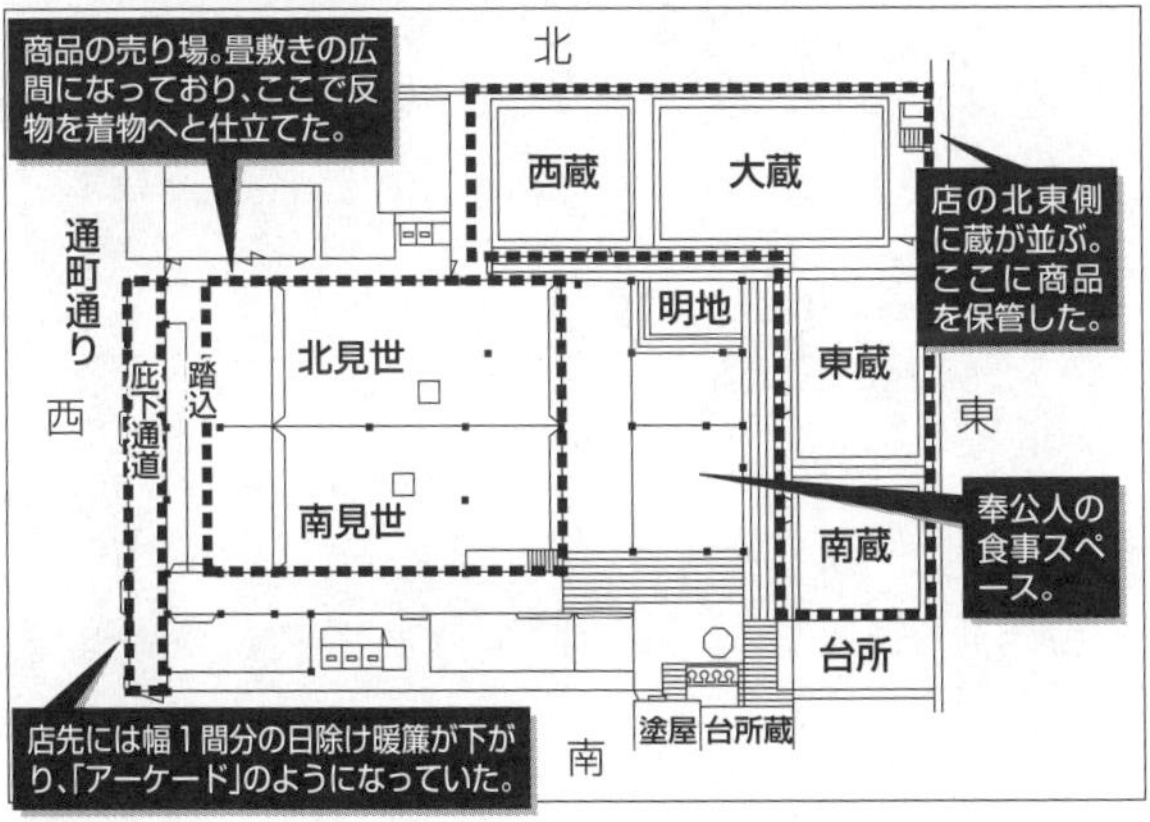

策がきちんと施されていたのも、商家の大きな特徴だ。屋根は瓦葺《かわらぶき》とし、外壁は火に強い漆喰《しっくい》で塗り固められた。

地下に設けられた穴蔵（地下室）も、防火対策の一環である。明暦《めいれき》大火（一六五七年）後、穴蔵に収納していた商品が燃えずにすんだという話が広まるや、大店の多くはこぞって穴蔵を取り入れるようになったのだ。

たとえば三井越後屋（現在の三越デパート）は、高さ約二メートル、間口・奥行ともに三・六メートルという広い穴蔵を何ヵ所も設置していた。

商人にとって、火事は死活問題だったのである。

庶民の住まい

「九尺二間」の六畳の裏長屋に、家族四、五人で住んだ職人・行商人

江戸の庶民が住んだのは、裏長屋（棟《むね》割《わり》長屋・割長屋の別がある）と呼ばれる借家の集合住宅だった。棒手振《ぼてふり》（行商人）や大工などの職人が多く住んでいた。

表通りに面した店舗の裏、店舗から一間《けん》（約一・八メートル）ほどの路地を隔てた場所に裏長屋は建っていた。

一世帯の一般的な広さは、間口九尺（約二・七メートル）、奥行二間《けん》（約三・六メートル）の六畳。そのなかに土間と台所が備えられていて、部屋は四畳半ほどだった。

ただし室内には家財道具を置いていたので、実質三畳ほどのスペースに、家族四〜五人ほどが暮らしていた。

路地の中央に共同井戸があり、裏長屋の端にやはり共同のトイレが設置されていた。

そのぶん家賃は安く、文化・文政《ぶんせい》年間（一八〇四〜三〇）の頃で月に五〇〇文《もん》（約一万二五〇〇円）ほど。一人前の大工であれば一日で六〇〇文ほどの実入りがあったので、この程度の家に住むのは容易なことだった。

裏長屋の構造

［通い職人・妻・2歳の子どもの3人家族の場合］

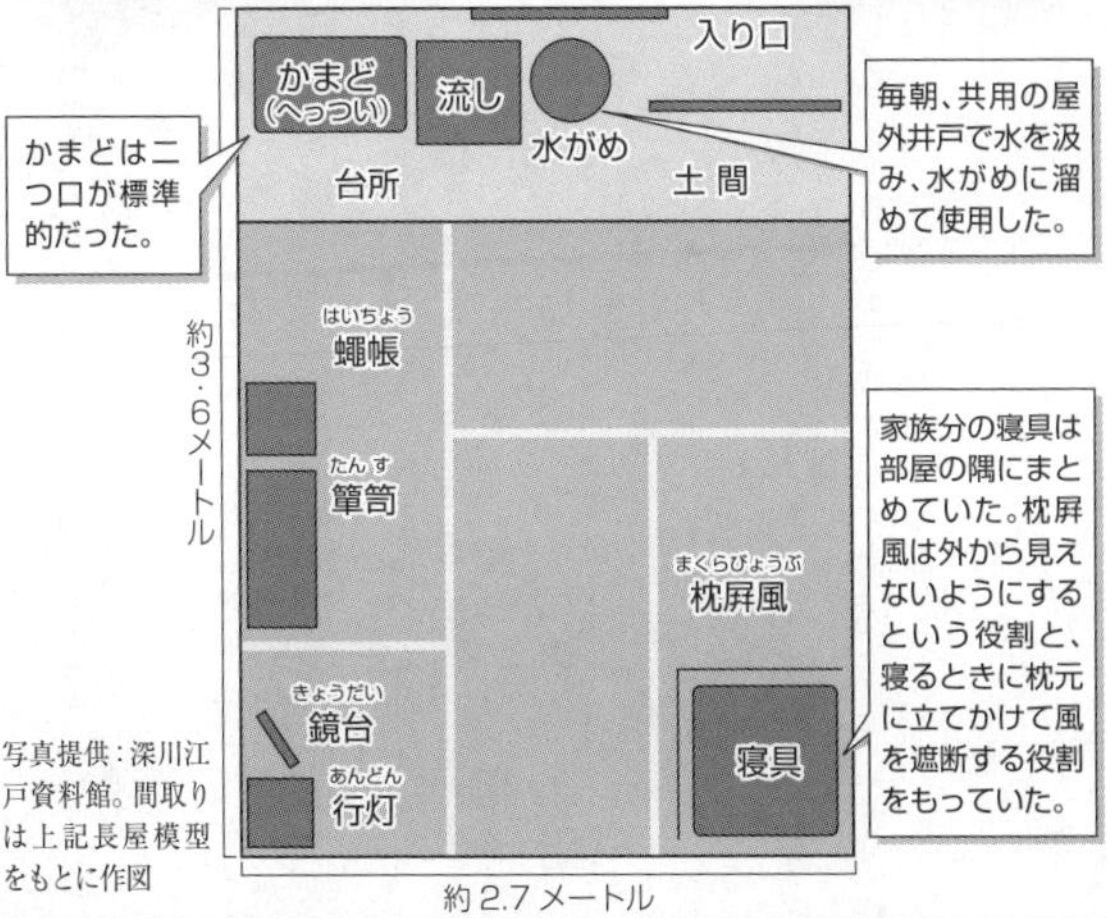
入り口
かまど
(へっつい)
流し
水がめ
台所
土間
かまどは二つ口が標準的だった。
毎朝、共用の屋外井戸で水を汲み、水がめに溜めて使用した。
蠅帳《はいちょう》
箪笥《たんす》
枕屏風《まくらびょうぶ》
鏡台《きょうだい》
行灯《あんどん》
寝具
家族分の寝具は部屋の隅にまとめていた。枕屏風は外から見えないようにするという役割と、寝るときに枕元に立てかけて風を遮断する役割をもっていた。
約3.6メートル
約2.7メートル

写真提供：深川江戸資料館。間取りは上記長屋模型をもとに作図

長屋の間取りは地域によって異なっていた。上掲の深川のつき米屋の職人は4畳半の裏長屋に、妻と2歳の子どもと住んでいた。トイレと井戸、そしてごみ箱は共用で屋外の一画に設けられていた。

農民の住まい

中農では複数世帯が同居し、世帯別の寝室があるのが一般的だった

「百万都市」江戸とはいっても、その範囲はそれほど広くなかった。日本橋の市街地から五キロメートルほど離れると、そこには農村地帯が広がっていたのである。

江戸近郊の農家では、江戸で膨大に消費される野菜を主に生産していた。

ただし、一戸あたりの経営規模はそれほど大きくはない。年収は武士の一〇パーセントほどで、生活はそれほど楽なものではなかった。

だが、主食である米と麦は自家の消費分だけを栽培していたので、生活に困窮するということはなかった。

とはいえ人を雇うだけの余裕はあまりなく、ほとんどの農家は家族経営で成り立っていた。一つの家で二世帯、もしくは三世帯で生活を営む農民が多かったようだ。

居住スペースは、土間・座敷・部屋・奥座敷・納戸《なんど》が基本。三世帯の場合は、部屋が主人夫婦、納戸が若夫婦、奥座敷が老夫婦の寝室としてつかわれた。また、食事や家族団らんのときは座敷ですごし

一般的な農家の間取り

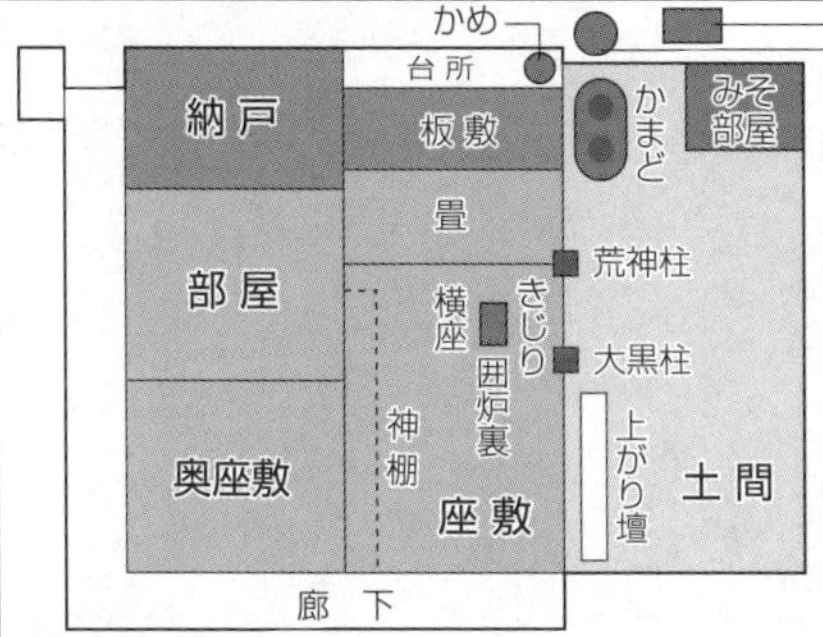

江戸時代の農家（間取り図と写真の農家は異なる）

出典：秦野市役所ＨＰ

ふだん、家族は座敷で生活した。横座は主人が座るところ。主人夫婦は「部屋」、若夫婦は「納戸」、祖父母は「奥座敷」で寝起きした。風呂は五右衛門風呂で、外に備えられていた。

ていた。

中農・貧農層の二男・三男・女子は、村の外に働きに出るのが一般的だったので、一緒には暮らしていない。

風呂は、家の外に設置された五右衛門《ごえもん》風呂を利用した。

そのなかで、村政を司る庄屋の住まいは武家屋敷に匹敵するほど広大なものだった。居住スペースに加え、庄屋としての政務をこなす部屋、幕府の巡検使を迎えるための座敷なども備える必要があったためである。庭では藩の軍用馬の飼育を行なうこともあった。

トイレや風呂も、きちんと屋敷内に構えられていたのが特徴である。

時刻の決め方

季節により一刻の長さが異なるが、さほど不便ではなかった「不定時法」

現代とは異なり、江戸時代は季節によって昼夜の長さが違う不定時法を用いていた。

日の出を明六《あけむ》ツ（午前六時頃）、日没を暮《くれ》六ツ（午後六時頃）と定め、その間を六等分して昼の一刻《いっこく》（約二時間）とし、同様に、日没から翌日の日の出までを六等分したものが夜の一刻である。

当然、季節によって太陽の出る時間、沈む時間は異なるため、夏と冬では、同じ一刻といっても大きな差が生じた。しかし、日の出とともに起き、日が沈んだら仕事を終える江戸っ子にとって、さほど不便なものではなかったようだ。

時刻を庶民に知らせるために用いられたのが、「時の鐘《かね》」である。

一日は、明六ツを知らせる鐘の音から始まった。最初に捨て鐘を三回鳴らして時を告げる合図をしたのち、時刻の数だけ鐘が撞《つ》かれた。

時の鐘は寛永《かんえい》三年（一六二六）に現在の日本橋本石町《こくちょう》に設けられたのを皮切りに、幕末までに浅草寺《せんそうじ》・寛永寺《かんえいじ》・目黒《めぐろ》不動《ふどう》など一〇ヵ所以上に設置された。

庶民に時刻を告げた「時の鐘」

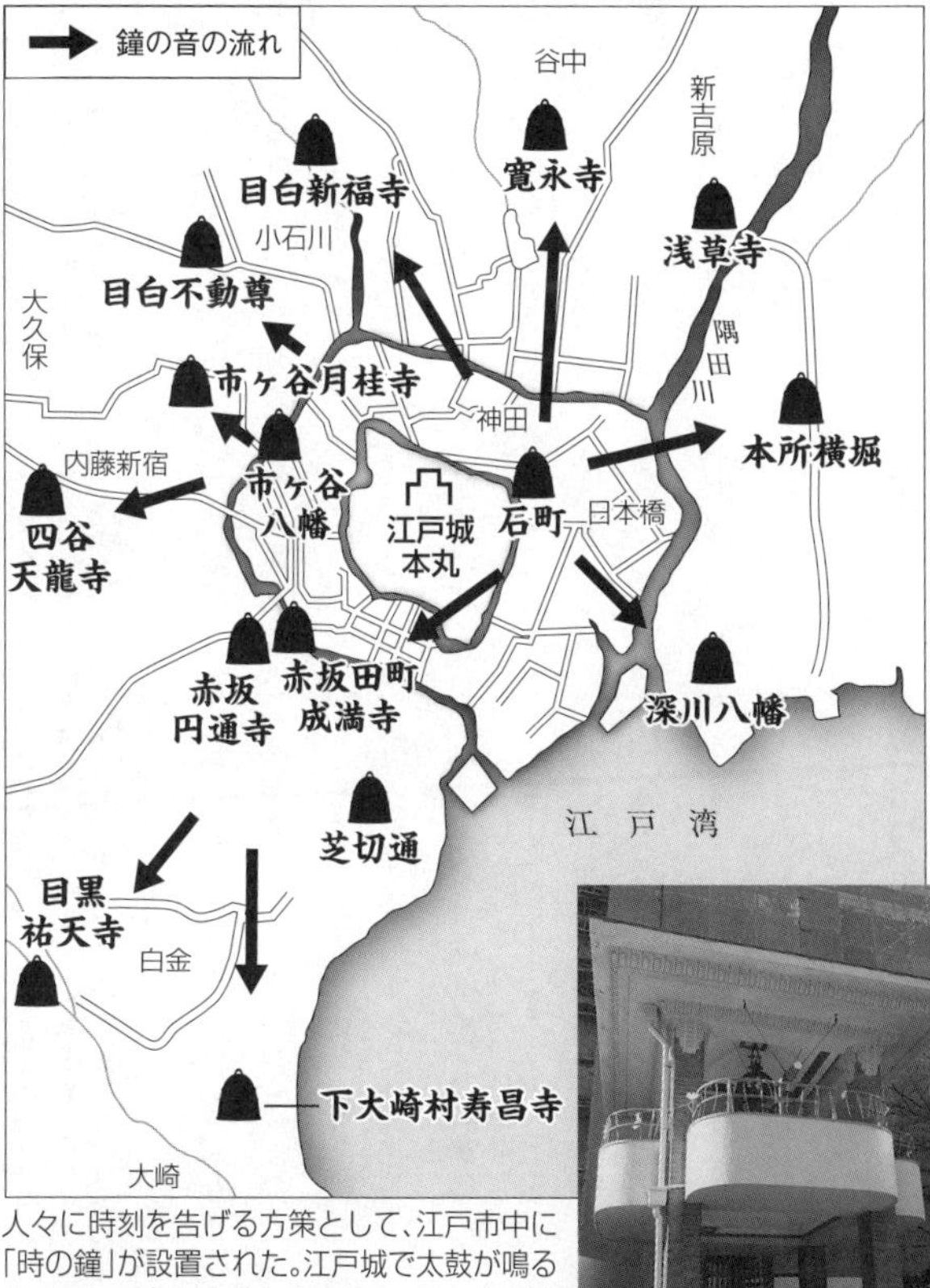
鐘の音の流れ
谷中
寛永寺
新吉原
浅草寺
目白新福寺
小石川
目白不動尊
大久保
隅田川
市ヶ谷月桂寺
神田
本所横堀
内藤新宿
市ヶ谷八幡
江戸城本丸
石町
日本橋
四谷天龍寺
赤坂円通寺
赤坂田町成満寺
深川八幡
芝切通
江戸湾
目黒祐天寺
白金
下大崎村寿昌寺
大崎

人々に時刻を告げる方策として、江戸市中に「時の鐘」が設置された。江戸城で太鼓が鳴ると、石町の時の鐘がまず撞かれ、その音を聞いた近くの鐘楼が順次、鐘を撞いていった。

伝馬町牢屋敷跡の十思公園に保存されている石町の「時の鐘」

太陰暦の致命的欠点を閏月で修正し、季節感は「二十四節気」などでカバー！

現在の我々が用いている暦《こよみ》は太陽暦といい、地球が太陽の周りを一回りする長さを一年とするものである。

日本において太陽暦が採用されたのは明治五年（一八七二）の頃で歴史は浅く、それまでは太陰太陽暦を使用していた。

太陰暦は月の満ち欠けを基準として、一ヵ月を割り出すものである。

月の満ち欠けは新月から満月へ、満月から新月へというサイクルを繰り返す。これを一朔望月《さくぼうげつ》という。このサイクルは二九・五三〇五八九日であるため、二九日の月と三〇日の月を交互に並べ、一二朔望月をもって一年とした。

しかしこれでは一年が約三五四日となり、実際の太陽年の一年（約三六五日）と比べると約一日も短かった。

これに対して三年に一度ほど閏月《うるうづき》を設け、一年を一三ヵ月とすることで調整した（このことで太陰太陽暦という）が、太陽の運行、すなわち実際の季節との間にずれが生じることとなる。

そこで、季節を把握するために用いられたのが「二十四節気《にじゅうしせっき》」で、前七世紀

二十四節気のサイクル

黄道（太陽の軌道）を24等分し、それぞれに節気名を配した太陽暦を二十四節気という。二十四節気は毎年同じ季節にやって来るため、農作業の指針として重宝された。

雑節	
土用《どよう》	1月17日頃 4月17日頃 7月19日頃 10月20日頃
節分《せつぶん》	2月3日頃
彼岸《ひがん》	3月20日頃 9月23日頃
社日《しゃにち》	3月23日頃
八十八夜《はちじゅうはちや》	5月2日頃
入梅《にゅうばい》	6月11日頃
半夏生《はんげしょう》	7月2日頃
二百十日《にひゃくとおか》	9月1日頃

頃の中国で成立したといわれる。春分を黄経《こうけい》〇度とし、地球から見た太陽の位置が一五度移動するごとに、一節気進むというものだ。

　二十四節気が日本の暦に取り入れられたのは、江戸時代に入ってからのこと。二十四節気は毎年同じ季節に巡って来るため、農作業の目安として重宝された。

　しかし、もともとが中国の気候に合わせてつくられていたために、日本の季節とは合わない部分も生じた。それを補うため、八十八夜《はちじゅうはちや》（五月二日頃）や入梅《にゅうばい》（六月十一日頃）、二百十日《にひゃくとおか》（九月一日頃）などと呼ばれる季節の区分法がつくられた。これを雑節《ざっせつ》という。

暦の制作と頒布

天皇に代わり幕府天文方を中心に、厳重な管理・統制のもとで制作・頒布された

日本で初めて独自の暦《こよみ》・貞享暦《じょうきょうれき》が制作されたのは、貞享元年（一六八四）のことだった。以後、江戸幕府は天文方《てんもんがた》を通じて全国で統一した暦を作成していった。

　江戸時代の暦のつくり方は、まず幕府天文方が二十四節気《にじゅうしせっき》（64ページ参照）や日食・月食などの天文学的推算を行ない、暦の原稿を作成。原稿は京都の陰陽《おんよう》家《け》・土御門《つちみかど》家に送られ、その配下の暦博《れきはか》士《せ》・幸徳井《こうとくい》家のもと、吉凶など占い的要素を含んだ暦注が加えられた。

それを天文方で校正して暦の原本が完成すると、全国の暦師《こよみし》の元締めである大経師《だいきょうじ》が御写本暦《ごしゃほんれき》という原版を印刷し、全国の暦師へ配布した。

　暦師は一度試し摺りをし、それを天文方に送って校閲を受けた。その後、幕府から出版許可が下りると、ようやく暦を一般に販売できたのである。

　こうして販売された暦は暦売りを通して、年末年始にかけて売り歩かれた。江戸時代の人たちは、この暦を通じて月の「大小」や一年の日数を知ったのである。

厳重な統制のもと発行された暦

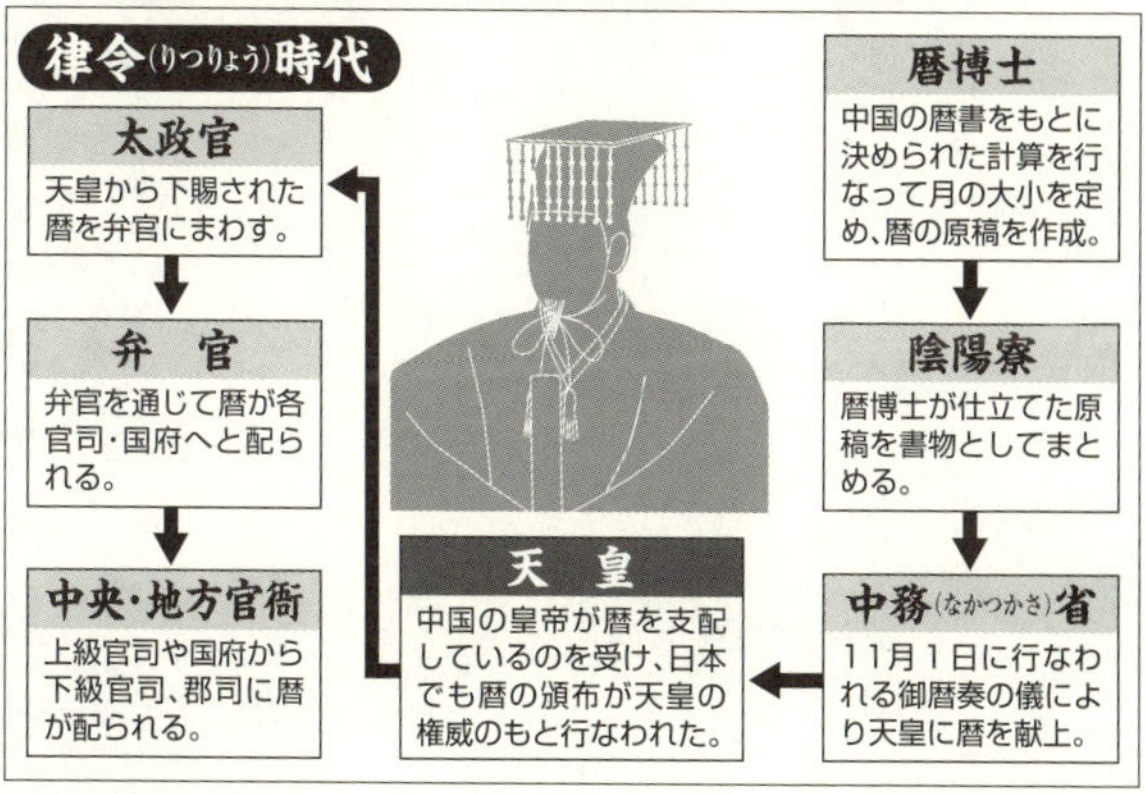

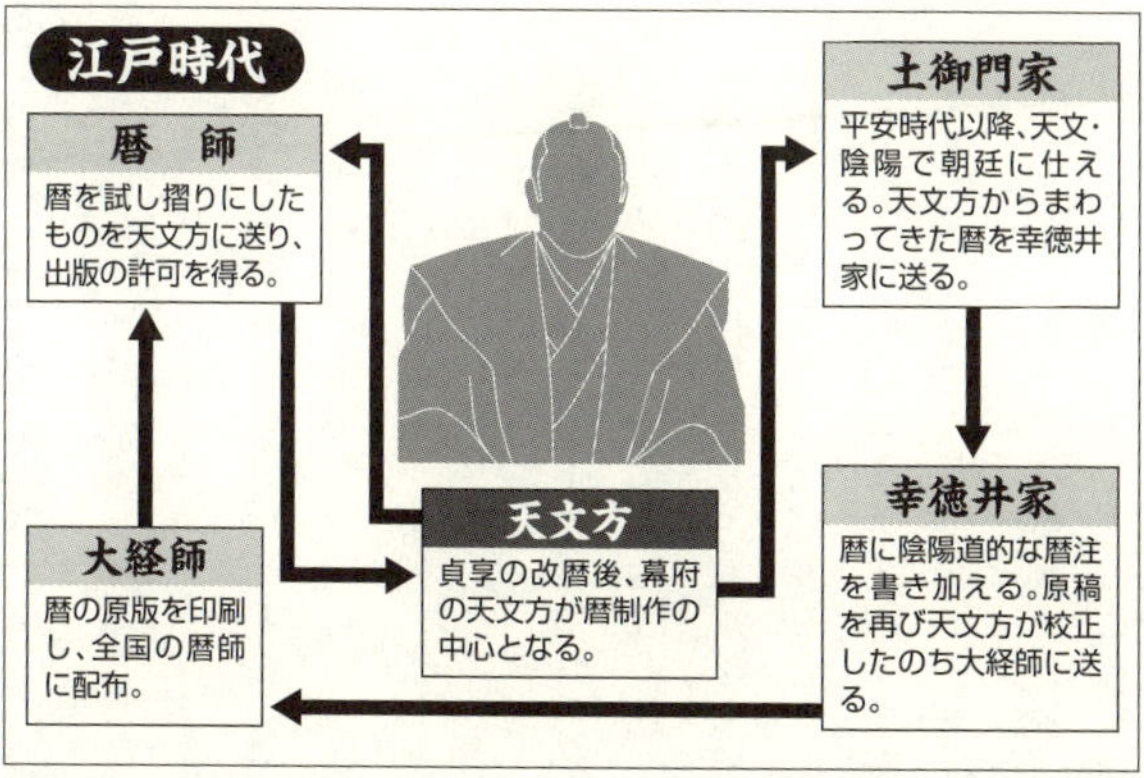

暦の頒布は律令時代は天皇が中心となって行なわれていたが、江戸時代には幕府が天文方のもと暦の統制を行ない、厳重な確認作業を経て配布された。

貨幣制度

江戸と大坂で金・銀・銭の「三貨」制、単位も違えば交換レートも日々変化！

江戸時代の通貨には、「金貨」「銀貨」「銭《せん（ぜに）》貨《か》」の三種類（三貨）があった。

金貨と銀貨は主に商取引の際に用いられ、江戸では金貨、大坂では銀貨が使用された。一方、銭貨は庶民が使用した銅貨である。

ただし、これらの通貨の単位はそれぞれ異なっていた。

金貨の単位は両《りょう》・分《ぶ》・朱《しゅ》の三種類。四進法で数えられ、一両は四分、一分は四朱とされた。

銀貨の単位は貫《かん》・匁《もんめ》・分《ぶ》・厘《りん》・毛《もう》の五種類。一貫は一〇〇〇匁だが、それ以下は十進法で数えられた。

銭貨の単位は貫・文の二種類で、一貫が一〇〇〇文とされた。

通貨の交換レートは幕府が公的に定めていた。金一両＝銀六〇匁＝四〇〇〇文が公定の交換比率だったが、幕府の貨幣改鋳などにより、常に変動していた。

財政改善のために金・銀の含有量を減らした貨幣が世に出回ると、相対的にモノの価値が高まって物価が高騰。生活苦の庶民が一揆《いっき》を起こすこともあった。

金・銀・銭の換算レート

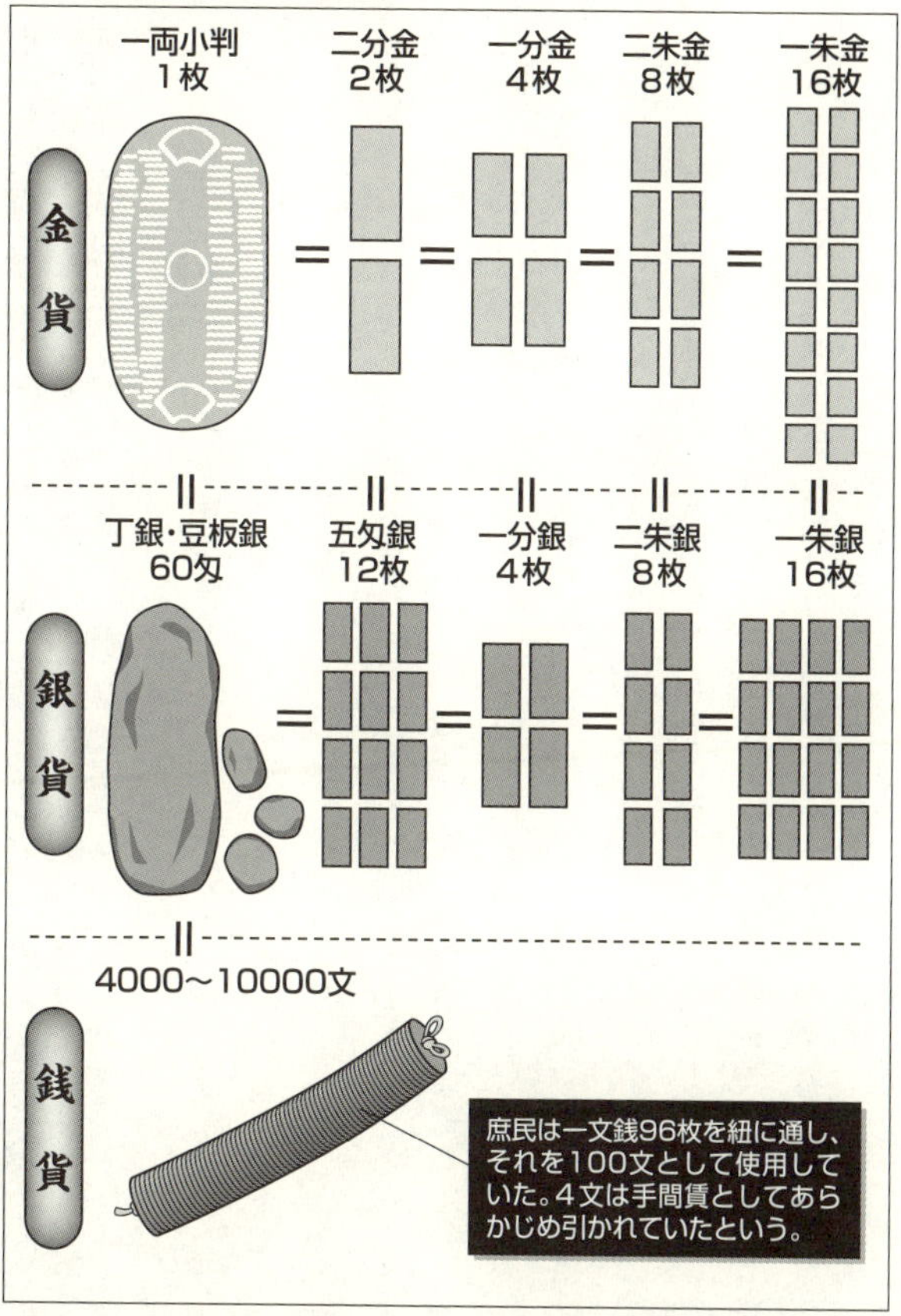

貨幣には金・銀・銭の3種類があったが、それぞれ異なる単位であったため、交換比率が定められた。しかし、変動が激しかった。

貨幣の改鋳

物価高騰を招いて庶民生活を圧迫した、幕府の安直な「財政再建策」！

幕府の財政は、幕領の年貢や長崎貿易、全国の直轄鉱山からの利益によって成り立っていた。しかし金銀の採掘量の減少や凶作などにより、三代将軍家光《いえみつ》（在位一六二三～五一）の治世下には、すでに幕府の財政は傾き始めていた。

そこで幕府がとった政策が、貨幣の改鋳だった。それまで流通していた貨幣を回収し、金銀の含有量を減らして貨幣の発行高を増やし、その差額を幕府の収入にしようとしたのである。

最初の改鋳は、元禄《げんろく》八年（一六九五）に行なわれた。それまでの慶長《けいちょう》小判の金の含有量は八七パーセントだったが、それを五七パーセントにまで減らした元禄小判を発行したのである。このとき、幕府は約五〇〇万両（約五〇〇〇億円）の利益を手にしたという。

しかし市場に出回る貨幣量が増加すると、貨幣自体がもつ価格が下落し、諸物価の高騰を引き起こした。

庶民の生活は圧迫され、困窮した庶民による一揆《いっき》などの事態を招くこととなったのである。

小判と金の含有率の変化

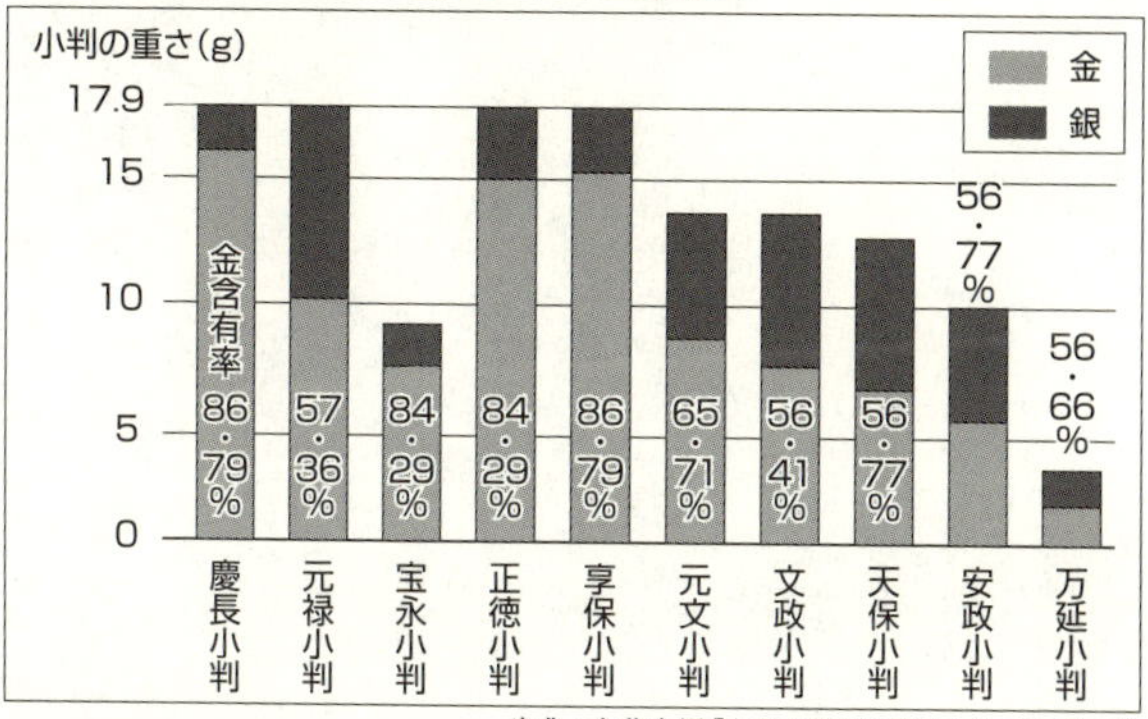

出典：大蔵省編『大日本貨幣史別巻』(歴史図書社)

貨幣改鋳と物価

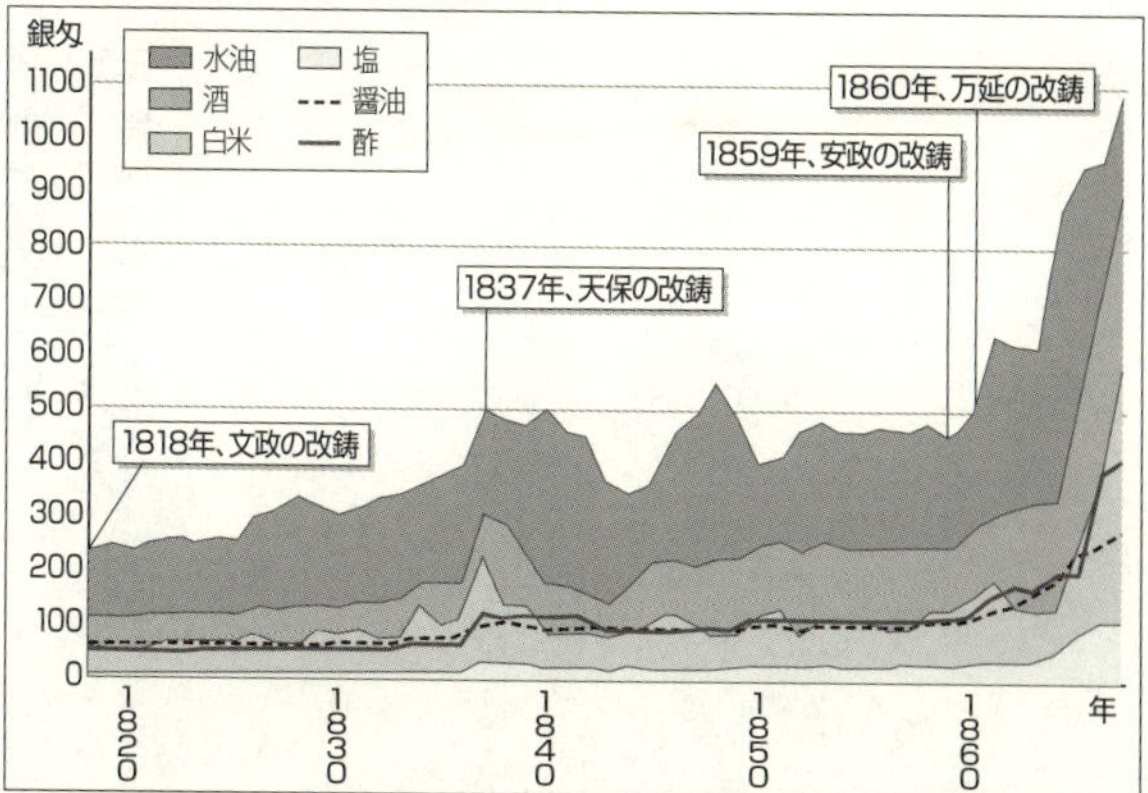

出典：三井文庫編『近世後期における主要物価の動態』、日本銀行金融研究所編『貨幣年表』

金銀の含有量を減らし、金貨・銀貨の発行量が増えると諸物価は高騰し、庶民の生活を圧迫した。

貨幣価値

比較的安定していた江戸の物価。年間金三両＝約四〇万円で暮らせた!?

年貢を収入の基盤とした幕府にあって、米価と物価は連動していた。江戸時代を通じて、概ね米一石《こく》＝金一両《りょう》＝銀六〇匁《もんめ》というのが目安だった。

飢饉や幕末期を除いて、米価は銀六〇～八〇匁の間で推移しており、比較的安定していたことがわかる。

それでは、金一両は現代の価格に換算すると、いくらくらいなのだろうか。

当時と現代とでは社会や経済の仕組みがまったく異なっているため、簡単に換算はできないが、だいたい金一両で一〇万～一五万円ほど、一文《もん》で二五円ほどだった。ただし、時代によって貨幣の価値は変わっている。

これに当てはめて庶民生活を概観してみると、かけそば一杯は約四〇〇円（一六文）、湯屋の入浴料は約二〇〇円（八文）、髪結いは約七〇〇円（二八文）だった。

また、金一両で大人一人一年分の米が買えた。

日常用品は概ね安価であり、金三両もあれば、大人一人が一年間生活することができたようだ。

江戸時代後期の物価

品目	価格
浮世絵	32文(約800円)
見世物	24文(約600円)
歌舞伎（桟敷）	3500文(約87,500円)
風呂屋	8文(約200円)
駕籠(日本橋～吉原)	200文(約5,000円)
飛脚（書状1通）	30文(約750円)
旅籠（中級）	200文(約5,000円)
木綿（1反）	600文(約15,000円)
下駄（並）	50文(約1,250円)
番傘	200文(約5,000円)
蛇の目傘	500～800文(約12,500～20,000円)
煙草（14g）	8文(約200円)
百目蠟燭	200文(約5,000円)
歯磨き粉1袋（1ヵ月分）	6～8文(約150～200円)
菜種油（1合）	40文(約1,000円)
草鞋	16文(約400円)
吉原揚げ代(太夫)	1両2分(約150,000円)
髪結い	28文(約700円)

品目	価格
西瓜	40文(約1,000円)
沢庵大根	15文(約375円)
鮨(握り寿司)1個	8文(約200円)
鮪	200文(約5,000円)
鰻飯	100～200文(約2,500～5,000円)
豆腐1／4丁	15文(約375円)
納豆	4文(約100円)
蜆1升	10文(約250円)
このしろ	3文(約75円)
ゆで卵	16文(約400円)
天ぷらそば	32文(約800円)
そば・うどん	16文(約800円)
大福餅	4文(約100円)
蒸羊羹	60文(約1,500円)
串団子	4文(約100円)
ところてん	60文(約1,500円)
甘酒（1椀）	8文(約200円)
冷や水1椀	4文(約100円)
酒（1升）	250文(約6,250円)
居酒屋（酒1合）	20～32文(約500～640円)

出典：小柳津信郎『近世賃金物価史史料』(成工社出版部)
※ただし、時季や地域によって価格は異なる

江戸時代は変動相場制であり、一概に現代の価格で算出することはできないが、江戸時代後期頃の物価を現代価格に換算すると1文=25円ほどであったという。また1両は大体10～15万円だった。

地域によって違っていた物の単位が、完全に統一されるのは維新後！

度量衡《どりょうこう》とは、長さ・容積・質量、またはそれらをはかるための物差し・枡《ます》・秤《はかり》といった道具のことをいう。

近世以前、度量衡は現在のように全国的に統一されておらず、地域によってばらつきがあった。

たとえば容積を量る枡は、西国では天正《てんしょう》十四年（一五八六）に豊臣秀吉が制定した京枡（方四寸九分・深さ二寸七分）を使用していた。

一方、江戸では天正十八年（一五九〇）、家康が江戸入府のときにつくらせた江戸枡（方五寸・深さ二寸五分）が用いられていた。

このように同じ一枡であっても、容積が異なっていたのでは大いに不便だった。そこで寛文《かんぶん》九年（一六六九）、全国的に京枡に統一されたのである。

長さの単位も、近畿地方以西では一間《けん》六尺五寸（京間《きょうま》）、関東では六尺（江戸間）と、やはり地域によって異なっていた。

これらの度量衡が完全に統一されるのは、維新後の明治八年（一八七五）のことだった。

江戸時代の度量衡

[長さの単位]

	里(り)	町(ちょう)	間(けん)	尺(しゃく)	寸(すん)	メートル法換算
寸					1寸	3.03cm
尺				1尺	10寸	30.3cm
間			1間	6尺	60寸	1.81m
町		1町	60間	360尺	3600寸	109.09m
里	1里	36町	2160間	12960尺	129600寸	3.92km

[体積の単位]

	石(こく)	斗(と)	升(しょう)	合(ごう)	メートル法換算
合				1合	1.8039dℓ
升			1升	10合	1.8039ℓ
斗		1斗	10升	100合	18.039ℓ
石	1石	10斗	100升	1000合	180.39ℓ

[重さの単位]

	貫(かん)	斤(きん)	匁(もんめ)	メートル法換算
匁			1匁	3.75g
斤		1斤	160匁	600g
貫	1貫	6.25斤	1000匁	3.75kg

[広さの単位]

	町(ちょう)	反(たん)	畝(せ)	坪・歩(つぼ・ぶ)	メートル法換算
坪				1坪	3.306㎡
畝			1畝	30坪	99.1736㎡
反		1反	10畝	300坪	991.736㎡
町	1町	10反	100畝	3000坪	9917.36㎡

年貢の納め方

村役人が農民から徴収し、年三回、代官所(領主側)に上納した

年貢は、農民一人ひとりに対してではなく、村単位で課せられた。

毎年冬、領主(幕府)側からその年の年貢上納額が提示されると、村役人はそれに基づいて各戸が負担する年貢額を決めた。年貢の上納は、関東の場合は夏・秋・冬の三回。夏は貨幣、秋と冬は貨幣もしくは米を上納することとされていた。

村役人は、各戸の年貢を徴収し、村全体の年貢を一手に取りまとめ、領主、もしくは郡代・代官に納めていたのである。

年貢の上納の流れは、概ね次のようなものだった。

まず村役人は年貢勘定帳を作成し、各戸の納入状況を記録していく。

村内すべての戸からの納入がなされると、村役人はそれを領主側に上納。領主側は納入したことを示す小手形を村に交付した。

冬、すべての年貢の納入が終わると、村役人は年貢勘定目録を提出。

領主側は実際に上納された年貢と目録の数字を付け合わせ、確認後に完納を証明する年貢皆済目録を提出した。

年貢上納のしくみ

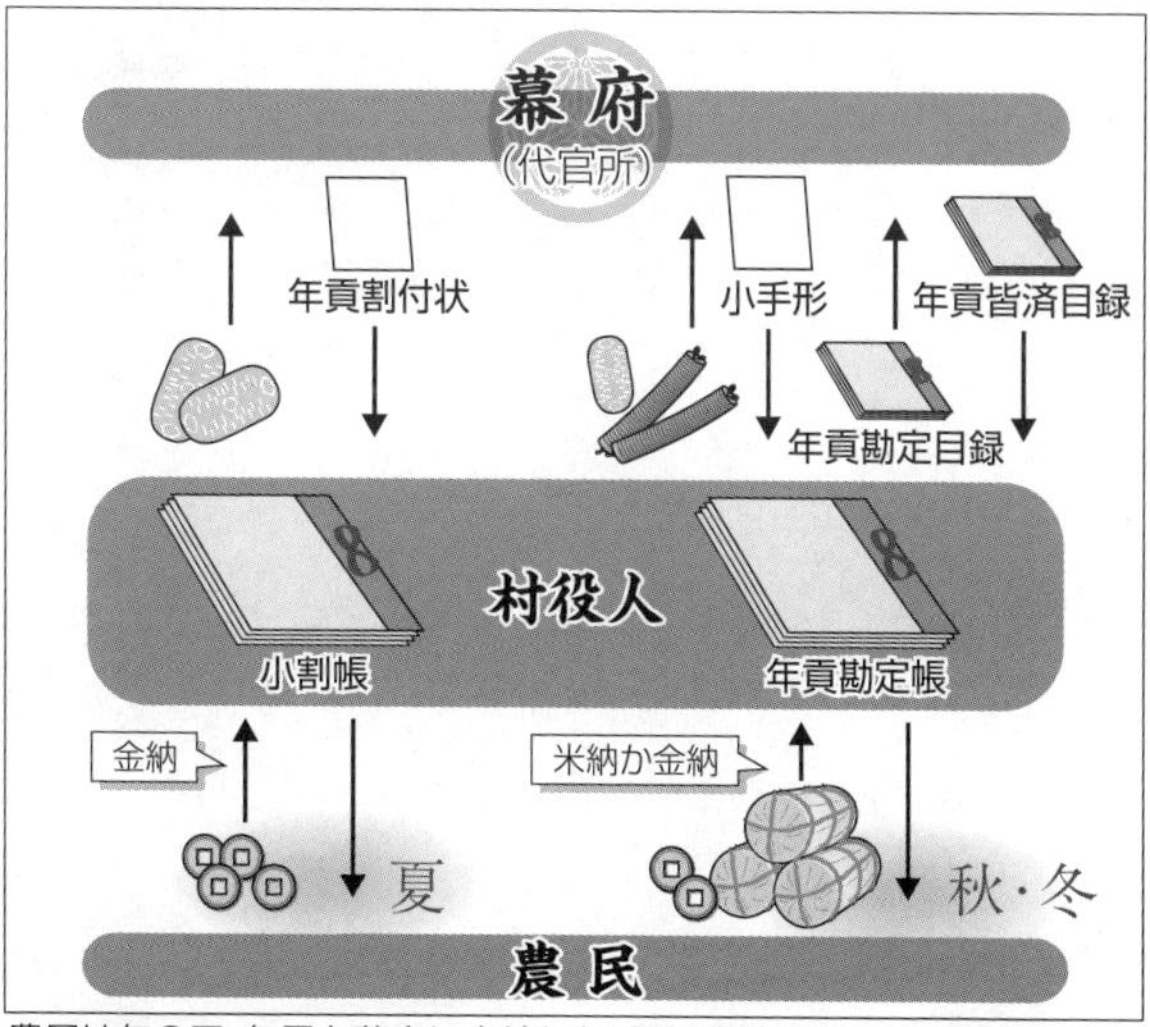

農民は年3回、年貢を幕府に上納した。夏は貨幣、秋・冬は貨幣もしくは米を納めた。

幕府石高の推移

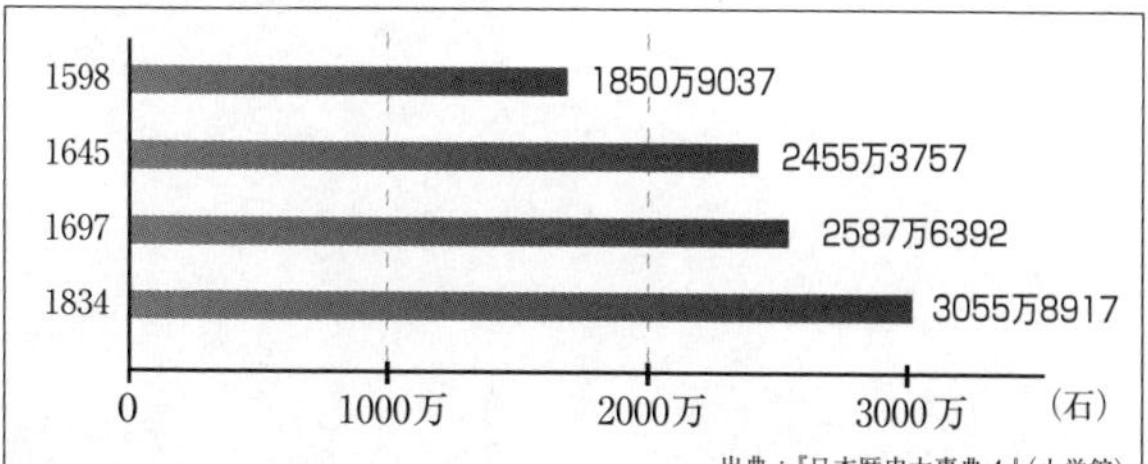

出典：『日本歴史大事典4』(小学館)

江戸時代は米が経済の中心だったため、幕府は積極的に新田開発を行ない、石高の増加を図った。

徒歩以外の庶民の移動手段、タクシーのような「駕籠」の実態！

江戸の人々の移動手段は徒歩が基本だったが、現代のタクシーに相当する乗り物もあった。「駕籠《かご》」である。

延宝《えんぽう》三年（一六七五）まで庶民が駕籠に乗ることは禁じられており、駕籠を利用するのは大名など身分の高い者に限られていた。

しかし生活が豊かになるにしたがって、庶民からも駕籠利用の要求が高まり、幕府もこれを容認、庶民が利用できる辻駕《つじ》籠の営業が認められるようになった。

辻駕籠は四本の竹を柱として割竹で編んだだけの簡素なもので、雨風をしのぐために簾《すだれ》が垂らされていた。料金は一里（約四キロメートル）につき約四〇〇文《もん》（約一万円）ほどだった。現代のタクシーと同様、行き先に着いてから料金を支払った。

とはいえ、持ち合わせがなかったら困るので、乗り込む前に駕籠かきに値段を聞き、値切り交渉を行なうこともあったようだ。

ちなみに、将軍や大名が乗る駕籠は「乗物」と呼ばれ、区別されていた。

駕籠の種類

辻駕籠

4本の竹を柱とし、割り竹で編んだ駕籠。日本橋から浅草近くの吉原遊廓まで、金2朱（約1万2000円）ほどだった。

歌川広重『江戸高名会亭尽』
「新吉原衣紋坂日本橋」
（国立国会図書館蔵）

宿《しゅく》駕籠

屋根とむしろで覆っただけの簡易的な駕籠。街道を行く旅人が宿場から宿場へと利用した。「雲助（くもすけ）」駕籠ともいわれた。

歌川広重『東海道五拾三次』
「三島・朝霧」
（国立国会図書館蔵）

飛脚制度

「継・大名・町」の三種類存在した、手紙や荷物を運ぶ江戸の郵便屋さん

江戸時代には、現代と同じような郵便システムが確立していた。その主要な役割を担っていたのは、飛脚《ひきゃく》と呼ばれる人々である。

飛脚は三種類存在した。幕府の公文書を運ぶ「継飛脚《つぎびきゃく》」、大名が江戸の藩邸とのやり取りに用いた「大名飛脚」、町人が利用した「町飛脚」である。町飛脚が公認されたのは、寛文《かんぶん》三年（一六六三）のことだった。

飛脚は手紙を運ぶことを本業としていたが、街道を行き来する旅人が増えてくると、そこに目をつけて旅人の荷物の運搬を担う飛脚も現れるようになった。

安永《あんえい》年間（一七七二～一七八一）には東海道の五三宿中、二八ヵ所に飛脚の取次所が置かれていたといわれる。これにより、旅人はその途上でどこでも荷物を送ることができ、また受け取ることもできた。

料金は、近場だと日本橋から浅草芝居町までが二四文（約六〇〇円）、江戸～大坂間は荷物一貫目が並便（約一〇日）で銀九匁《もんめ》五分（約一万七〇〇〇円）だった。

江戸—大坂間の飛脚料金表(1830〜1864)

種類	請負日限	荷物	運賃
仕立(特急便)	正三日半限	封物100目限	金7両2分
	正四日限	封物100目限	金4両2分
	正四日半限	封物100目限	金4両
	正五日限	封物100目限	金3両2分
	正六日限	封物100目限	金3両
	正三日限	封物100目限	銀700匁
幸便(定期便)	正六日限	書状1通	金1朱
	六日限	書状1通	銀2匁
		荷物1貫目	銀50匁
		金100両	銀55匁
	七日限	書状1通	銀1匁5分
		荷物1貫目	銀40匁
		金100両	銀45匁
	八日限	書状1通	銀1匁
		荷物1貫目	銀30匁
		金100両	銀35匁
	十日限	書状1通	銀6分
		荷物1貫目	銀15匁
		金100両	銀20匁
並便(便に空きがあれば乗せる)	十日限	書状1通	銀3分
		荷物1貫目	銀9匁5分
		金100両	銀11匁

出典：横井時冬『日本商業史』(金港堂)

飛脚は手紙や荷物のやり取りで活躍した。江戸—大坂間をわずか3日で運ぶ仕立便は金7両2分(約75万円)と高値だったが、商人たちがよく利用した。

江戸の六上水

塩分の多い地下水に悩まされ、江戸開発は上水工事の歴史でもあった

江戸へ入府した徳川家康が最も頭を悩ませたのは、飲料水の確保だった。海辺に位置する江戸の町の地下水は塩分が多く、とても飲料水にすることができなかったためだ。

家康は江戸入府と同時に、江戸市中へ水を供給する神田上水の開削を命じた。

神田上水は、井の頭《いのかしら》池を水源とする。人工の水路を掘削し、途中で善福寺《ぜんぷくじ》池や妙正寺《みょうしょうじ》池などから流れ出る水流と合流させて、神田・日本橋・京橋といった地域に給水するものだった。

しかしその後、江戸の人口が増加すると、神田上水の給水量では賄いきれなくなってしまった。そうして建設されたのが玉川上水である。

約四三キロメートルもの人工水路を掘り、多摩川《たまがわ》の水を四谷大木戸まで引き入れたものだ。

玉川上水は江戸市中の飲料水となったほか、周辺の農村の農業用水としても利用され、武蔵野《むさしの》の新田開発にも大きく寄与することとなった。

そのほか、一七世紀末までに本所《ほんじょ》上水・

江戸の「六上水」

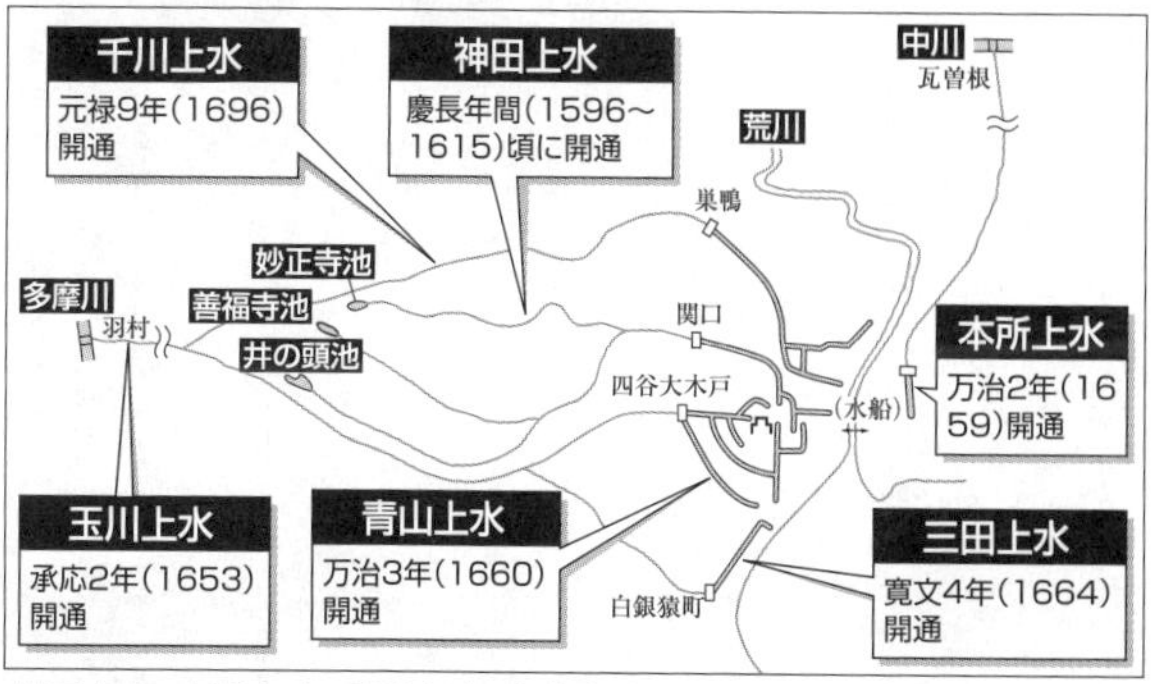

神田上水・本所上水・千川上水・青山上水・三田上水・玉川上水を「江戸の六上水」という。これらの水は地中に埋めた石樋や木樋などを通じて江戸市中へ供給された。

青山上水・三田上水・千川《せんかわ》上水などが開かれ、神田・玉川両上水と合わせて「江戸の六上水」と称された。

亀有《かめあり》上水は中川を水源としたもので、本所・深川の新興開発地域に給水した。

あとの三上水はいずれも玉川上水の分水である。青山上水は青山方面、三田上水は高輪《たかなわ》など江戸西南部、千川上水は小石川御殿や寛永寺《かんえいじ》近辺に給水した。

これらの上水は、地中に埋められた木《もく》樋《ひ》を通じて江戸市中に供給され、井戸に溜まる仕組みとなっていた。人々は井戸からつるべで水を汲み上げ、使用した。

こうして江戸市中の飲料水が確保されたのである。

境内に溢れる店や見世物小屋。寺社は江戸っ子のワンダーランド!

江戸の有名寺社は、じつに広大な敷地を誇っていた。たとえば将軍家の墓所が置かれた寛永寺《かんえいじ》は約三六万坪、増上寺《ぞうじょうじ》は約二五万坪、両寺に次ぐ寺格を誇った浅草寺《せんそうじ》は約一万坪の寺域を領していた。

宗教施設である寺社には、信仰目的で多くの参拝客が訪れたが、一方で、これらの参拝客を目当てとして、各種の店が門前や境内《けいだい》に軒を連ねるようになった。

安永《あんえい》九年(一七八〇)の浅草寺を例にとると、境内には二六三軒もの店があったという。お茶や軽食を提供する水茶屋などの飲食店をはじめ、雑貨店・芝居小屋・見世物小屋も立ち並んでいた。

また、富籤《とみくじ》や相撲《すもう》の興行もあり、武家・町人、女性・子どもに至るまで、みな余暇を楽しむために寺社を訪れた。

当時の寺社は、江戸っ子にとっての一大ワンダーランドだったのである。

店や小屋の営業主からは寺社に対して冥加金《みょうがきん》が支払われ、寺社運営の大きな財源となった。また娯楽目当てではあっても参拝客が増えたため、寺社としてはまさに一石二鳥だったのだ。

江戸の主要な寺社

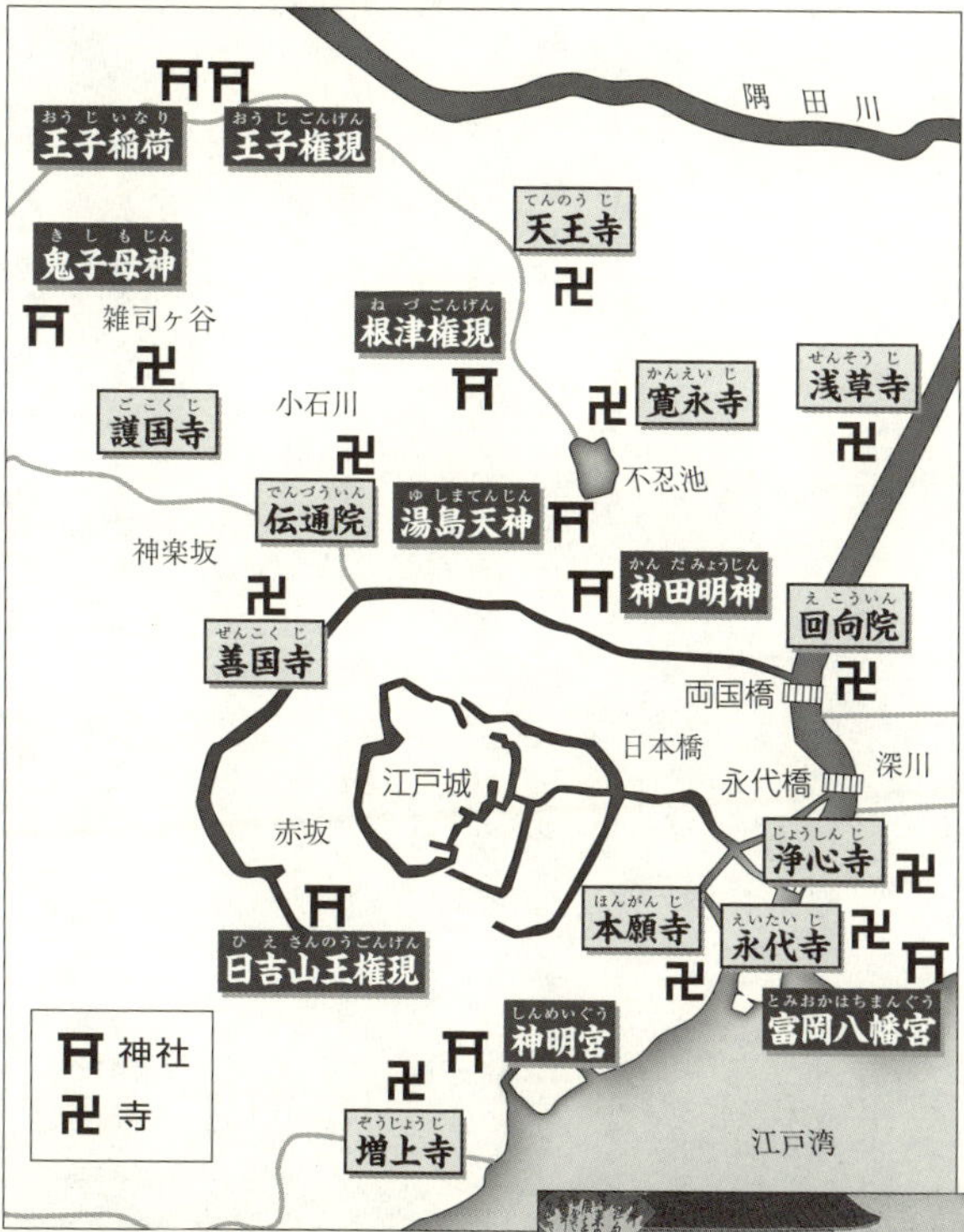

参詣者の数を増やすため、寺社の境内には飲食店や芝居小屋などが立ち並び、遊興地の様相を呈していた。

江戸時代の浅草寺雷門前。当時から賑わいを見せていたことがわかる。（歌川広重『江戸高名会亭尽』「浅草雷門前」国立国会図書館蔵）

天保の改革で弾圧され、場末に移された「三座」が大いに繁栄！

江戸時代、多数の娯楽のなかで最も庶民の人気を集めたのが歌舞伎である。

江戸における歌舞伎興行は、寛永《かんえい》元年（一六二四）、繁華街として栄えていた日本橋と京橋の間に、初代猿若勘三郎《さるわかかんざぶろう》が芝居小屋を建て、猿若座が成立したことに始まる（のち中村座へと改称）。

その後、市村座・山村座・森田座が旗揚げし、四座体制が形成される。正徳《しょうとく》四年（一七一四）に山村座が廃絶して以降は、中村座・市村座・森田座の三座が幕府公認の芝居小屋となった。

しかし一九世紀初頭、奢侈《しゃし》の禁止を打ち出した天保《てんぽう》の改革の際に、歌舞伎は幕府から徹底的に弾圧された。天保十二年（一八四一）、三座は江戸市中から遠く離れた浅草（猿若町）へと強制的に移転させられたのである。

ところが、これがかえって歌舞伎興隆にひと役買った。猿若町の芝居小屋近隣には芝居茶屋が立ち並び、一帯に一大歓楽街が形成されたのだ。

こうして明治初年まで、猿若町は歌舞伎興行の町として繁栄したのであった。

江戸の「芝居町」の変遷

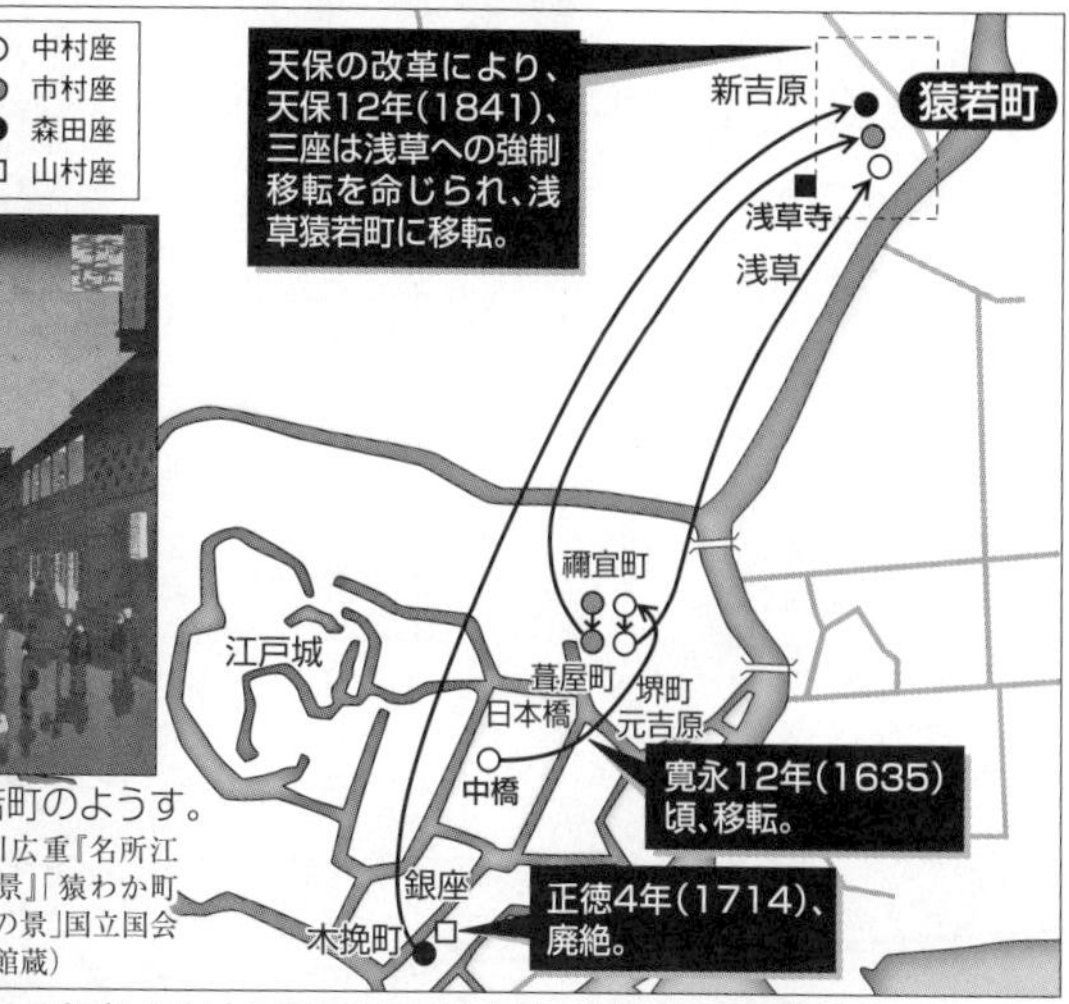

猿若町のようす。
（歌川広重『名所江戸百景』「猿わか町よるの景」国立国会図書館蔵）

天保12年（1841）に江戸三座（中村座・市村座・森田座）は浅草猿若町に移されたが、大いに繁栄して明治時代まで続いた。

興行は明六ツ（午前6時）から暮七ツ半（午後5時）まで。朝から夕方まで多くの人が詰めかけた。（歌川広重『東都繁栄乃図』「中村座」国立国会図書館蔵）

吉原遊廓の変遷

日本橋から田園に強制移転させられた「新吉原」は町人相手に大繁盛！

吉原《よしわら》は、江戸で唯一幕府から公認された遊廓である。人口の約七割を男性が占める江戸の町で、風紀の乱れを予防するための必要悪として存在が許された。

当初、吉原は繁華街として栄えていた日本橋にあった。この地に葭《よし》が生い茂っていたため「葭原」と呼ばれたが、葭は「あし（悪し）」とも読め、縁起を担いで「吉原」と称するようになった。営業は昼間に限られ、客の中心は武士だった。

しかし江戸市域の拡大で、吉原が江戸の中心地に隣接する状況になると、これを好ましく思わなかった幕府のメスが入ることとなった。

明暦《めいれき》三年（一六五七）、幕府は、深夜営業を認める代わりに、日本橋から浅草の千束《せんぞく》に広がる田園地帯への遊廓街の移転を命じたのである。元の吉原に対して、ここは「新吉原」と呼ばれた。

市街地から隔離されたことで、客層の中心は武士から町人へと移行。時代をリードする知識人層が集うようになった吉原は、一流の社交場としての格式をもち、江戸文化の最先端を担う場となった。

新吉原の遊廓図

筋違御門
浅草御門
隅田川
千住道
千住道
浄閑寺
日本堤
吉原
浅草寺
浅草川
出入口は大門のみ。
西河岸
遊女屋
京町一丁目
遊女屋
揚屋町
遊女屋
江戸町一丁目
遊女屋
お歯黒溝（どぶ）
衣紋坂
日本堤
水道尻
茶屋
茶屋
茶屋
茶屋
仲の町
待合の辻
大門
五十間
見返り柳
茶屋
茶屋
茶屋
茶屋
茶屋
秋葉常灯明
お歯黒溝
遊女屋
京町二丁目
遊女屋
角町
遊女屋
江戸町二丁目
遊女屋
伏見町
遊女屋
お歯黒溝
遊女の逃亡を防ぐための堀。
羅生門河岸

日本堤

吉原へと続く一本道であった日本堤には、吉原の客を当て込んだ露店が立ち並んだ。（歌川広重『江戸高名会亭尽』「新吉原衣紋坂日本橋」国立国会図書館蔵）

新吉原の入口・大門
（歌川広重『名所江戸百景』「廓中東雲」国立国会図書館蔵）

リサイクル
システム

最後の最後まで使い切る！江戸っ子の「超捨てない」生活とは？

江戸に住む人々は、じつに物を大切にした。物はすぐに捨てるのではなく、徹底的に使い切ったのである。

たとえば衣服。当時、着物はたいへん高価なものだったので、庶民は一枚の着物を仕立て直して着回した。

穴が空いたら端切《はぎ》れを購入して繕《つくろ》い、寒くなれば木綿《もめん》を購入して着物を冬用へと仕立て直した。古くなった大人用の着物は子ども用に仕立て直し、いよいよ繕うことが難しくなったら、雑巾《ぞうきん》やおむつとして使い切ったのだ。

また、江戸時代は大量に紙が消費された時代だったが、庶民がよく使用したのは浅草紙《あさくさがみ》と呼ばれる再生紙だった。

文字が書かれた紙や鼻紙など、使用済みの紙を紙くず屋が集め、紙くず問屋が漉《す》き直して再び流通させたのである。

浅草紙という名称は、浅草の紙くず問屋が再生した紙であることから名づけられた。

ほかにも、江戸市中にはさまざまなリサイクル・修理業者がいた。竈《かまど》や炉の灰を集めて肥料用に売る灰買いや、壊れた

衣類のリサイクル

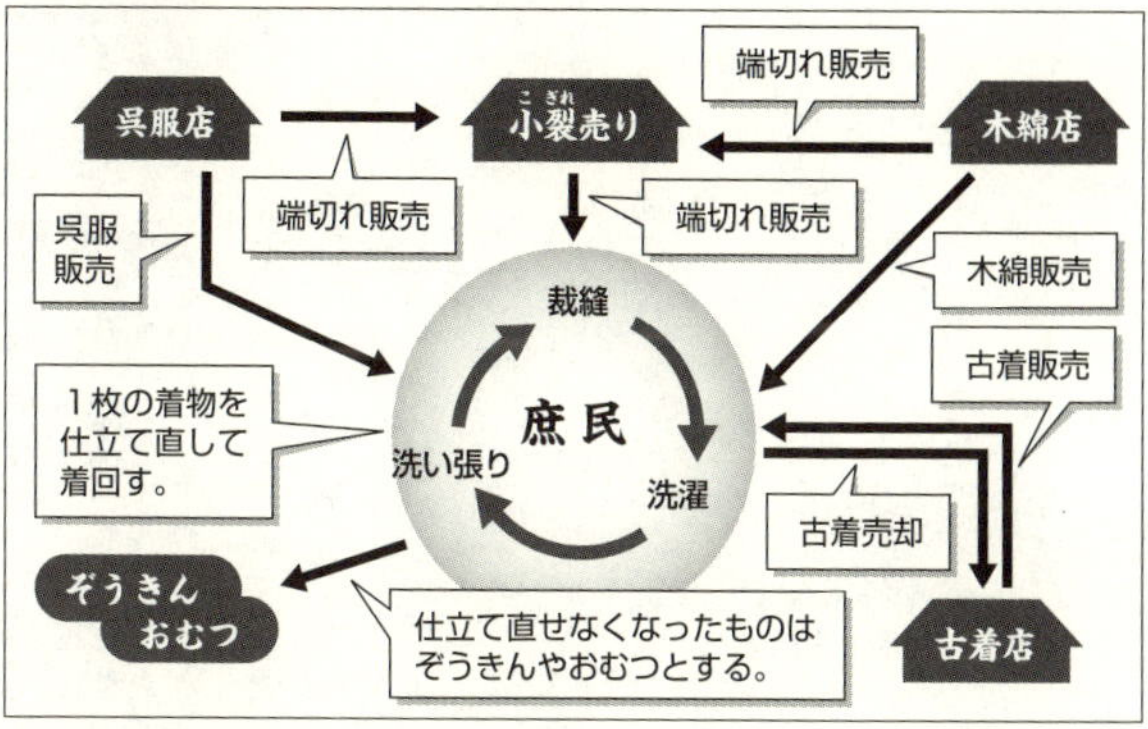

着物は高価なものだったので、庶民は1枚の着物を仕立て直して着回すか、布の端切れから自分で着物を仕立て上げた。

傘を集める古傘買い、壊れた履物を修理する雪駄《せった》直し、壊れた提灯《ちょうちん》を修理する提灯張り替えなど、枚挙にいとまがない。

　このように、江戸の町では高度なリサイクル文化が発達していたのだ。

　ただし、人口の増加にともなってゴミの量も着実に増えていった。当初は会所地や川・堀に捨てられていたが、明暦《めいれき》元年（一六五五）には、隅田川河口の永代《えいたい》島《じま》がゴミ捨て場に定められている。享《きょう》保《ほう》十五年（一七三〇）には深川の越中《えっちゅう》島《じま》が新たに指定された。

　ゴミ捨て場となった島はその後埋め立てられ、田畑や町場へと姿を変えていった。

エコな下肥処理

なんと排泄物がお金に化ける！江戸が清潔に保たれた驚きのシステム

江戸のトイレは汲み取り式で、大用と小用に分かれていた。わざわざこのようにつくられたのは、江戸近郊の農民が江戸の排泄物を買い取ったからだ。

化学肥料などなかった時代、人間の排泄物は農作物を育てるための貴重な肥料となった。

とくに江戸に住んでいる人々は栄養素の高い食事をとっていたこともあり、肥料としての質がよかった。

肥料は収穫高を左右する大きな要素だったため、農民は先を争うようにして江戸の排泄物を買い求めたのである。

大名→武家→町人の順に買い取り価格が高かったといわれる。

また、天明《てんめい》年間（一七八一～八九）頃から町のあちこちに小便溜桶が置かれ、その小便も農民が買い取るようになった。

こうして農民によって、江戸の人々の排泄物はすべて農村地へと運ばれた。

この汚物処理の仕組みにより、江戸の町は常に清潔な環境が保たれていたのである。江戸を訪れた外国人がまず驚くのは、その清潔さであったといわれる。

江戸のトイレ

大便所
江戸近郊の農民が肥料として大便を汲み取りに来たため、大便所と小便所に分かれていた。扉は下半分だけ。再生紙で尻を拭いた。
小便所
大便所とは別に、長屋には小便用の桶が設置された。こちらも、江戸近郊の農民が引き取りにやって来る。

梅亭樵父『百人一首地口絵手本』（国立国会図書館蔵）

江戸と近郊の農村の関係

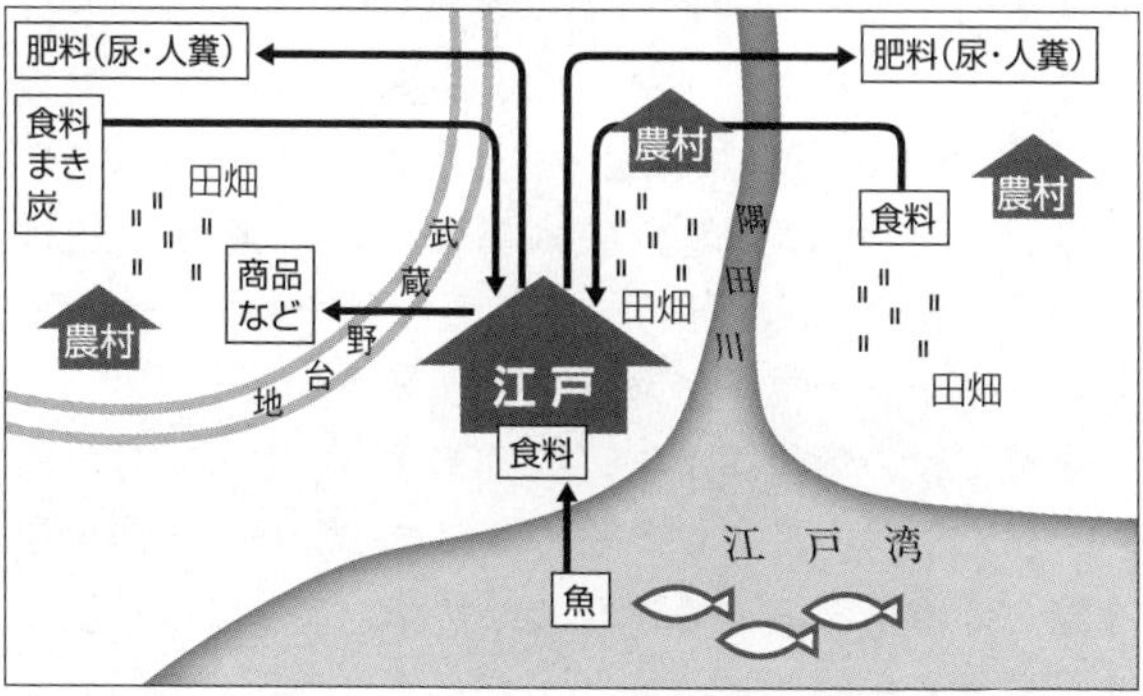
肥料（尿・人糞）
肥料（尿・人糞）
食料
まき
炭
田畑
農村
商品
など
武蔵野台地
江戸
食料
農村
田畑
隅田川
食料
農村
田畑
江戸湾
魚

江戸近郊に住む農民は、江戸で出される下肥を買い取り、農作物の肥料として使用した。その肥料で育てられた作物は江戸で販売された。

富《とみ》籤《くじ》

斎藤幸成『東都歳事記』(国立国会図書館蔵)

江戸時代にも、現代の宝くじのようなものが存在していた。「富籤」である。富籤は寺社の堂宇や社殿の修繕費用の調達を目的としていたため、江戸市中のさまざまな寺社で行なわれた。とくに谷中感応寺《やなかかんのうじ》・湯島天《ゆしまてん》神《じん》・目黒不動《めぐろふどう》のものが有名で、「江戸の三富」と呼ばれた。

寺社によって当選金額は異なるが、最高金額は100両（約1000万円)、最低金額は10両（約100万円）とする寺社が多かったようだ。

富籤1枚の値段は1朱（約6000円）から1分（約2万5000円）と決して安くはなかったが、一攫《いっかく》千金を狙って富籤にのめり込む者は多く、なかには破産してしまう人もいたという。

寄席《よせ》

仮名垣魯文『粋興奇人伝』(国立国会図書館蔵)

歌舞伎《かぶき》や見世物《みせもの》は、幕府の規制によって夜に興行を行なうことが禁じられていた。そこで、夜の娯楽として江戸っ子の人気を集めたのが寄席だった。

安永《あんえい》年間（1772 ～ 81）頃、寄席は料理茶屋や湯屋の2階などで行なわれたが、文化《ぶんか》年間（1804 ～ 18）頃には寄席専用の小屋で一席設けられるようになった。

落語に手妻《てづま》（手品)、軽業《かるわざ》や曲独楽《きょくごま》など演目は豊富だったが、なかでも庶民の人気を集めたのが落語だ。

日常生活を切り取ったような話を面白おかしく聞かせる話芸に、江戸っ子は夢中になった。弘化2年（1845）には江戸市中に700軒の寄席が立ち並んでいたというから、人気が定着していたことがわかる。

俳諧《はいかい》

月岡芳年『宦女桜筵連歌ノ図』(国立国会図書館蔵)

江戸時代、文芸の域にまで発展した江戸っ子の趣味に、俳諧がある。俳諧は、「俳諧之連歌《れんが》」の略。ある作者が発句《ほっく》と呼ばれる第一の句を詠《よ》み、それを受けるかたちで順次、付け句を詠んでいくというものだ。その特色は、俗語を用いて面白おかしく句を詠む滑稽味《こっけいみ》を重視した点にあった。

その風潮を改めたのが、松尾芭蕉《まつおばしょう》である。芭蕉は季節の情緒や人間の心情といった詩情豊かな句を詠んだ。

芭蕉の頃は、発句から始めて36句連ねる「歌仙《かせん》」という形式が一般的だった。これが明治時代になると、俳人・正岡子規《まさおかしき》により、発句が「俳句《はいく》」と呼ばれるようになるのである。

第3章

江戸のしくみ

行政・防犯・防災

世界史的にも稀な泰平の世を現出！幕府の「長期政権維持策」とは？

慶長《けいちょう》八年（一六〇三）、徳川家康が征《せい》夷《い》大将軍《たいしょうぐん》に就任し、江戸幕府を開いた。以降、慶応三年（一八六七）十月に一五代将軍慶喜《よしのぶ》が朝廷に政権を返上（大政奉《たいせいほう》還《かん》）するまでの二六〇年以上、江戸幕府は政権を維持してきた。

これだけ長期間にわたって泰平の世を現出した政権は、日本史上初である。

なぜ江戸幕府は、権力を保持することができたのか。その背景には、幕府が施行したさまざまな統制策がある。

当時、全国には江戸幕府の支配下に置かれるかたちで約二六〇から二七〇の藩が存在していた。これらの藩を治めていたのは大名たちである。

諸大名にはある程度の支配権は認められていたが、所領は将軍から安堵《あんど》されるというかたちだった。

このように将軍（幕府）は諸大名と主従関係を結び、土地と人民を支配したのである。これを「幕藩体制」と呼ぶ。

一方、幕府の勢力に属さないグループもあった。天皇を中心とした朝廷、武家に属さない寺院勢力である。

江戸幕府による統制策

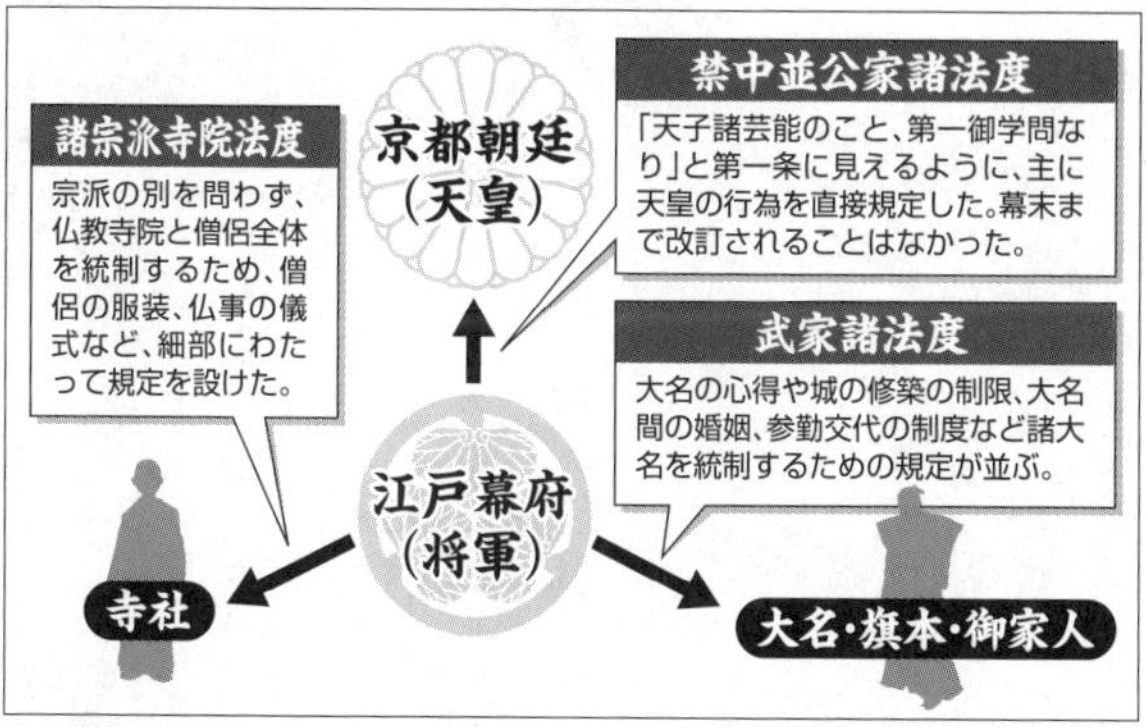

江戸幕府は「法度」によってあらゆる勢力を統制、支配体制を強固なものにし、長期政権を維持することができた。

そして、これらの諸勢力が密かに軍事力を有し、幕府に反旗を翻すおそれがあった。

そこで幕府は、全国の諸大名には『武《ぶ》家《け》諸法度《しょはっと》』、京都朝廷には『禁中《きんちゅう》並《ならびに》公《く》家《げ》諸法度』、寺院勢力には『諸宗派寺院《しょしゅうはじいん》法度』を下し、あらゆる危険分子を封じ込める施策を行なったのである。

これらの法度に違反し、幕府が危険だと判断した者については、容赦なく鉄槌《てっつい》を下していった。こうして幕府は、その支配を絶対のものとしたのだ。

これらの政策は、幕末に至るまで連綿と受け継がれ、徳川幕府は、長期政権を維持することができたのである。

家屋敷をもたない「町人」は、「町」の構成員とは見なされなかった

江戸時代の身分制度は、支配階級としての武士、被支配階級としての町人・農民に大別することができる。このうち、最も人口が多かったのは農民で、全体の八割ほどを占めていた。武士は一割にも満たなかった。

これらの身分は、人々がどの社会的集団に属し、幕府に対してどのような「役《えき》」を負担しているかによって決定された。

たとえば、幕府や大名に仕え、与えられた石高《こくだか》や俸禄に応じて軍役を果たすのが武士。町《ちょう》という組織に属して町屋敷を所有し、国役や公役を負担するのが町人。そして、所有する土地の石高に応じて年貢や労役を負担するのが農民である。

しかし、同じ町人であっても、屋敷をもたない者は町の構成員とは見なされず、また、土地をもたない農民は村の自治から排除されるという例外もあった。

一方、これらの区分では分類できない人々もいた。天皇や公家《くげ》、僧侶・神官などの宗教者である。

このように、江戸時代の身分制度は非常に複雑なものだったのだ。

江戸の身分制と支配関係

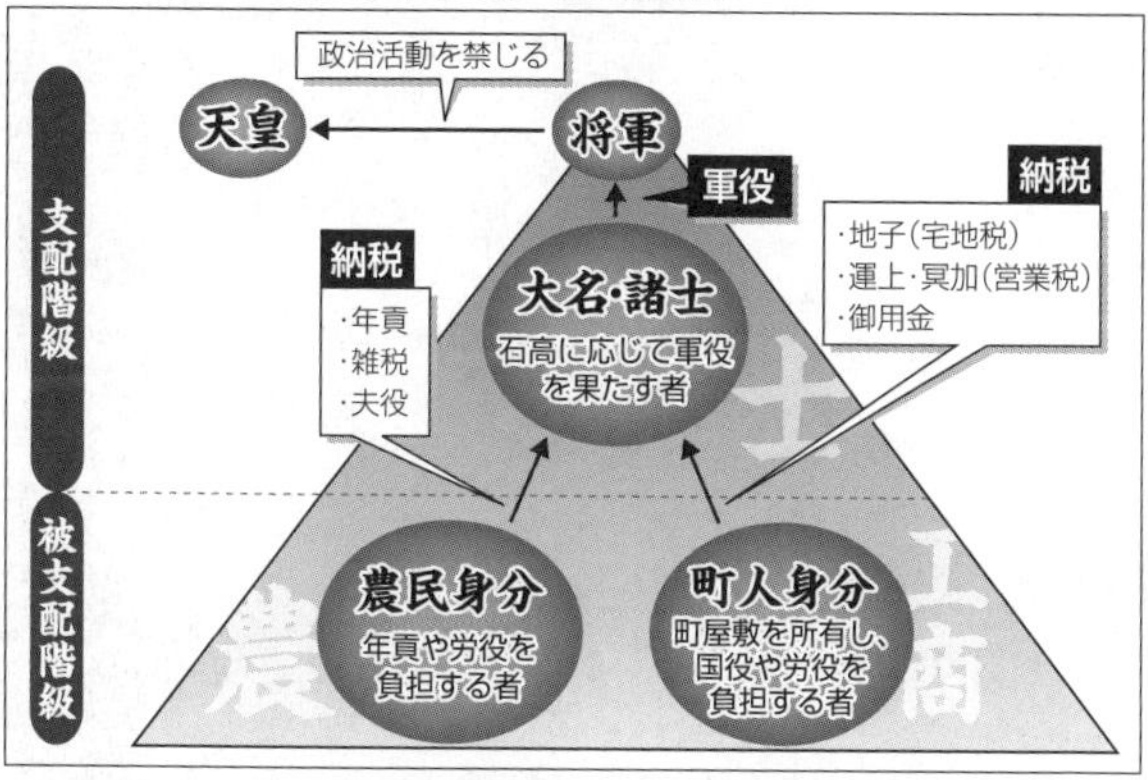

身分別人口の割合

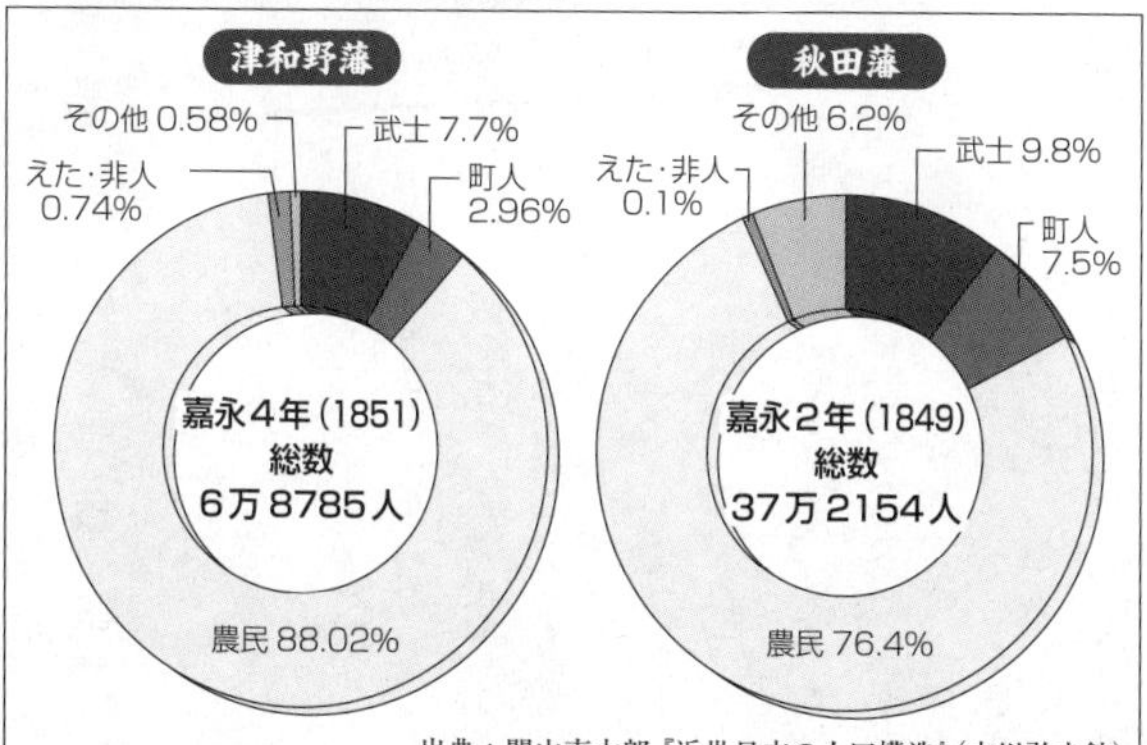

出典：関山直太郎『近世日本の人口構造』(吉川弘文館)

身分別人口の詳細なデータが残っている藩は少ないが、上記2藩のように、支配階級である武士は10%以下であり、大半は農民によって構成されていたと考えられている。

町奉行所の仕事

百万都市の行政・司法・警察業務をわずか三〇〇人の町奉行所役人で担当！

江戸市中の行政・司法・警察を一手に司っていた役所が、町奉行所《まちぶぎょうしょ》である。町奉行所の長である町奉行は、現代でいうところの都知事・地方裁判所長官・警視総監などを兼ねたものだった。

町奉行という役職が生まれたのは慶《けい》長《ちょう》六年（一六〇一）の頃だといわれるが、町奉行所という役所が整備されたのは、寛永《かんえい》八年（一六三一）のことである。

このとき、南町《みなみまち》と北町、二つの奉行所が置かれ、それぞれが月番制で江戸市中の治安を守っていった。元禄《げんろく》十五年（一七〇二）に中町《なかまち》奉行所が置かれ、一時は三奉行所体制となったが、享保《きょうほう》四年（一七一九）に廃止されている。

南北の町奉行所には、町奉行（大岡忠《おおおかただ》相《すけ》・根岸鎮衛《ねぎしやすもり》・遠山景元《とおやまかげもと》など旗本《はたもと》の逸材が揃う）が一人ずつ、与力《よりき》（御家人《ごけにん》）が二五人ずつ、同心《どうしん》（御家人）が一二〇人ずつ配されていた。与力と同心には、中間《ちゅうげん》という補助役がそれぞれ一人ずつつけられた。

各奉行所総勢約三〇〇人で、五〇万人以上に及ぶ江戸の町人の行政・司法・警

奉行所が置かれた場所

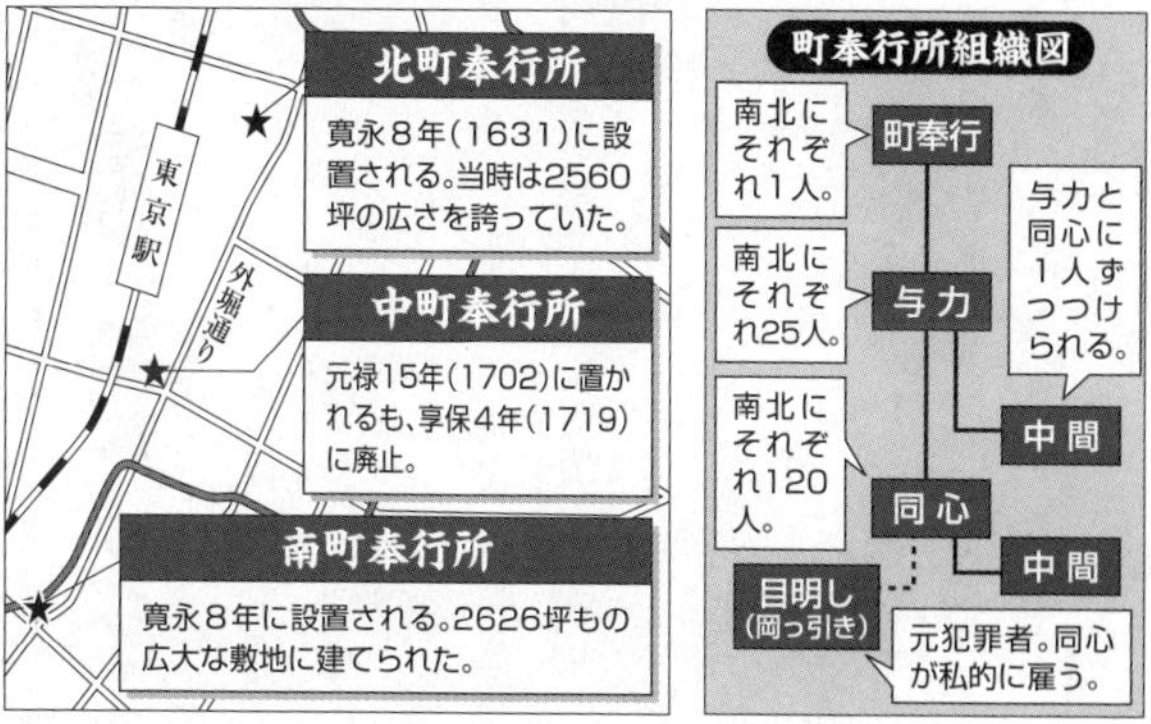
東京駅
外堀通り
北町奉行所
寛永8年(1631)に設置される。当時は2560坪の広さを誇っていた。
中町奉行所
元禄15年(1702)に置かれるも、享保4年(1719)に廃止。
南町奉行所
寛永8年に設置される。2626坪もの広大な敷地に建てられた。
町奉行所組織図
町奉行
南北にそれぞれ1人。
与力
南北にそれぞれ25人。
同心
南北にそれぞれ120人。
中間
中間
与力と同心に1人ずつつけられる。
目明し
(岡っ引き)
元犯罪者。同心が私的に雇う。

奉行所は北町奉行所と南町奉行所の2ヵ所置かれ、1ヵ月交替で江戸市中の行政･司法･警察業務を統括した。

察業務を司っていたため、とてもではないが人手が足りなかった。そこで同心は、私的に目明《めあか》し(岡っ引き)と呼ばれる人々を雇った。

彼らの多くは元犯罪者である。赦免する代償として共犯者を密告させたり、かつての仲間から犯罪者の情報を集めさせたりしたのだ。

時代劇では、十手《じって》を持って捜査を行なう岡っ引きの姿を見るが、実際は十手を持つことは許されなかった。十手を持つことができたのは、同心以上である。

なお、犯人逮捕の際に使用されていたのは袖搦《そでがらみ》・突棒《つくぼう》・刺股《さすまた》の三道具で、いずれも長柄だった。

町の支配体制

町地は町奉行所の管轄下にあったが、自治組織によって運営されていた「町政」

「百万都市」といわる江戸の市街地を統制したのは、町奉行《まちぶぎょう》だった。しかし、町奉行所の役人だけで江戸市中を管理することは不可能だったため、町政の実務は町人から選出された町役人《ちょうやくにん》が担った。

町役人は町年寄《まちどしより》（館《たち》・樽屋《たるや》・喜多村《きたむら》の三家が世襲）を筆頭に、町名主《まちなぬし》（二百数十人）、月行事《がちぎょうじ》の三役からなっていた。町奉行から出された法令（触《ふれ》）はこの順に伝えられ、月行事から長屋の店子《たなこ》たちに伝達される仕組みとなっていた。

町年寄は、町奉行所の下部機関という位置づけだった。法令の伝達や商人の統制、人別調査などが主な仕事である。

町名主は、一人で複数の町を担当した。管轄するすべての町用《ちょうよう》と公用に関わり、町人の訴願の取次ぎや人別改め、家屋敷の売買などの検印、祭礼の執行などを行なった。

各町に置かれた月行事は住民と密接に関わり、ときには長屋の住民の喧嘩《けんか》の仲裁を行なうこともあった。

このように江戸の町は実質、町人の自治によって運営されていたのである。

町政の支配システム

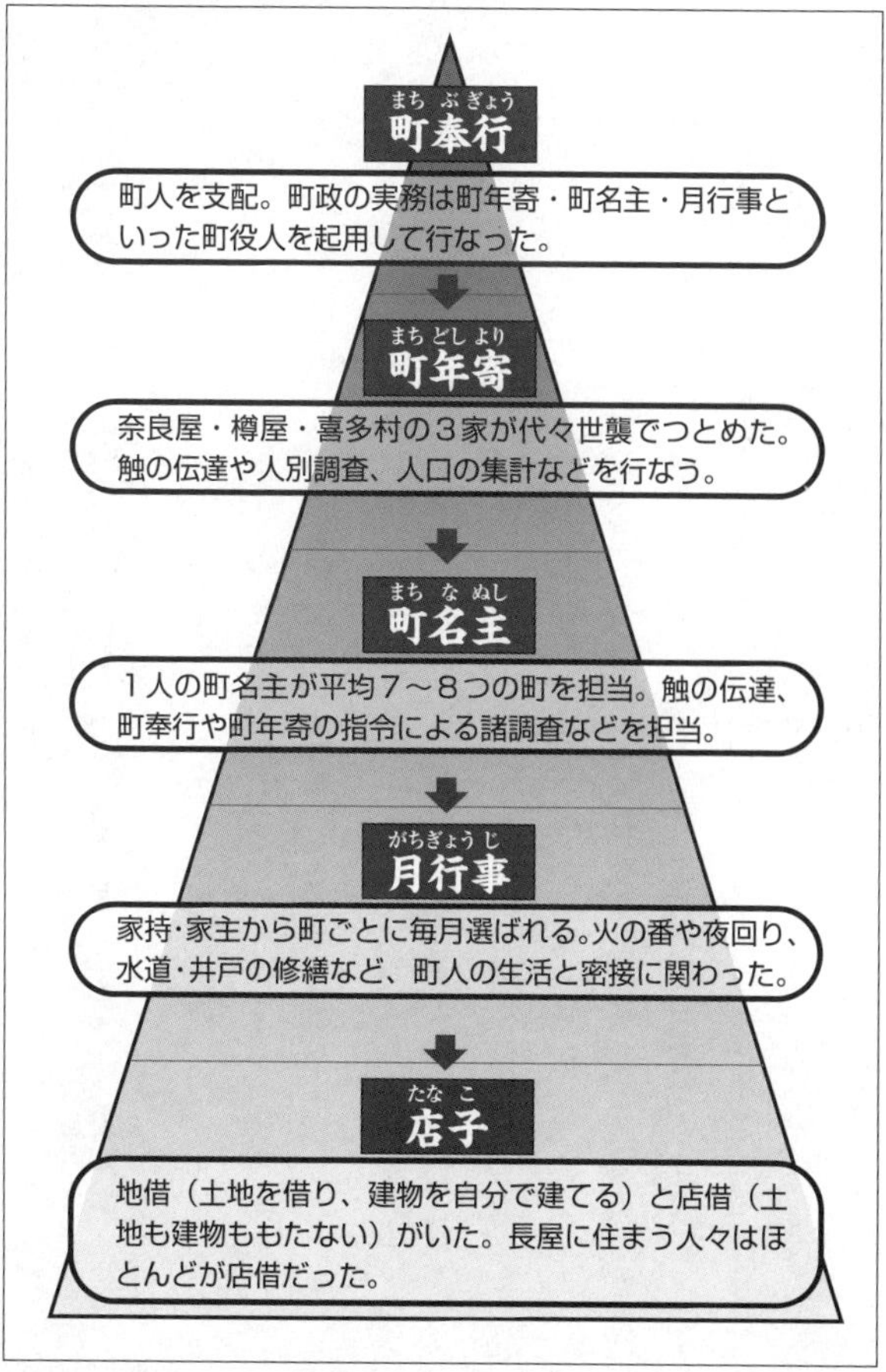
町奉行《まちぶぎょう》
町人を支配。町政の実務は町年寄・町名主・月行事といった町役人を起用して行なった。
町年寄《まちどしより》
奈良屋・樽屋・喜多村の３家が代々世襲でつとめた。触の伝達や人別調査、人口の集計などを行なう。
町名主《まちなぬし》
１人の町名主が平均７～８つの町を担当。触の伝達、町奉行や町年寄の指令による諸調査などを担当。
月行事《がちぎょうじ》
家持·家主から町ごとに毎月選ばれる。火の番や夜回り、水道·井戸の修繕など、町人の生活と密接に関わった。
店子《たなこ》
地借（土地を借り、建物を自分で建てる）と店借（土地も建物ももたない）がいた。長屋に住まう人々はほとんどが店借だった。

領主（郡代・代官）の管轄下、名主（庄屋）以下「村役人」が村政を運営

江戸時代、農村はそれ自体が一行政単位だった。領主は村単位で税金や賦役《ふえき》を課すことで、農民を掌握したのである。幕府の直轄地の場合は、郡代《ぐんだい》・代官が領主の代わりをつとめた。これを「村請《むらうけ》制《せい》」という。

村の実質的な運営を担ったのは、名主《なぬし》、組頭《くみがしら》、百姓代《ひゃくしょうだい》の村役人である。

名主は村の長のことで、庄屋とも呼ばれる。主に年貢の納入や村内の統率・管理、他村との交渉などに従事した。その補佐を組頭や百姓代がつとめた。

その下に置かれたのは、土地所有の本百姓や、小作人の水呑《みずのみ》百姓である。彼らは近隣の五戸を一組とする五人組などの制度により、年貢の納入や法度《はっと》の遵守《じゅんしゅ》などにおいて連帯責任を負わされた。

相互扶助という側面より、互いに監視し合うという性格が強かった。

一八世紀半ばになると、本百姓が経済的に成長を遂げ、村政に口出しをするようになる。村の運営のあり方も徐々に変化を遂げ、本百姓のなかから村役人が選出されるようにもなった。

農村の支配体制

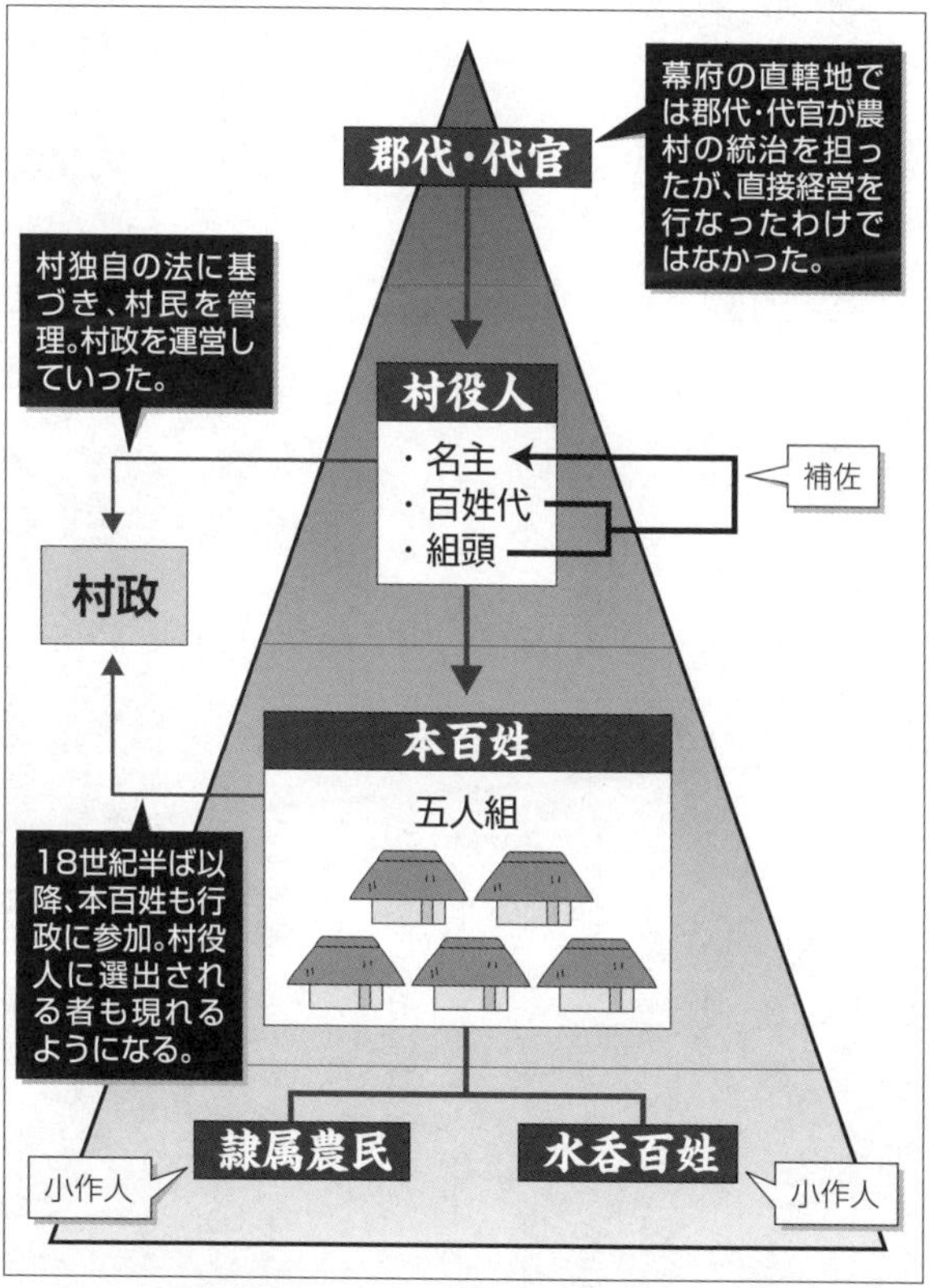

農村における政治は郡代・代官の支配のもと、村役人が中心となって行なわれた。村は「組」と呼ばれるいくつかの小集落ごとに構成される。これは連帯責任を負わせるための制度で、地域によって五人組・七人組・十人組などが組織された。

町の警護システム

町ごとに「自身番屋」が設けられ、各町の境の「木戸」は夜に閉じられた

江戸市中の公道には町奉行《まちぶぎょう》監督下の「自身番屋《じしんばんや》」が町《ちょう》ごとに設けられ（武家地には「辻番屋」）、月行事《がちぎょうじ》（大家《おおや》）などが詰めて町内警備にあたっていた。

また、長屋へ通じる路地や各町の境には「木戸《きど》」が設置されていた。木戸の隅には犬潜《いぬくぐ》りが設けられており、犬や猫も通行することができた。

木戸は明六《あけむ》ツ（午前六時頃）に開き、夜四ツ（午後一〇時頃）になると「門限〆切」という張紙が貼られ、かたく閉ざされた。

木戸が夜から朝にかけて閉められたのは、ひとえに江戸市中の治安維持のためである。

日が沈めば町は暗闇に包まれた時代、犯罪が発生するのは、人目につきにくい夜が大半だった。そこで、出入り口である木戸を締め切ってしまうことで、人々の安全を守ろうとしたのだ。

ただし、絶対に出入りができないのかといえば、決してそんなことはなかった。木戸の左右には潜戸が設けられており、あらかじめ申し出ていれば、木戸の開閉・

町を守るシステム

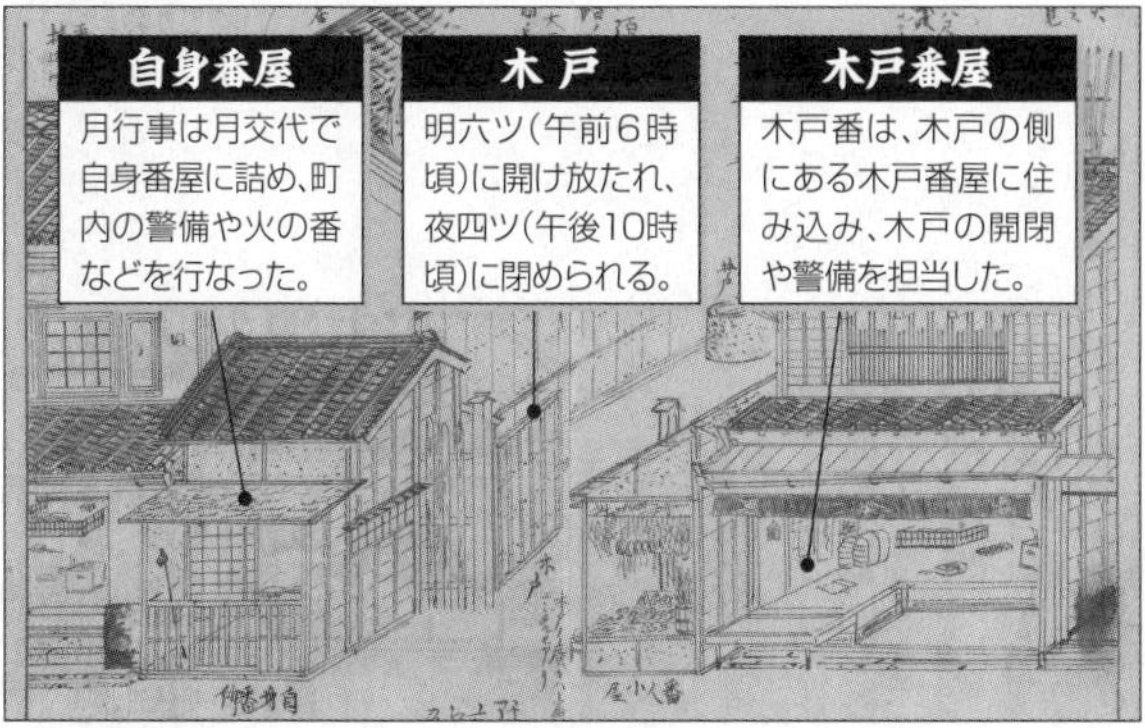
自身番屋
月行事は月交代で自身番屋に詰め、町内の警備や火の番などを行なった。
木戸
明六ツ(午前6時頃)に開け放たれ、夜四ツ(午後10時頃)に閉められる。
木戸番屋
木戸番は、木戸の側にある木戸番屋に住み込み、木戸の開閉や警備を担当した。

木戸は、町の治安維持のために設置された。管理は木戸番がつとめ、夜に不審者を通さないよう目を光らせた。(『守貞謾稿』国立国会図書館蔵)

警備を担当する木戸番（番太《ばんた》とも）に声をかけて通ることが可能だったのである。

この際、木戸番はこの者のあとをついて次の木戸まで行くか、拍子木を鳴らして次の木戸の木戸番に知らせた。

木戸番は、木戸の脇に設けられた番小屋で、家族とともに暮らした（木戸番屋）。給金はその木戸を使用する町内から支給されたが、一年で一両（約一〇万円）ほどであったという。

だが、これではとうてい生計が成り立たないため、木戸番は番小屋で草履《ぞうり》や箒《ほうき》、焼き芋、駄菓子など日用品から食料品に至るまで幅広く販売し、売上を生活の足しにしていた。

無宿人の更正施設

飢饉で食い詰めた人々を収容、職業訓練をして自立を促す「人足寄場」

天明《てんめい》年間（一七八一～八九）に大飢饉が起こると、諸国の飢えに苦しむ無宿者や浮浪者が大量に江戸へ流れ込んだ。

彼らは物乞いをしたり、暴力を振るって金品を奪うなどの狼藉をはたらいたため、江戸市中の治安は悪化する一方だった。

そこで幕府は、これらの人々を取り締まるため、寛政《かんせい》二年（一七九〇）、隅田川河口の石川島（現・中央区佃《つくだ》公園付近）に「人足寄場《にんそくよせば》」を設置した。

人足寄場は、『鬼平犯科帳』の主人公として有名な「鬼平」こと火附盗賊改役《ひつけとうぞくあらためやく》・長谷川平蔵《はせがわへいぞう》の献策によるものだった。

再犯の可能性がある犯罪者や、無宿者・浮浪者などを男女問わず収容し、手に職をつけさせて自立・更正を促そうとする更正施設である。

そして、天保《てんぽう》四年（一八三三）から同七年にかけて天保の大飢饉が起こると、それまで一〇〇人前後だった収容者数が五〇〇人を超え、ピーク時には六〇〇人に達したという。

寄場の敷地はじつに一万六〇三〇坪も

人足寄場の見取図

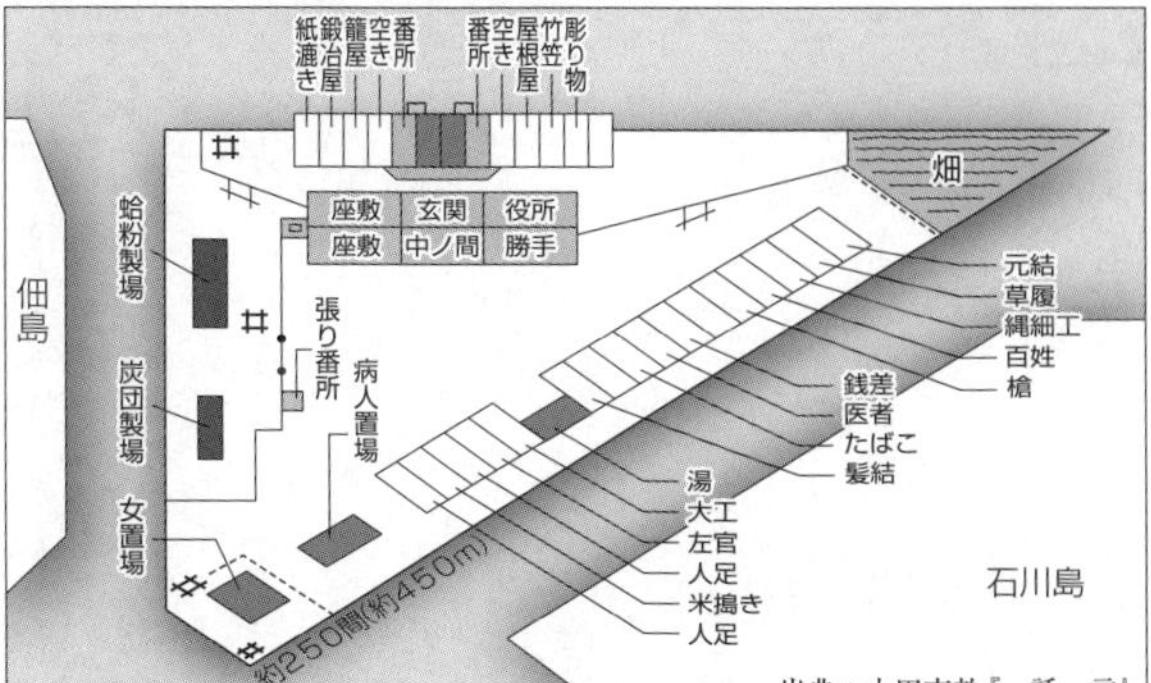

出典：太田南畝『一話一言』

人足寄場にはさまざまな作業を行なう場が用意された。無宿者や浮浪者はここで手に職をつけたのち、江戸市中へと戻された。

あり、そのうちの約三六〇〇坪が紙漉《かみす》きや米搗《こめつ》き、わら細工、炭団《たどん》づくりなどを行なう仕事場となっていた。

ここに収容された者はいずれかの仕事を割り当てられ、技術を身につけることができる仕組みになっていた。

これらの仕事に対してはきちんと賃金が支払われたが、そのうちの三分の一は強制的に役人に回収された。これは、彼らが出所し、自立するときに備えてのことだ。

日々労働に励むなかで、すっかり心を入れ替えたと認められた者には当座の生活資金として銭五～七貫文が与えられ、晴れて自由の身となった。

法令の周知

庶民は「高札」＝看板で法令を知らされ、「触」は回覧板形式で伝えられた！

「武士や寺院への諸法度《しょはっと》」「キリシタン禁令」「生類憐《しょうるいあわれ》みの令」など、江戸時代にはじつに数多くの法令が出された。

武士に対しては幕府、もしくは各藩から法令が伝えられたが、庶民へはどのように周知されたのだろうか。

庶民に法令を知らしめるために用いられたのは、高札《こうさつ》と呼ばれる五角形の板だった。宿場町など人が集まる場所の一部に屋根つきの高札場が設置され、その下に高札が立てられた。

ただし、すべての条項が記されたわけではなく、三ヵ条、五ヵ条といった具合に基本的な事項のみが記された。

高札を作成したのは、各藩の大名である。幕府から法令の基本事項を渡され、それに基づいて作成した。

その後、将軍の代替わりごとにつくり直されたが、基本的な法令が記されるのみであったので、内容にはそれほど変化はなかった。

八代将軍吉宗《よしむね》以降は、同じ高札が使い続けられることになった。ただし雨などで字がにじんだり、風化して読みづらく

人々に法令を伝えた「高札」

宿場の問屋場(伝馬継立〈てんまつぎたて〉を行なう施設)など人の集まる場所に高札場が設けられていた。風雨を避けるための屋根が掛けられている。
領民(町人・農民)などに法を知らしめるときは、高札という五角形の板に基本事項を記して掲示した。「生類憐みの令」「キリシタン禁令」「撰銭(えりぜに)令」などは高札という形で周知徹底された。

萩城下の高札場(復元)。庶民はこの場所で幕府が発布した法令を知った。

なったりしたものは、書き直しが命じられた。

一方、法令とまではいかないが、将軍の治世ごとにそれぞれ禁止事項が定められると、それは「触《ふれ》」というかたちで庶民に伝えられた。触はいわゆる回覧板形式となっており、村から村へと回されるシステムとなっていた。

この形式で周知されたものに「慶安《けいあん》御《お》触書《ふれがき》」がある。通説によると慶安二年（一六四九）に発布され、「酒や茶を飲まないこと」「米を食べすぎないこと」「物見遊《ゆ》山《さん》が好きな女房をもらわないこと」など、農民の日常生活における心得が記されていたとされるが、幕法ではないようだ。

大火後の防火対策

幕府の新たな町づくりで生まれた「火除地」や「広小路」は繁華街と化す！

維新までに江戸では、複数の町《ちょう》を焼く火災がおよそ一〇〇〇回近く起こり、いわゆる大火は一〇〇回にのぼる。なかでも明暦《めいれき》三年（一六五七）の明暦大火（振袖火事）は市街の三分の二近くを焼き尽くし、一〇万人以上の死者を出した。

なぜ火災は頻発したのか。その原因は、江戸の町割と冬の強い北西風と南西風にある。南北に細長く伸びて密集してつくられた江戸の町は、火の通り道となった。一軒から出火すると、風に煽《あお》られてまたたく間に広がってしまうのである。

明暦大火後、幕府は新たな町づくりに取り組んだ。町地に防火・避難用の空き地（火除地《ひよけち》）を設けるとともに、両国広《ひろ》小路《こうじ》・上野広小路など、道幅の広い道路を設置し、防火対策につとめたのである。

火除地には建物の設置は認められなかったが、すぐに撤去できるものであれば許可が下りた。

そこで、空き地を利用した仮設の商店や見世物小屋などが立ち並ぶようになり、防火のための空間が一転、盛り場として発展していったのである。

明暦大火による焼失地域

出火場所② 武家屋敷
明暦3年1月19日昼前、新鷹匠(たかじょう)町の武家屋敷から出火。江戸城とその周辺の大名屋敷を焼き尽くした。
出火場所① 本妙寺
明暦3年1月18日昼過ぎ、本妙寺で火災発生。おりからの強い北西風に煽られ、湯島・日本橋・佃島・浅草など広範囲を燃やし尽くした。19日未明、鎮火。
本妙寺
新鷹匠町
江戸城
麹町五丁目
出火場所③ 町屋
明暦3年1月19日夕刻、麹町五丁目の町屋から出火。外桜田から芝口に至るまで延焼した。
延焼方向
出火場所①による焼失地域(推定)
出火場所②による焼失地域(推定)
出火場所③による焼失地域(推定)
いろは四十八組のうち、「い・よ・は・に・万」の5組が必死に火を消し止めようとしている絵。(歌川広重『江戸の華』国立国会図書館蔵)

一連の火災により、江戸の市街地のじつに60パーセントが被害を受け、10万人を超える人々が亡くなったといわれる。

江戸の消防組織

大名火消・定火消に続き、「いろは四十八組」の町火消を組織

江戸は頻繁に火災に襲われたが、江戸時代の初期にはまだ消防組織が整っていなかった。大名屋敷からの出火は各大名、町地からの出火は各町人といった具合に、それぞれが消化活動を行なうこととされていた。江戸城では、老中や若年寄が旗本を率いて消化活動にあたった。

しかし寛永《かんえい》十八年（一六四一）の桶町《おけまち》火事で市中の大半が焼失すると、幕府は消防組織の整備に乗り出した。こうしてつくられたのが「大名火消《びけし》」である。

六万石以下の大名一六家を四家ごとに一組とし、一万石につき三〇人を供出させた。一組は四〇〇人ほどで組織され、一〇日交代で警戒活動にあたらせた。

さらに、明暦《めいれき》三年（一六五七）に史上最大の火災・明暦大火が発生すると、幕府は防火組織の不備を痛感。翌年の万治《まんじ》元年には四名の旗本に命じ、与力《よりき》や同心《どうしん》らとともに江戸市中の消防活動にあたる「定《じょう》火消」の制度を創設した。

そして、享保《きょうほう》の改革の一環として、町奉行《まちぶぎょう》の大岡忠相《おおおかただすけ》が享保三年（一七一八）に組織したのが「町火消」だ。

「いろは四十八組」町火消の配置図

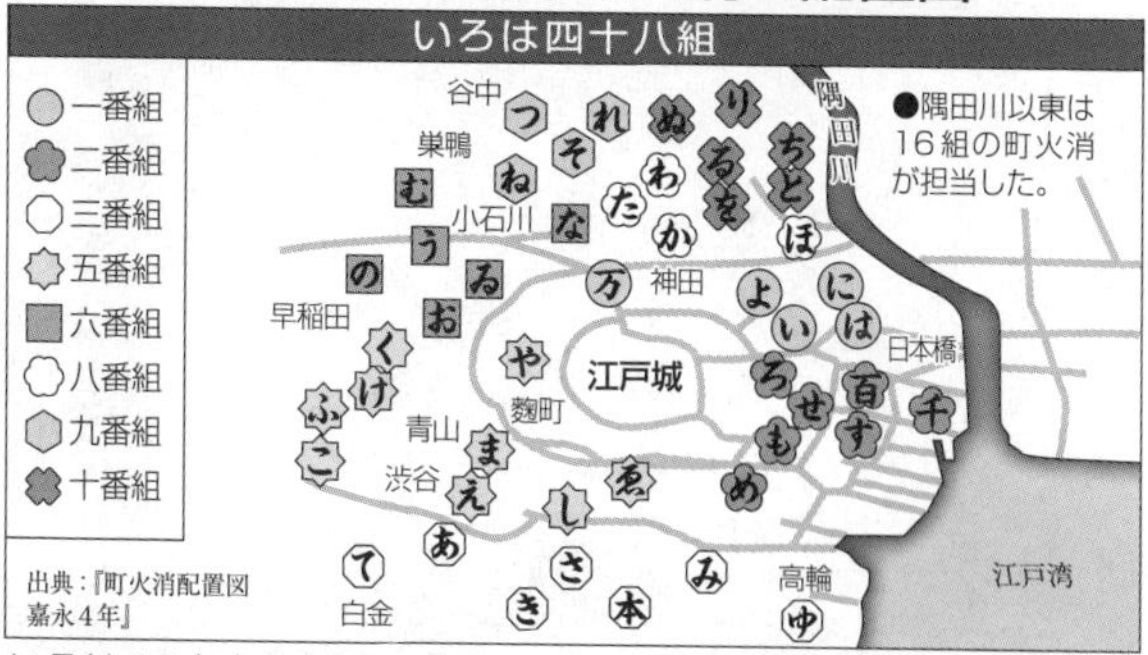

いろは48文字のなかで、「へ・ら・ひ・ん」は語呂が悪いという理由で「百・千・万・本」の字があてられ、48組が結成された。のち一番組から十番組（四と七の数字は除く）までの8つの大組にまとめられ、大組ごとに協力して消火活動にあたった。

隅田川以西の町を四八に分け、いろは四八文字を組の名としたことから「いろは四十八組」と呼ばれる。隅田川以東の地域は一六組の町火消が担当した。

当時の消火活動は、出火した建物の周囲を壊して類焼を防ぐ破壊消防が主だったので、鳶《とび》職人がうってつけだった。

彼らの独特の装束や、長鳶口《ながとびぐち》で建物を破壊していく勇姿は江戸っ子の心を捉え、派手な纏《まとい》を振りかざす者は花形としてもてはやされるようになった。

彼らは縄張り意識が強く、火事現場では見物人も多いので、しばしば他の組と派手な喧嘩《けんか》をした。「火事と喧嘩は江戸の華」といわれる所以である。

「見せしめ」の要素が強かった、かなり残酷な公開での刑罰の数々

江戸幕府の基本法典となったのは、寛《かん》保《ぽう》二年（一七四二）に、八代将軍吉宗《よしむね》の命によって完成した『公事方御定書《くじがたおさだめがき》』である。

それによると、刑罰には呵責《しかり》・押込《おしこめ》・敲《たたき》・追放・遠島・死刑の六段階の正刑があり、その他、付加刑として引回《ひきまわし》晒《さらし》首《くび》・闕所《けっしょ》・晒《さらし》などがあった。

江戸時代の刑罰は「罪を犯すとこういう仕置きを受ける」という見せしめの意味合いが強かった。

たとえば、盗人に対する刑罰の敲は、裸にした罪人をうつぶせに寝かせ、尻や背中を数十回笞《むち》で叩くというものであるが、刑罰が執行されるときは、牢屋敷の門前において公開で行なわれた。

これにより、犯罪を抑止するという思惑があったのである。

ただし、『公事方御定書』は公開されておらず、その内容を知るのは町奉行《まちぶぎょう》・寺社奉行・勘定《かんじょう》奉行のみだった。

罪を犯した者は、裁決が下るまでどの刑罰を処せられるかわからなかったのである。

主な犯罪とそれに科せられる刑罰

犯　罪	刑　罰	罪軽い
賭博・隠売女など	過料	財産刑
軽い盗み、盗品と知りながら預かるなど	敲	身体刑
一度敲に処せられた者の軽い盗みなど	入墨	身体刑
下女との相対死（心中）未遂、賭博の取り次ぎ、15歳以下の者の軽い盗みなど	非人手下	身分刑
夫のない女と密通して誘い出した者、賭博罪など	手鎖	自由刑
所化僧の女犯	晒	自由刑
離別状を与えずに後妻をめとった者、盗品と知りながらそれを買い取った者など	所払	自由刑
酒に酔い他人にけがを負わせた武家の家来、追放になった者を隠した者など	江戸払	自由刑
帯刀した百姓・町人など	軽追放	自由刑
主人の娘と密通した者など	中追放	自由刑
関所を忍び通った者など	重追放	自由刑
博打の主犯、寺持僧の女犯、過失殺人、不受不施派類をすすめる者、年少者の殺人や放火（15歳までは親類預け）など	遠島	自由刑
酒乱・乱心・人ちがいや喧嘩口論による殺人	下手人（げしゅにん）	生命刑
10両以上の盗み、辻斬りなど	死罪	生命刑
主人の妻との密通、強盗殺人、追いはぎ、毒薬売、贋秤や贋升の製造など	獄門	生命刑
放火	火罪	生命刑
主殺し、親殺し、主人傷害、関所を通らずに山越えした者など	磔（はりつけ）	生命刑
主殺し	鋸挽（のこぎりびき）	罪重い・生命刑

出典：石井良助『江戸の刑罰』（中央公論新社）

刑罰にはさまざまな種類があり、なかには犯罪を繰り返し行なうことで罪が重くなるものもあった。また、同じ斬首刑でも内容には差異があり、斬首だけ（下手人）、斬首されたのち様斬(ためしぎり)にされる（死罪）、斬首されたのち首が刑場に3日間晒されるもの（獄門）があった。

二つの刑場

小塚原と鈴ヶ森の両刑場が、どちらも五街道沿いにある理由とは？

江戸時代の刑罰は見せしめの意味合いが強いが（118ページ参照）、それを裏づけるのが、刑場《けいじょう》の所在地である。

刑場とは、死罪以上の刑を執行する場所であり、牢内で処刑された罪人の首を晒《さら》す場でもある。

江戸には二ヵ所、大きな刑場が置かれていた。千住《せんじゅ》の小塚原《こづかっぱら》刑場と、品川の鈴ヶ森《すずがもり》刑場である（ほかにも数ヵ所、小規模な刑場が存在した）。両刑場とも、慶安《けいあん》四年（一六五一）に創設された。もともとは浅草と芝にそれぞれ置かれていたが、江戸の発展にともない、より市街地から遠ざけられるかたちで移転した。

小塚原刑場は、間口六〇間《けん》（約一〇八メートル）、奥行三〇間（約五四メートル）余の広さ。この場所で罪人の斬首刑が執行された。

死罪のうち、獄門《ごくもん》の刑が処された場合は、斬首されたのち、首は刑場で三日間晒しものとされた。

鈴ヶ森刑場は、間口四〇間（約七四メートル）、奥行九間（約一六メートル）の広さ。この刑場では、磔《はりつけ》獄門や火炙《ひあぶ》

街道と刑場の関係

小塚原刑場跡
東国出身の罪人は、小塚原刑場へ送られた。その際、牢内の者は「南無阿弥陀仏」と唱えて見送ったという。
中山道
岩槻街道
荒川
奥州・日光道中
陸前浜街道
川越街道
鈴ヶ森刑場跡
隅田川
青梅街道
内藤新宿
神田
甲州街道
日本橋
江戸城
小伝馬町牢屋敷
品川
江戸湾
大山街道
多摩川
東海道
西国出身の罪人は、鈴ヶ森刑場へ送られた。小塚原刑場の場合とは異なり、牢内の者は「南無妙法蓮華経」と唱えて送り出したという。

り、串刺しなどさまざまな処刑が行なわれたと伝わる。

さて、これら二つの刑場には、じつはある共通点がある。

地図を見ればわかるとおり、両刑場とも街道沿いに設置されているのだ。小塚原刑場は日光道中、鈴ヶ森刑場は東海道である。いずれも五街道のうちであり、常に多くの人が往来していた。

幕府がなぜ、このような場所に刑場を設置したのかというと、やはり見せしめのためだった。これから江戸を訪れる人に対して、江戸で悪事を働けばこのような目にあう、ということを知らしめたのである。

小伝馬町
牢屋敷

庶民は板敷で二食、武士は畳敷で三食。牢屋の囚人においてもこの格差！

江戸時代の牢屋は現代とは役割が異なり、未決囚を拘禁するのが原則だった。現代の留置場のようなものである。

犯罪者が罪を疑われて逮捕された際、まずは奉行所で取り調べが行なわれる。有罪の可能性が高そうであれば、その者をとりあえず牢屋に入れ、それから吟味に入るというのが通常の流れだった。

牢屋においては、武士と庶民とでは待遇に明らかな差があった。

江戸市中で最大規模の小伝馬町《こでんまちょう》牢屋敷の例では、庶民は板敷の牢に入れられ、食事は朝夕の一日二回。一方、武士は畳敷の揚屋《あげや》と呼ばれる牢に入れられ、食事は朝昼夕の一日三回だった。

しかも武士には軽罪の者が給仕役として侍《はべ》り、湯が飲みたいと所望すれば、すぐに与えられた。

江戸時代の身分制度の頂点に立つ武士階級は、牢屋でも厚遇されていたことがわかる。

ただし庶民でも、こっそりと大金を牢屋内に持ち込んだ者は、たいそう優遇されたという。

小伝馬町牢屋敷見取り図

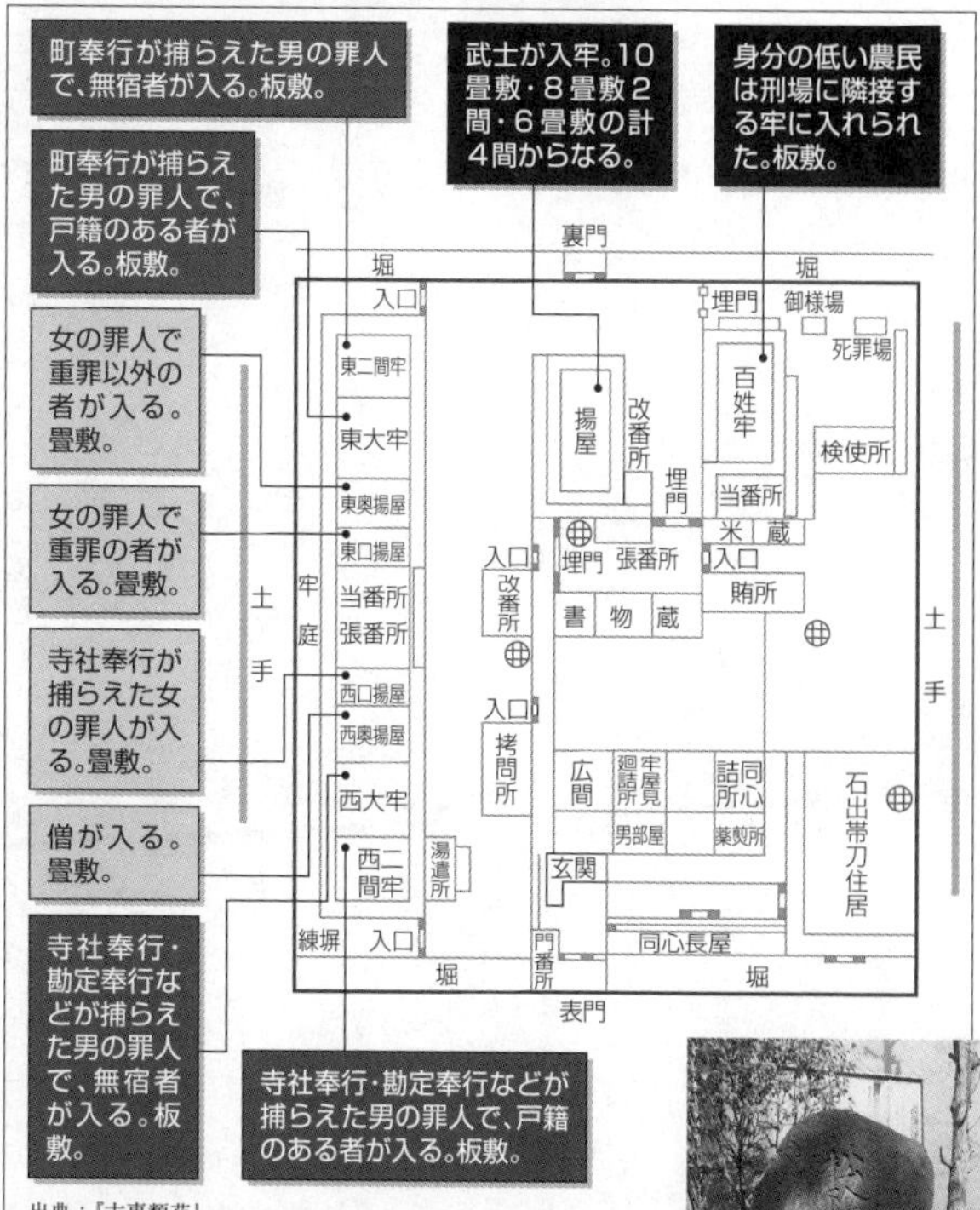
町奉行が捕らえた男の罪人で、無宿者が入る。板敷。
武士が入牢。10畳敷・8畳敷2間・6畳敷の計4間からなる。
身分の低い農民は刑場に隣接する牢に入れられた。板敷。
町奉行が捕らえた男の罪人で、戸籍のある者が入る。板敷。
女の罪人で重罪以外の者が入る。畳敷。
女の罪人で重罪の者が入る。畳敷。
寺社奉行が捕らえた女の罪人が入る。畳敷。
僧が入る。畳敷。
寺社奉行・勘定奉行などが捕らえた男の罪人で、無宿者が入る。板敷。
寺社奉行・勘定奉行などが捕らえた男の罪人で、戸籍のある者が入る。板敷。
裏門
堀
入口
東二間牢
東大牢
東奥揚屋
東口揚屋
当番所
張番所
西口揚屋
西奥揚屋
西大牢
西二間牢
牢庭
土手
湯遣所
練塀
揚屋
改番所
埋門
御様場
死罪場
百姓牢
検使所
当番所
米蔵
張番所
賄所
書物蔵
拷問所
広間
廻詰所
牢屋見
詰同心所
男部屋
薬煎所
石出帯刀住居
玄関
門番所
同心長屋
表門

出典：『古事類苑』

江戸時代の牢は未決囚を拘束するためのもので、身分によって入牢する部屋が異なっていた。

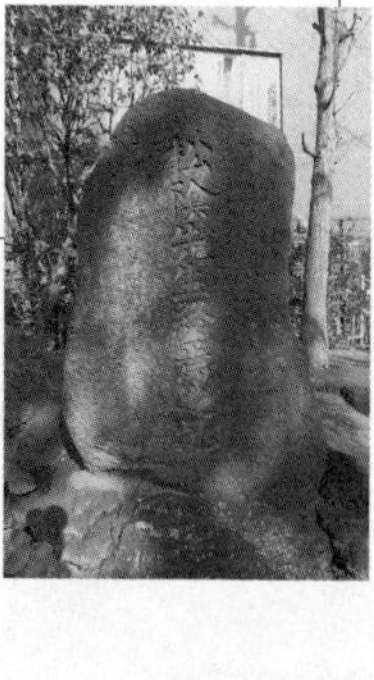

小伝馬町牢屋敷は現在、十思公園となっている。公園内には、ここで最期を遂げた幕末の勤皇志士・吉田松陰の碑も残る。

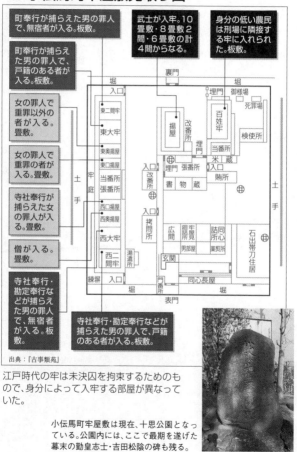

切腹の作法

武士にのみ許された崇高な刑罰…身分によってその作法にも違いがあった

切腹は、武士にのみ許された尊い刑罰である。己の面目を失った場合はそれを回復する手段として、また、不祥事が起きた場合はその責任を取るため、武士は切腹をした。

なぜ腹を切るのかというと、腹が魂の宿る場所と考えられていたためである。

腹を開いて見せることで、自らの魂が清いのか、それとも穢《けが》れているのかを相手に判断させるという意味合いがあったのだ。

しかし、たんに腹を切ればよいというものではなかった。切腹には細かな作法が定められていたのである。

江戸時代の有職故実《ゆうそくこじつ》の考証家・伊勢貞丈《いせさだたけ》が著した『凶礼式《きょうれいしき》』には、切腹の詳細な作法が紹介されている。この書によると、切腹は次のようにして行なわれる。

まず切腹する者の身体を水で洗い清め、髪を通常よりも高く結い、逆に曲げる。装束は白衣で左前に合わせ、その後、柿色の上下を着せる。そして土色で六尺の大きさの畳を二畳置き、その上に白布を敷いて切腹人を座らせた。

切腹の作法

前に倒れることは恥であったため、あらかじめ両袖を膝の下に敷き込んでから腹を切った。
切腹に用いる脇差を置く白木の台。刃を切腹人に向けて置いた。
介錯人は、切腹人の一族の者、もしくは友人がつとめた。切腹人が苦しまぬよう、首と胴体を一刀で斬り離すことができる技量を要求された。
『徳川幕府刑事図譜』(国立国会図書館蔵)

切腹人が十文字、もしくは横一文字に腹を割いたタイミングを見計らい、介錯人がその首を落とした。切腹は儀礼の一環であり、詳細な手順に則って行なわれていた。

切腹人・介錯《かいしゃく》人・検視役との間で杯を交わしたのち、切腹人は一定の作法―十文字、もしくは横一文字―で腹を割き、その瞬間、介錯人が切腹人の首を斬り落とす。その際、前に倒れ込んでしまうのは武士の恥とされたため、両袖を膝の下に敷き込んでから腹を切った。

しかも武士の身分によって、切腹の作法には多少の違いがあった。『切腹口決《くけつ》』と呼ばれる切腹指南書によると、身分が高い者が切腹する場合は、横に一枚置いた畳に対してさらに縦に二枚畳を並べ、その上に布団を敷いた。身分が低い武士が切腹する場合は、畳一枚しか敷かれなかったという。

花見

歌川広重『東都上野花見之図』「清水堂」(国立国会図書館蔵)

江戸っ子は、四季折々の行事や行楽を楽しんだ。

春は桜の花見。当初、花見は武家の娯楽だったが、8代将軍吉宗《よしむね》の時代（在位1716～45)、飛鳥山《あすかやま》や隅《すみ》田川《だがわ》の堤、御殿山《ごてんやま》などに桜が植樹され、庶民も花見を楽しむことができるようになった。

桜の名所では夜でも飲酒や歌舞が許されたため、「飲めや歌えやのどんちゃん騒ぎ」が繰り広げられた。

しかし、上野・寛永寺《かんえいじ》は徳川将軍家の墓所があったことから、花見の遊興は禁止された。ただし、山の上と下とで桜の種類を変え、早咲きから遅咲きまで長期間にわたって桜を楽しむことができたため、風流人はこぞって寛永寺を訪れた。

花火

五雲亭貞秀『東都両国ばし夏景色』(国立国会図書館蔵)

江戸の夏の風物詩といえば、隅田川で行なわれる花火大会である。隅田川で花火が打ち上げられるようになったのは、享保《きょうほう》18年(1733)のこと。前年に起きた飢饉《ききん》やコレラで亡くなった人の慰霊《いれい》のため、8代将軍吉宗が旧暦5月28日の川開きの日に水神祭を催した際、余興として花火師の鍵屋《かぎや》が花火を打ち上げた。これが、いまに伝わる隅田川花火大会の始まりである。

文化《ぶんか》7年(1810)、鍵屋の手代《てだい》が独立して玉屋《たまや》を興すと、以降、隅田川の上流を鍵屋が、下流を玉屋が受け持つことになった。人々は、花火が打ち上がるたびに「たまやー」「かぎやー」と掛け声をあげた。美しい花火を上げる花火師を讃えた掛け声である。

夏祭

歌川広重『東都霞ケ関山王祭練込ノ図』(国立国会図書館蔵)

江戸っ子はとにかく祭が好きだった。なかでも盛大に行なわれたのは、江戸三大祭のうちの山王祭《さんのうまつり》である。徳川将軍家の産土神《うぶすながみ》・日吉《ひえ》山王権現《さんのうごんげん》の夏の例祭だ。3代将軍家光《いえみつ》の時代から将軍の上覧が始まったため、「天下祭」とも呼ばれる。

最大の見所は、山車《だし》の大行列。江戸市中を進む華やかな山車の数は45にも及び、じつに数キロメートルにわたって行列が続いていたという。山車は市中を練り歩いたのち、将軍の待つ江戸城内へ入っていった。

江戸時代初期は毎年山王祭が行なわれたが、天和《てんな》元年（1681）以降、費用削減が叫ばれたこともあり、神田祭と隔年で開催されるようになった。

第4章

江戸の支配者

武士の生活

天皇の一日

将軍と武士が主役のこの時代、京都の天皇はどんな生活をしていた？

幕府は、元和《げんな》元年（一六一五）、『禁《きん》中並公家諸法度《ちゅうならびにくげしょはっと》』を定め、公家と天皇の行動を厳しく規制して学問を奨励するが、江戸時代の天皇は、どのような一日をすごしていたのだろうか。

朝、目が覚めると、天皇は糠《ぬか》を絹の袋に入れたもので顔を洗った。身を清めたのち、常の御居間《おいま》に向かい、神仏・御《ご》陵《りょう》への遙拝《ようはい》を行なう。それから朝食。

朝食後、しばらく食休みをしてから手習い・和歌・学問などに励んだ。正午に昼食をとる。昼食には毎日鯛《たい》の塩焼きが出されたという。

昼食後、食休みをしてから再び手習い・和歌・学問に精を出した。

日が暮れると夕食である。夕食には必ず御酒《ごしゅ》が出された。幕末期の孝明《こうめい》天皇は酒好きだったようで、午後六時頃から午後一〇時頃まで呑んでいたといわれる。

御酒を召し上がったのち、御寝間《ぎょしんのま》へ行き、就寝である。こうして天皇の一日は終わる。

一日の大半を手習い・学問・和歌などで費やしているのである。

天皇の日常生活

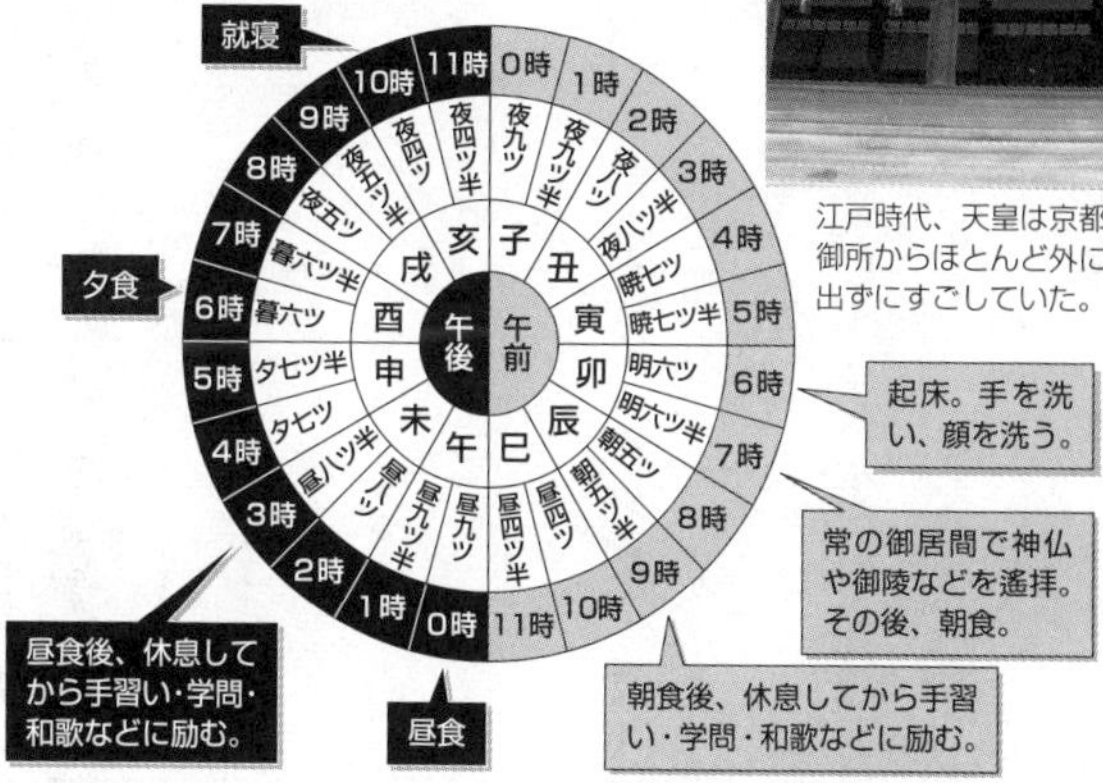
就寝
夕食
昼食
午前
午後
子
丑
寅
卯
辰
巳
午
未
申
酉
戌
亥
夜九ツ
夜九ツ半
夜八ツ
夜八ツ半
暁七ツ
暁七ツ半
明六ツ
明六ツ半
朝五ツ
朝五ツ半
昼四ツ
昼四ツ半
昼九ツ
昼九ツ半
昼八ツ
昼八ツ半
夕七ツ
夕七ツ半
暮六ツ
暮六ツ半
夜五ツ
夜五ツ半
夜四ツ
夜四ツ半
0時
1時
2時
3時
4時
5時
6時
7時
8時
9時
10時
11時
起床。手を洗い、顔を洗う。
常の御居間で神仏や御陵などを遙拝。その後、朝食。
朝食後、休息してから手習い・学問・和歌などに励む。
昼食後、休息してから手習い・学問・和歌などに励む。

江戸時代、天皇は京都御所からほとんど外に出ずにすごしていた。

ここでの学問とは、民を統治する政道、つまり治世者としての心構えを学ぶ学問である。

幕末を除いて、政治について意見を述べることはなかったが、日本の統治者である天皇として日々、自己研鑽《けんさん》につとめたのである。

また、伝統的な和歌の学習や手習いは、必要な教養であり、熱心に学んだと思われる。天皇は幕末までこの規則を遵守《じゅんしゅ》していたのである。

なお、将軍の生活と大きく異なるのは、身の回りの世話をすべて女官《にょかん》が行なったという点である。天皇の意思も女官を通じて示されたという。

将軍の一日

午前中二時間ほどの公務のほかは、学問・武芸を磨くなど「ほぼ自由時間」

将軍は、一日のほとんどを江戸城本丸の中奥《なかおく》（48ページ参照）ですごした。

起床は明六《あけむ》ツ（午前六時頃）。時間厳守で、これより前に起きていても、床を離れることは許されなかった。

明六ツの鐘が鳴ると、小姓《こしょう》が「もうー」と大声で城内に知らせる。これにより、初めて起きることができた。

起床後、将軍は小姓の世話を受けて歯磨きと洗顔をし、月代《さかやき》とひげを剃《そ》り、身だしなみを整えた。

その後、朝食をとりながら御髪番《おぐしばん》に髪を結ってもらい、朝五ツ半（午前九時頃）には紋服に着替えて大奥へ向かった。大奥では、まず御台所《みだいどころ》（正室）とともに御仏間で代々の将軍の位牌に拝礼した。

そして大奥御小座敷へ移動し、昼四ツ（午前一〇時頃）、御台所をはじめ、御目見《おめみえ》以上の奥女中から挨拶を受けた。これを、朝の総触《そうぶれ》という。

その後、中奥へと戻った将軍は、公務に取りかかる。老中と面談したり、大名の謁見を受けたりした。昼九ツ（正午頃）の昼食を挟み、仕事はだいたい昼九ツ半

現在の皇居の一角にある江戸城天守台跡。

将軍の日常生活

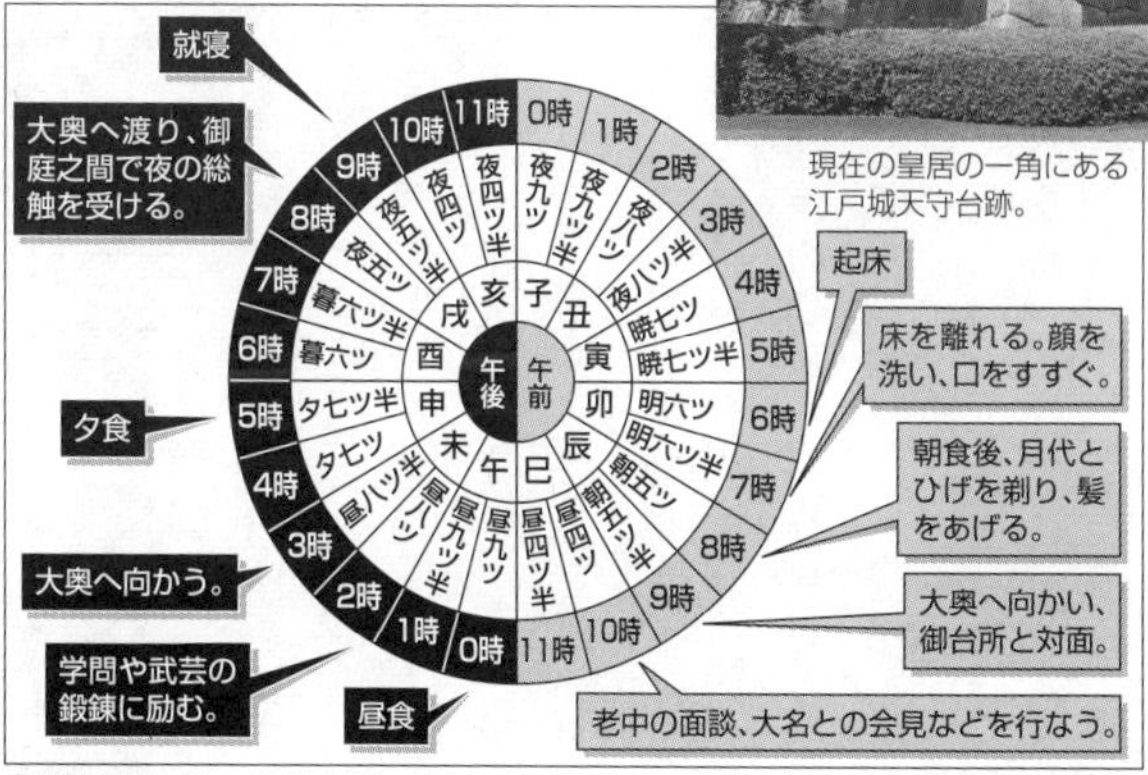
就寝
大奥へ渡り、御庭之間で夜の総触を受ける。
夕食
大奥へ向かう。
学問や武芸の鍛錬に励む。
昼食
起床
床を離れる。顔を洗い、口をすすぐ。
朝食後、月代とひげを剃り、髪をあげる。
大奥へ向かい、御台所と対面。
老中の面談、大名との会見などを行なう。
午前
午後
子
丑
寅
卯
辰
巳
午
未
申
酉
戌
亥
夜九ツ
夜九ツ半
夜八ツ
夜八ツ半
暁七ツ
暁七ツ半
明六ツ
明六ツ半
朝五ツ
朝五ツ半
昼四ツ
昼四ツ半
昼九ツ
昼九ツ半
昼八ツ
昼八ツ半
夕七ツ
夕七ツ半
暮六ツ
暮六ツ半
夜五ツ
夜五ツ半
夜四ツ
夜四ツ半

将軍は日に２～３度大奥へ行き、そのほかの時間は中奥で公務をこなした。

（午後一時頃）には終わった。

昼九ツ半から私的な時間である。学問の講義を受けたり、乗馬・剣術など武芸の鍛錬をしたりした。昼八ツ（午後二時頃）に一度大奥へ行き、御台所とともにくつろぐこともあった。

夕七ツ半（午後五時頃）になると、入浴して一日の疲れを癒し、夕食をとった。中奥で食べることがほとんどであったが、ときには大奥で食べることもあった。

食事後、小姓と将棋や囲碁などをしてすごし、夜五ツ半（午後九時頃）には床についた。

大奥に泊まる場合は、夕刻までにあらかじめ連絡をしておく必要があった。

将軍の奥入り

奥に泊まれるのは月に一〇日ほど、しかも添い寝役に監視されながら…

将軍が大奥へ渡り、御台所《みだいどころ》や側室と一夜をともにすることを「奥泊まり」という。大奥には平時で美女四、五〇〇人、多いときで一千人がいたといわれるが、奥泊まりは世継ぎをなす神聖な儀式であり、好きなときに好きな女性を呼びつける、というわけにはいかなかった。

まず、数々の物日《ものび》が定められていた。これは歴代将軍の忌日や近親者の命日などで、前日から精進潔斎《しょうじんけっさい》しなければならず、女性を近づけることは禁じられていた。これにより、将軍は、月に一〇日ほどしか大奥へ行けなかったのだ。

次に、奥泊まりの際には厳格なルールが設けられていた。奥泊まりをするときは、大奥への出入り口の御錠口《おじょうぐち》が閉まる暮六《くれむ》ツ（午後六時頃）までに大奥に知らせ、同衾《どうきん》する女性も指名しておかなければならなかったのである。これを受けた御小姓《おこしょう》は、御錠口で大奥の表使《おもてづかい》に伝え、表使から御年寄《おとしより》へと伝えられた。

こうして将軍は、夜の総触《そうぶれ》ののち、ようやく大奥の寝所である御小座敷《おこざしき》へ入ったのである。ただし、寝所では女性と二

奥泊まりにおけるルール

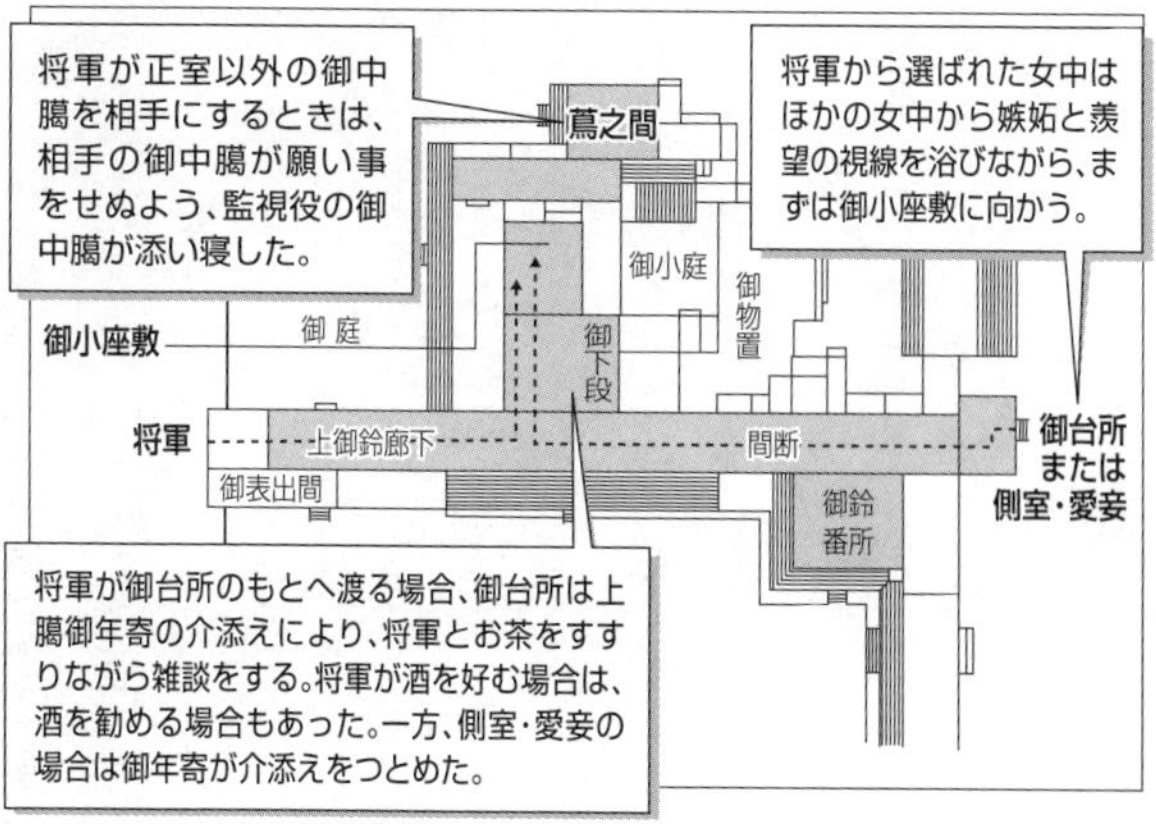

人きりで甘い時間をすごす、というわけにはいかなかった。

御台所とすごす場合は、寝所の次の間に御年寄と御中臈《おちゅうろう》が控え、寝ずの番をつとめた。

相手が側室の場合は、さらに厳重だった。将軍と側室が一夜をともにする布団のすぐ両側に、御添寝《おそいね》役の御中臈と御坊《ぼう》主《ず》（女性）の布団も敷かれ、二人は将軍に背を向けて横たわった。

これらには、「将軍の世継ぎ決定の際の証拠を残す」、「側室の将軍へのおねだりを防ぐ」という目的があった。御添寝は夜通し二人のようすに聞き耳を立て、それを翌朝、御年寄に報告したのである。

機密保持・綱紀粛正・経費削減…、「女の園」の秩序を保つべく多くの細則が

江戸城は、将軍の公務の場である「表《おもて》」、その住居の「中奥《なかおく》」、将軍の正室である御台所《みだいどころ》や側室、将軍の子女・奥女中が住まう「大奥」に分かれていた。

江戸時代初頭、大奥に関して別段規定が定められることはなかった。表・中奥・大奥の出入りは男女とも比較的ゆるやかだったという。

しかし女性の数が増えるにつれ、大奥の秩序を維持する必要に迫られた。そこで元和《げんな》四年（一六一八）に『大奥法度《はっと》』が発布され、男子禁制の基本的なルールが定められたのである。

八代将軍吉宗《よしむね》の時代の享保《きょうほう》六年（一七二一）には、『大奥女中御定書《おさだめがき》』という新たな法度が定められた。文のやり取りを禁じ、衣服を身分相応にするなど、じつに細かな部分まで規定されている。

さらに吉宗は、奉公の心得として「大奥のことは口外しない」「好色がましいことはしない」「御威光を背に奢らない」などを誓う書類の提出を求めた。

時代が下るにつれ、乱れていった大奥の実情がうかがえる。

大奥事件簿

絵島生島事件の背景

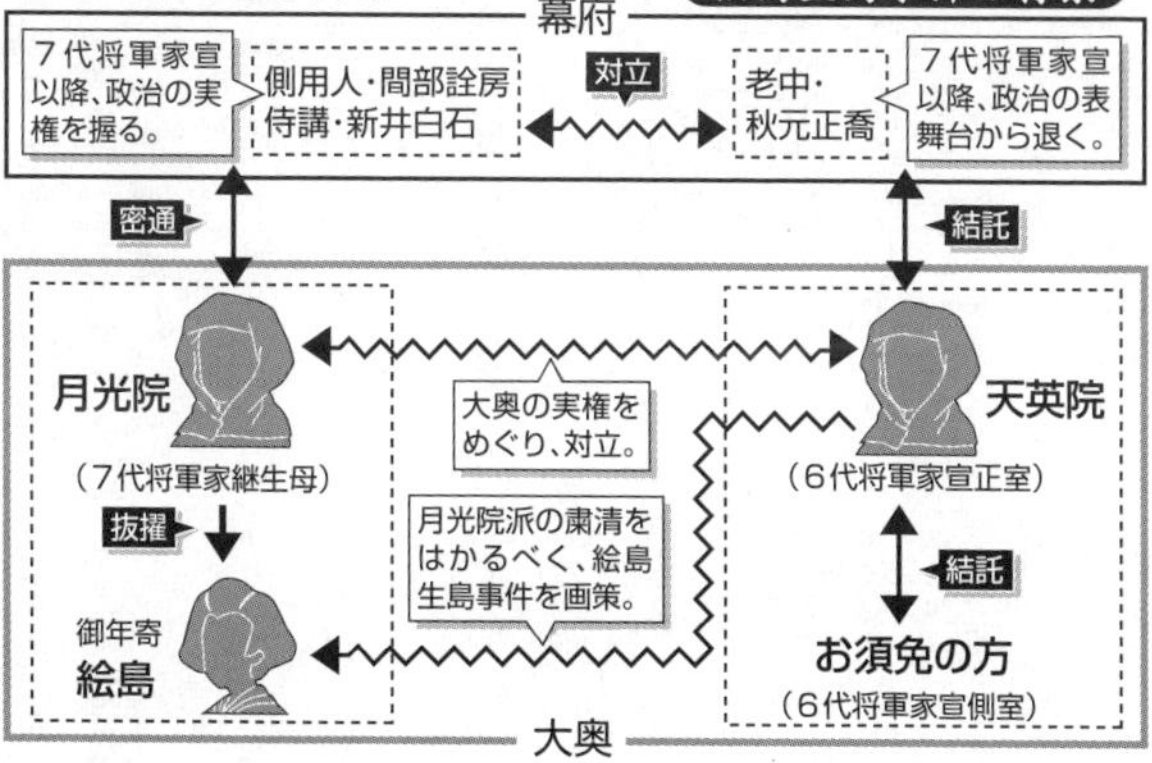

正徳４年（1714）、門限の遅参、役者・生島(いくしま)新五郎との密通罪に問われ、大奥の御年寄・絵島(えしま)が信州高遠(たかとお)へのお預けとなった。その背景には、大奥と幕閣との勢力争いが潜んでいたという。

実成院と瀧山の争い

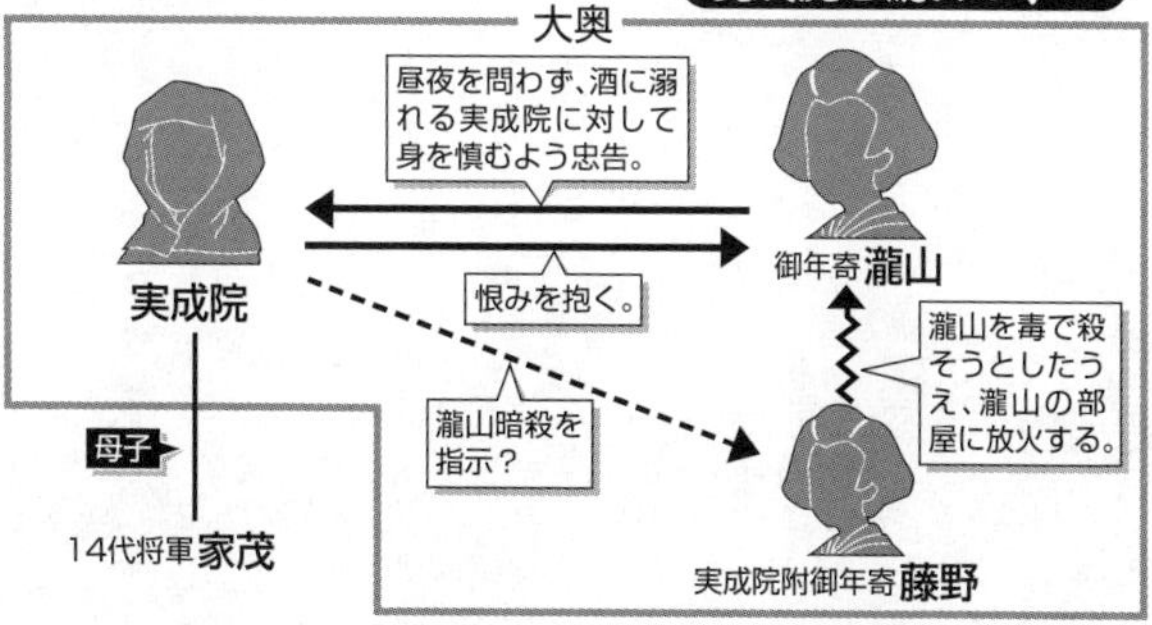

乱れた生活を改めるよう、瀧山から注意を受けた実成院は、瀧山に対して憎悪の念を抱くようになる。そこで藤野をそそのかし、瀧山を暗殺しようとしたという。

将軍の印判

花押に加え御朱印・御黒印が、将軍印として各種書類に用いられた

書類に判子を押すという社会システムが、一般民衆にまで広まったのは江戸時代のことだった。

その手本となったのが、徳川将軍家で用いていた判子である。将軍が使用した判子は、大きく分けて三種類ある。「御《ご》判物《はんもつ》」「御朱印《ごしゅいん》」「御黒印《ごこくいん》」だ。

御判物は花押《かおう》、すなわち将軍の本名を草書体に略書したもので、現代のサインにあたる。主に所領の給与・安堵《あんど》、特権の付与などを行なう文書に用いられた。

御朱印は、政令の公布や大名の任免などの書類に用いられる正式の将軍印である。朱肉を用いて印を押したことから、その名で呼ばれた。

徳川家康は当初「福徳」と彫られた御朱印を使用していたが、慶長《けいちょう》八年（一六〇三）、征夷大将軍《せいいたいしょうぐん》になると、「家康」の二文字を彫った楕円刑の印判を用いた。

以後、将軍の名が印判に彫られるのが慣例となり、二代将軍秀忠《ひでただ》からは丸形の判子を使用した。

御黒印の形と文字は御朱印と同じであったが、朱肉の代わりに墨を用いるとい

徳川将軍の御朱印

徳川家康

慶長8年(1603)、征夷大将軍就任後の御朱印。「家康」という字を彫り込む。

徳川秀忠

家康同様、自身の名前「秀忠」を印判に採用。秀忠以降、印が丸型に変わる。

徳川家光

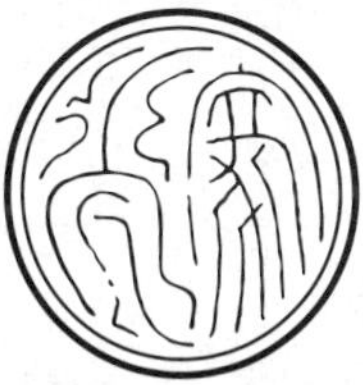

「家光」の名が彫り込まれている。徐々に簡略化されていったようすがわかる。

出典：松平太郎『江戸時代制度の研究』(武家制度研究会)

う特徴がある。旗本など格下の役人へ発給する書類に用いられた。

　一方、庶民の生活においても、商売の取引や貸し借りの証文などには判子が必要とされた。

　ただし庶民は朱印を用いることを許されず、黒印のみを使用した。苗字を名乗ることは許されていなかったため、印判には名前が彫られた。

　こうしてつくった判子は、名主《なぬし》や町役人に届け出ることになっていた。これは実印と呼ばれ、重要な文書のために用いられたが、日常の用事の際には簡易的な裏印というものが使用された。いまでいうところの認印《みとめいん》である。

将軍の実権

政務は老中による合議制となり、家康の頃とは違い将軍は象徴的存在に…

慶長《けいちょう》八年（一六〇三）、征夷大将軍《せいいたいしょうぐん》に任ぜられ、江戸幕府を開いた徳川家康の時代、政治の実権はすべて家康の掌中にあった。

家康の意向は、側近を通じて全国の諸大名へ伝えられる仕組みになっていた。

それが二代将軍秀忠《ひでただ》の時代になると、大きく様変わりすることになる。

秀忠は、譜代《ふだい》大名のなかから数人を年寄に任じ、彼らに政務を任せたのである。これが、老中制度の基盤となった。

やがて泰平の世になると、幕政は老中による合議制によって運営されることとなった。将軍が自ら政策を考えるのではなく、老中たちによって決められた政策を将軍が承認する、というスタイルが一般的となったのである。

将軍本人がなすべき仕事は、役人の任命、外国使節の接見など、ごく限られたものとなった。

時代を経るにつれて絶対的な権力者としての将軍像はなりを潜めていき、しだいに幕府の象徴的な存在となっていったのである。

幕府の政策決定の流れ

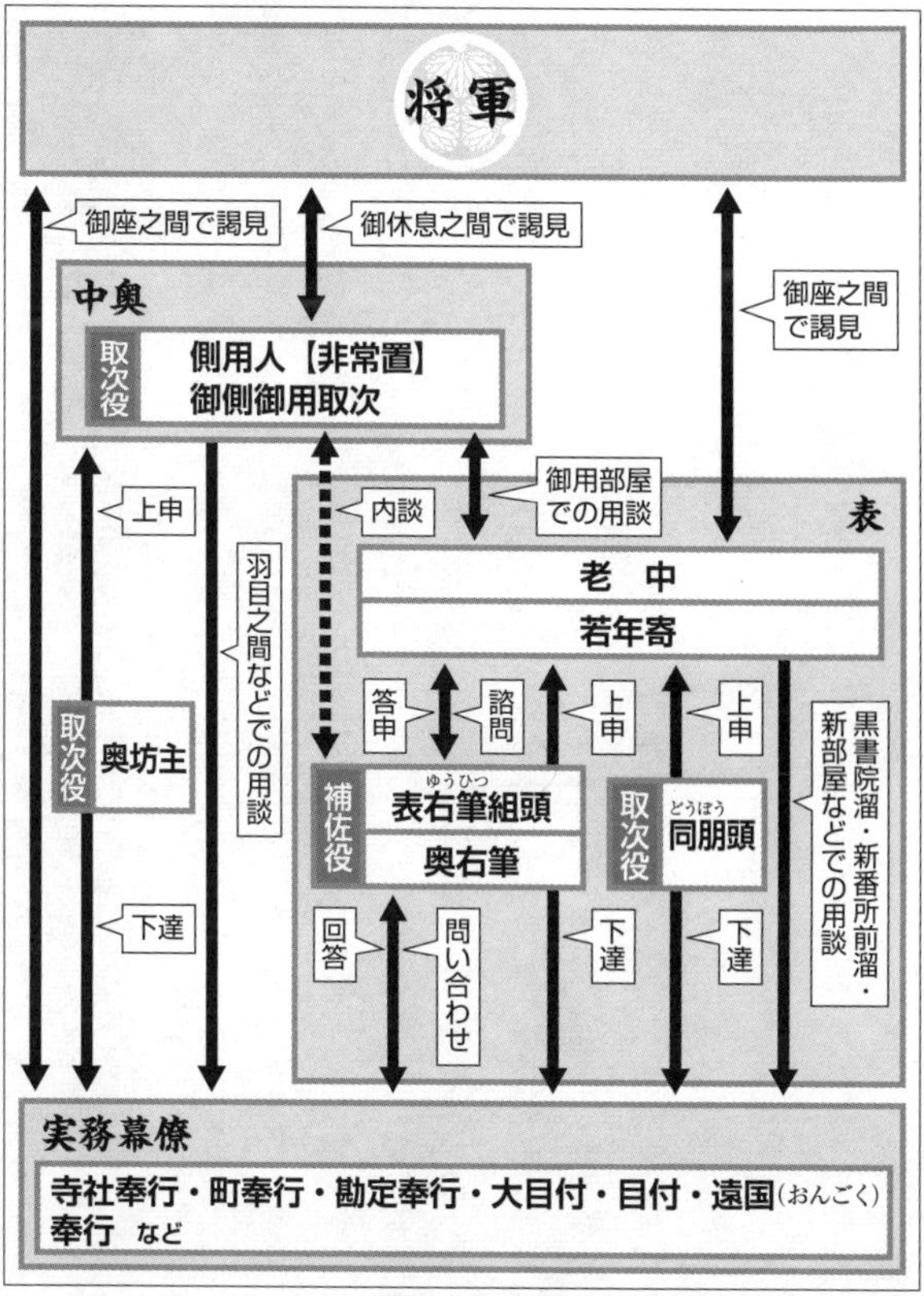

深井雅海『図解江戸城をよむ』(原書房)をもとに加筆

上記は、８代将軍吉宗以降における幕府の政策決定の流れ。泰平の世にあって、幕政は老中の合議制で決められ、将軍は上がってくる政策に了解を出すというスタイルとなった。

将軍の
生理現象

正装の将軍に影のように付き従う、謎の役人「公人朝夕人」の仕事とは!?

上洛《じょうらく》や将軍宣下《せんげ》、重要な法事などがある場合、将軍は公家《くげ》式の最高礼服である衣冠束帯《いかんそくたい》姿で臨む。当日はしっかりと着付けをされるため、一人で脱ぎ着をすることは困難だった。そのような状況下、尿意を催してしまったら、いったいどうしていたのだろうか。

じつは将軍の生理現象に対処することを専門としていた役人がいた。「公人朝《くにんちょう》夕人《じゃくにん》」である。

公人朝夕人は、晴れの儀式の際、尿筒《しとづつ》と呼ばれる専用の尿瓶《しびん》を持って供奉《ぐぶ》する役人だ。将軍から合図があれば、そっと側に近づいて将軍の袴横から尿筒を差し入れたのである。一日中、貴人の側に侍《はべ》ることから、その名がつけられた。

公人朝夕人の定員は一名。それを代々世襲したのは、土田家だった。

土田家の公人朝夕人の歴史は古く、承久《じょうきゅう》元年（一二一九）、鎌倉幕府四代将軍の九条頼経《くじょうよりつね》に従者として仕えたことに端を発すると伝えられる。織田信長や豊臣秀吉にも仕え、江戸時代になると、徳川将軍家に供奉するようになった。

「尿筒」の構造

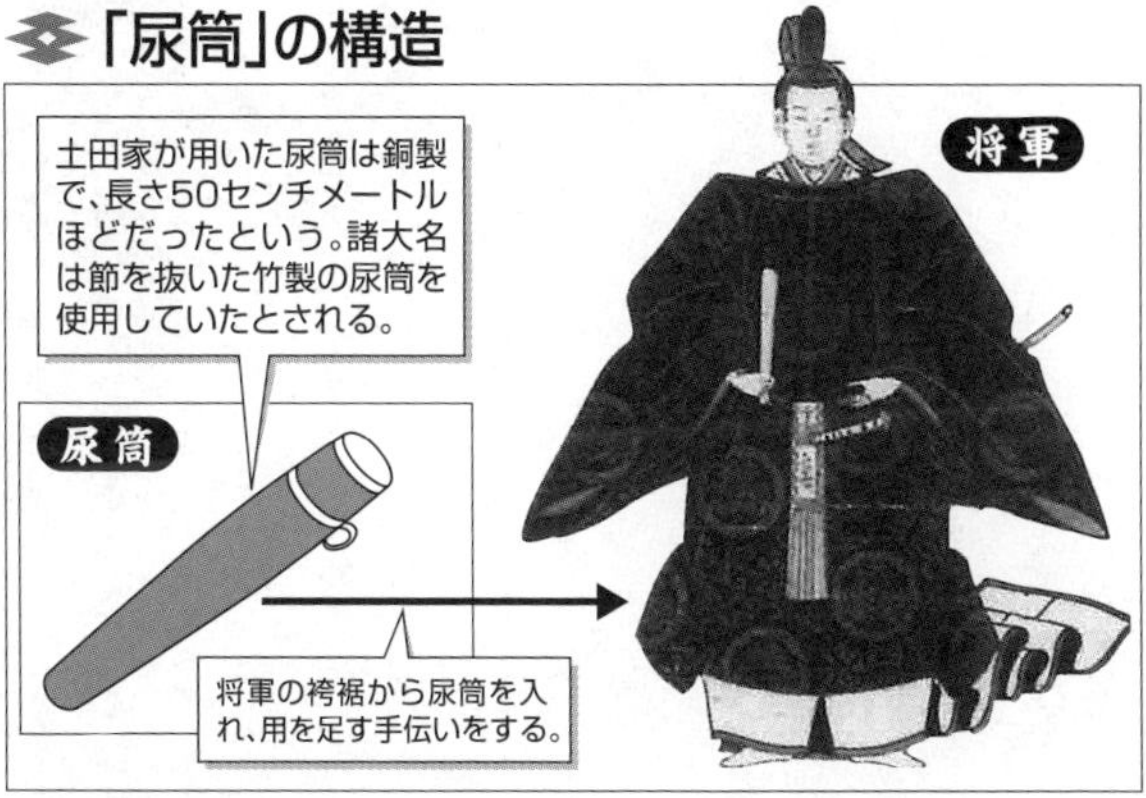
土田家が用いた尿筒は銅製で、長さ50センチメートルほどだったという。諸大名は節を抜いた竹製の尿筒を使用していたとされる。
尿筒
将軍
将軍の袴裾から尿筒を入れ、用を足す手伝いをする。

儀礼の際、将軍専用の尿筒を持って供奉した武士を「公人朝夕人」といい、尿筒を懐に入れ、将軍の昇殿に従った。

身分は同朋頭《どうぼうがしら》の支配に属していたといい、家禄は五〇俵《ぴょう》。役目柄、他の御家《ごけ》人《にん》とは異なり、昇殿が許されていた。

ただし、あまり仕事の機会はなかったようだ。たとえば三代将軍家光《いえみつ》は寛永《かんえい》十一年（一六三四）に上洛した際、土田氏を伴っていない。公人朝夕人の仕事内容は将軍の生理現象に対応することのみだったので、以後、幕末に至るまで、土田氏は出る幕がなく、無為な時間をすごしていたようである。

ちなみに、各大名も尿筒を使用していた。江戸城の玄関裏などに詰めている家臣らに持たせ、危急のときはそれで用を足したのである。

将軍の食事

将軍一人の日々の食事のために、城内には千人ほどの係の者がいた!

将軍はいったい、どのようなものを食べていたのだろうか。その生活は機密事項であり、あまり記録に残されていないが、旧幕臣の話をまとめて明治時代に編まれた『千代田大奥』が、将軍の生活の一端を伝えてくれる。

それによると、一二代将軍家慶《いえよし》の朝食は、一の膳が汁とご飯、向付《むこうづけ》(刺身・酢の物など)、平《ひら》(煮物)、二の膳が吸い物と、焼物(鱚《きす》の塩焼き・付焼き)だった。このうち好きなものを食べたという。

この将軍の食事に関する仕事をするためだけに、城内には食事係として八〇〇から一四〇〇人ほどの人が詰めていた。

たとえば賄方《まかないがた》は食材や食器の調達をする部署で、その材料を用いて台所人が調理した。台所人でも、将軍や御台所《みだいどころ》(正室)の食事を担当するのは御膳所台所《ごぜんしょだいどころ》人と呼ばれた。

調《ととの》えられた料理は、御膳奉行が毒見した。問題がなければ、食事を将軍のもとへ運ぶ。そして小姓《こしょう》が最後の毒見を行なったのち、ようやく将軍は食べることができたのである。

将軍の食事係

- 御膳奉行
  - 鬼役 ◀ 毒見役
  - 賄頭 ― 賄組頭
    - 賄方 ◀ 食材、炭などの買いつけ
    - 賄方六尺 ◀ 市場から食材を運搬
  - 御膳所台所頭 ― 御膳所台所組頭 ― 御膳所台所人 ◀ 調理人
  - 御膳所台所小間遣頭 ― 御膳所台所小間遣 ◀ 台所における雑用全般
  - 膳所御台所改役 ◀ 商人の監査
  - 舂屋勤頭 ― 舂屋勤 ◀ 米の点検
  - 御膳所台所六尺 ◀ 食材や炭などの運搬

将軍の食事に欠かせなかった魚

鱚（きす）

「魚偏に喜ぶ」と書く鱚は、たいへん縁起のよい魚として珍重された。毎朝の食事には必ず鱚の塩焼きと付焼きが出された。

鯛（たい）

毎月朔日（１日）、15日、28日の三日（さんじつ）には、鱚の代わりに「尾頭付の鯛」を焼いて出すのが慣例だった。

将軍の娯楽

将軍家に好まれた鷹狩りは、民情視察や軍事教練などの意味もあった

鷹狩《たかが》りとは、鷹を用いて野鳥や小獣などを捕まえさせる狩猟法である。『日本書紀』によると、仁徳《にんとく》天皇の時代の一世紀に鷹狩りが日本に伝来したという。

鷹狩りは、古来、権威の象徴として尊ばれ、特権階級と結びついてきた。古くは天皇や貴族、室町時代以降は織田信長や豊臣秀吉といった武士の権力者の遊戯として行なわれていたのである。

江戸時代に入ると、徳川家康も率先して鷹狩りを行なった。鷹を飼育する鷹《たか》匠《じょう》という役職を創設したり、江戸近郊に鷹場を設けたりして幕政の基盤に鷹狩りを組み込んだのだ。家康はその生涯で一千回以上、鷹狩りを行なったという。

ただし、家康が好んで鷹狩りを行なったのは、たんに娯楽としての意味合いのみではなかった。民情視察や家臣の知《ち》行《ぎょう》支配の実態掌握、軍事訓練などの目的も兼ねていたのである。

家康の方針は代々将軍家に引き継がれていったが、五代将軍綱吉《つなよし》の時代に「生《しょう》類憐《るいあわれ》みの令」が出されたため、一時、将軍家による鷹狩りは廃絶に陥った。

徳川吉宗が定めた将軍家の鷹場

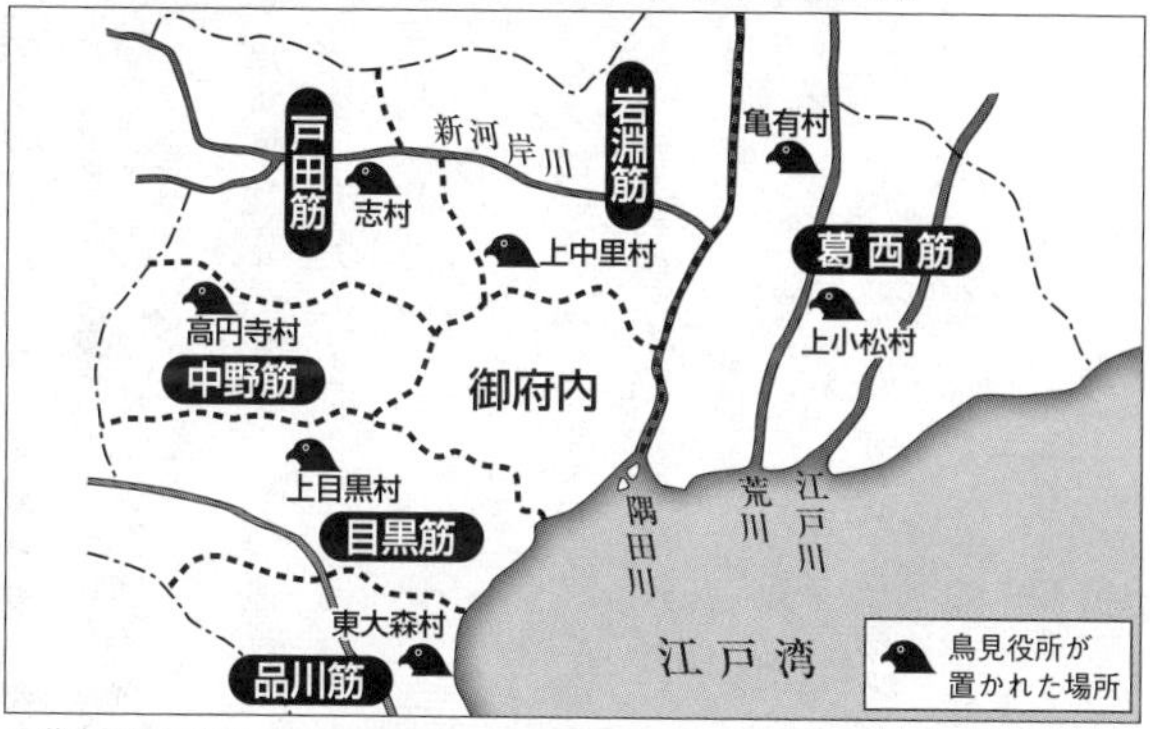

8代将軍吉宗は江戸周辺約5里の範囲を「六筋」（葛西筋・岩淵筋・戸田筋・中野筋・目黒筋・品川筋）に分け、鷹場を組織して管理させた。

それが再興するのは、八代将軍吉宗《よしむね》の時代である。将軍による専制政治を行なった吉宗は、権力の象徴としての「鷹」を復活させようとしたのだ。

そこで、江戸近郊の葛西《かさい》・岩淵・戸田・中野・品川・目黒の六ヵ所を鷹場に指定し、精力的に鷹狩りを行なった。

ただし、鷹場に指定された周辺の村には過大な負担がのしかかった。幕府お抱えの鷹匠の接待をしなければならなかったほか、鷹の餌の上納も義務づけられたからである。

また、鷹狩りが行なわれると、農地は踏み荒らされてしまい、鷹場周辺の村人の生活はかなり苦しかったようだ。

奥女中は人数が多く高禄のため、大奥の経費は幕府財政を圧迫した！

一度大奥に奉公すると、結婚は許されず、一生、大奥に詰めなければならなかった。しかしそのぶん、報酬は莫大なものだった。

たとえば、大奥で最も位が高い上臈《じょうろう》御年寄《おとしより》（御台所《みだいどころ》の話し相手）は、一年間の生活費として切米一〇〇石（約八五〇万円）、衣装代として御合力金《ごこうりょくきん》一〇〇両（約一千万円）、使用人一五人分の食用米、燃料用の薪《たきぎ》や油なども支給された。

そのほか、年金として江戸の町に屋敷も与えられた。二〇〇坪の敷地内に商家用の建物と何棟かの長屋があり、そこから上がってくる家賃収入も得ることができたのである。

もちろん職制によって給与は異なるが、いずれの奥女中も高禄であり、大奥にかかる経費は幕府の財政を圧迫した。

幕末の一五代将軍慶喜《よしのぶ》の時代には経費が二五万両（約二五〇億円）にも膨らんだという。慶喜は経費削減を訴え、これを一七万両（約一七〇億円）にまで切り詰めることに成功したが、焼け石に水だった。

御台所の5回の着替え

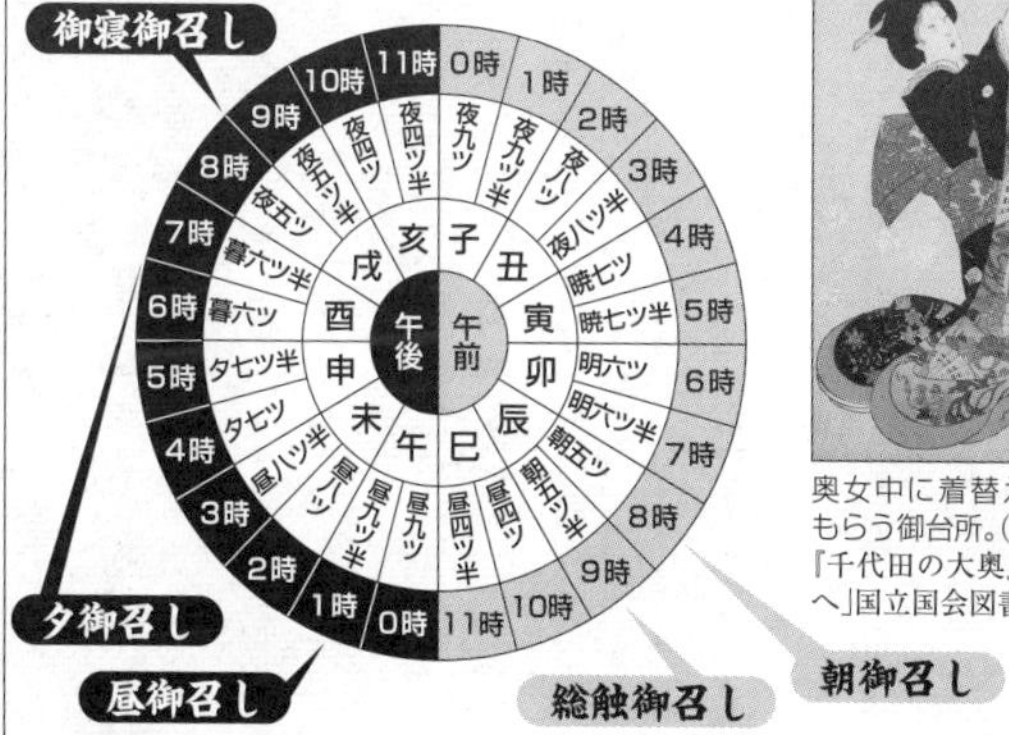

奥女中に着替えさせてもらう御台所。（楊洲周延『千代田の大奥』「お召かへ」国立国会図書館蔵）

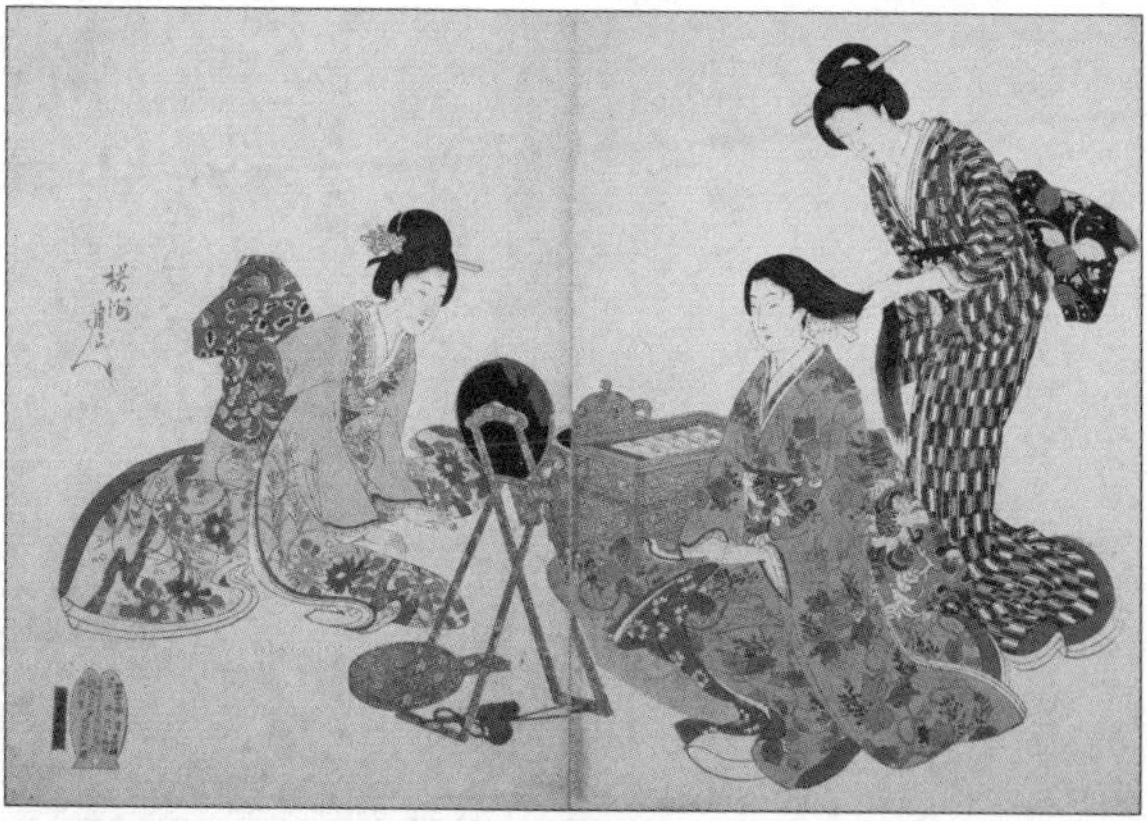

御台所は1日に5回、豪華な衣装を着替えた。総触御召し、昼御召しのときは毎日違う衣装を着ることと定められていたため、衣装代だけでも莫大な経費がかかった。（楊洲周延『千代田の大奥』「お櫛あげ」国立国会図書館蔵）

大名のランク

「親藩・譜代・外様」の親疎別だけでなく、大名はさまざまに格付けされた

幕府から表高《おもてだか》（その土地から収穫される米の量）で一万石以上の領国を与えられた武士を大名という。

徳川家康が江戸幕府を開いた頃は一八三家あったが、その後、分家などによって数が増え、寛文《かんぶん》四年（一六六四）の頃には二二五家、幕末には二六六家にまで増えている。

これら大名は、徳川将軍家との関係によって三つのランクに格付けされた。

すなわち、徳川将軍家と血縁関係にある「親藩《しんぱん》大名」、関ケ原の戦い以前から徳川家に仕えていた「譜代《ふだい》大名」、関ケ原の戦い以後、徳川家に臣従した「外様《とざま》大名」である。

このうち、譜代大名は江戸の近郊、もしくは軍事・交通の要衝《ようしょう》の地に配置し、幕政においても要職につけた。一方、外様大名は江戸から遠く離れたところに配置されたが、石高《こくだか》は譜代大名よりも多かった。

さらに幕府は、朝廷から与えられる官位を利用して諸大名たちを統制した。

こうして諸大名の身分・格式を区分す

大名の数（1664年時点）

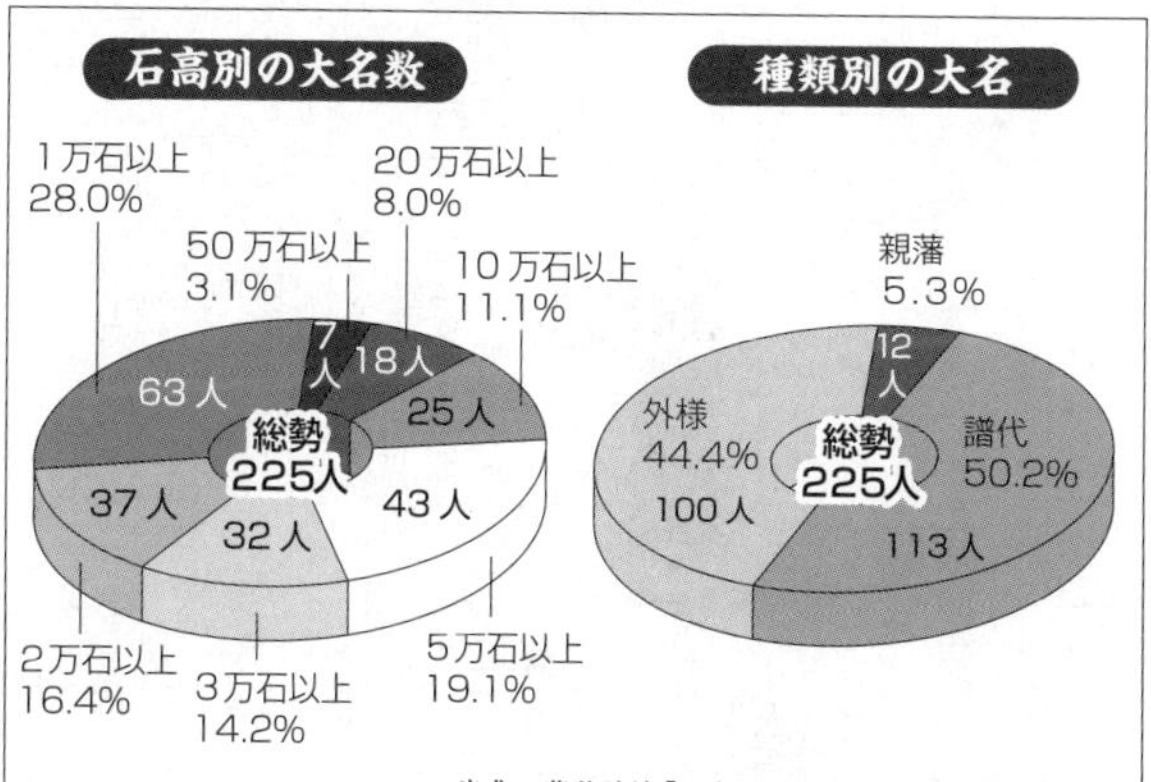

出典：藤井譲治『日本の歴史12　江戸開幕』(集英社)

ると、江戸城中に登城した大名が座る座敷の部屋も、それに応じて定めていったのである。

具体的には、「上之部屋」には御三家《ごさんけ》と御三卿《ごさんきょう》、「大広間」には四位以上の外様大名など、「帝鑑《ていかん》之間」には譜代大名六〇家、「柳之間」には四位以下の外様大名七三家といった具合だ。

これを「殿中席次《でんちゅうせきじ》」（殿席《でんせき》・伺候席《しこうせき》）という（152ページ参照）。

このとき、四位以上の外様大名をあえて譜代大名よりも上位として扱っているのは、外様大名に配慮し、彼らが不満を抱かないようにするための幕府の策であった。

殿中席次（殿席）

※図中の❶〜❾は左頁表の❶〜❾と対応

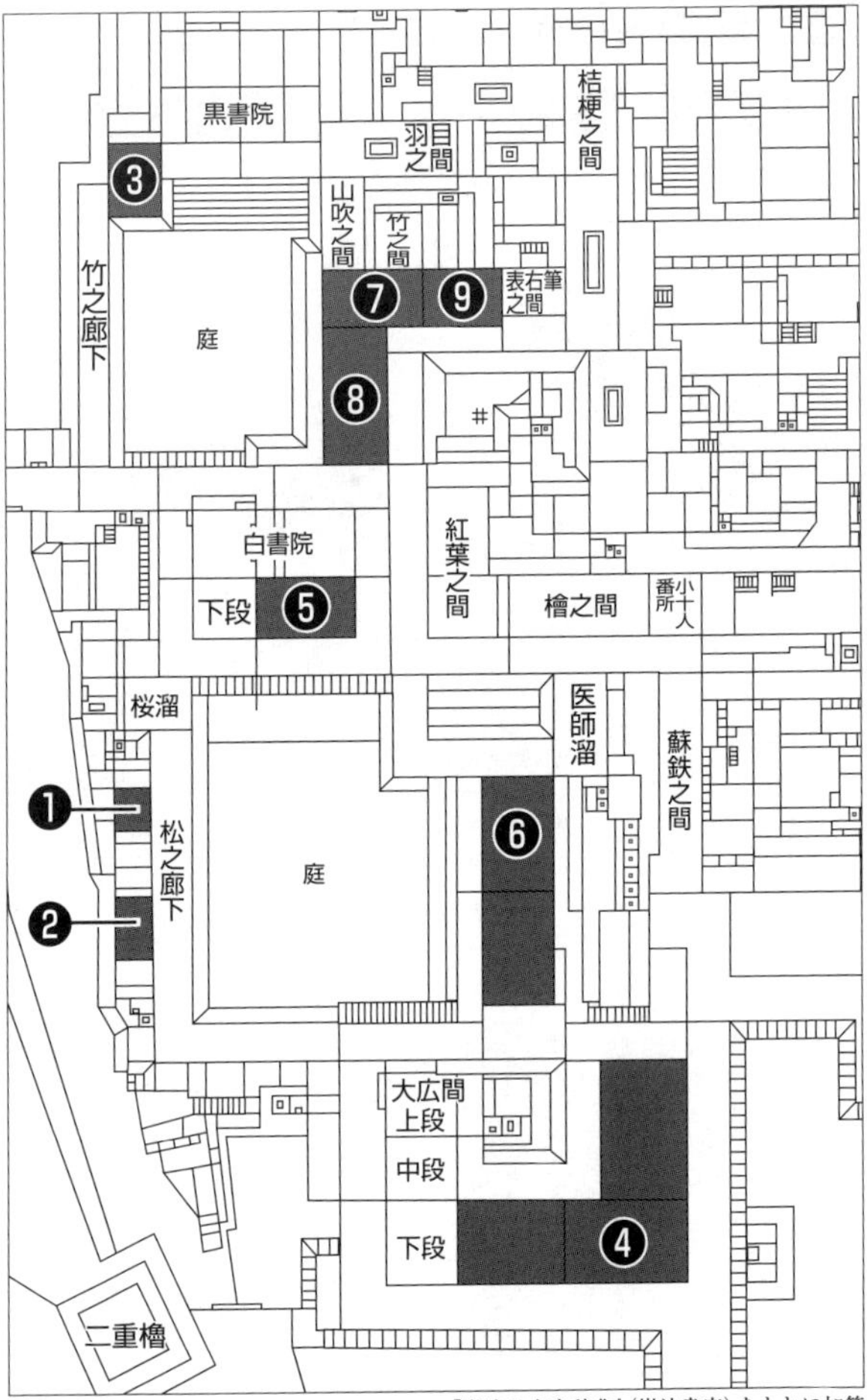

『岩波日本史辞典』（岩波書店）をもとに加筆

部屋の間	主な大名家・役人
❶上之部屋《かみのへや》	御三家（尾張家・紀伊家・水戸家） 御三卿（田安家・一橋家・清水家）
❷下之部屋《しものへや》	前田家・越前松平家
❸溜之間《たまりのま》	井伊家・会津松平家・高松松平家 長年老中をつとめた者
❹大広間《おおひろま》	四位以上の外様国持大名（上杉家・伊達家・黒田家・毛利家・細川家・鍋島家・島津家など23家） 溜之間詰以外の家門・準家門
❺帝鑑之間《ていかんのま》	城主格以上の譜代大名（大久保家・内藤家・戸田家・堀田家など60家） 願譜代大名
❻柳之間《やなぎのま》	大広間詰の大名家の分家 四位以下で10万石未満の外様国持大名 高家
❼雁之間《かりのま》	溜之間・帝鑑之間詰以外の譜代大名
❽菊之間《きくのま》	無城の譜代大名 大番頭・書院番頭・小姓組番頭
❾芙蓉之間《ふようのま》	寺社奉行・江戸町奉行・勘定奉行・大目付・奏者番など

家康の子を祖とする「御三家」と、八代将軍吉宗が創設した「御三卿」

江戸時代、徳川将軍家に次ぐ地位を誇っていたのが、尾張《おわり》家（六一万九五〇〇石）・紀伊《きい》家（五五万五〇〇〇石）・水戸家（三五万石）の三家。通称「御三家《ごさんけ》」と呼ばれる。

いずれも家康の子を祖とする。尾張家は九男義直《よしなお》、紀伊家は十男頼宣《よりのぶ》、水戸家は十一男頼房《よりふさ》である。

家康が、これらの子に高禄を与えたのは、家康の男系を絶やさないためだった。万一将軍に継嗣《けいし》がない場合は、御三家から代わりの将軍を出すというルートをつくったのである。

たとえば、八代将軍吉宗《よしむね》は紀伊家の出身で、御三家から入った最初の将軍となった。

その吉宗も、家康にならって「御三《ごさん》卿《きょう》」を設けた。吉宗の二男宗武《むねたけ》を祖とする田安《たやす》家、四男宗尹《むねただ》を祖とする一橋《ひとつばし》家、九代将軍家重《いえしげ》の二男重好《しげよし》を祖とする清水家である。

御三家同様、紀伊家の吉宗の血統が断絶したときに備えて創ったものだと考えられている。

将軍家・御三家・御三卿の関係図

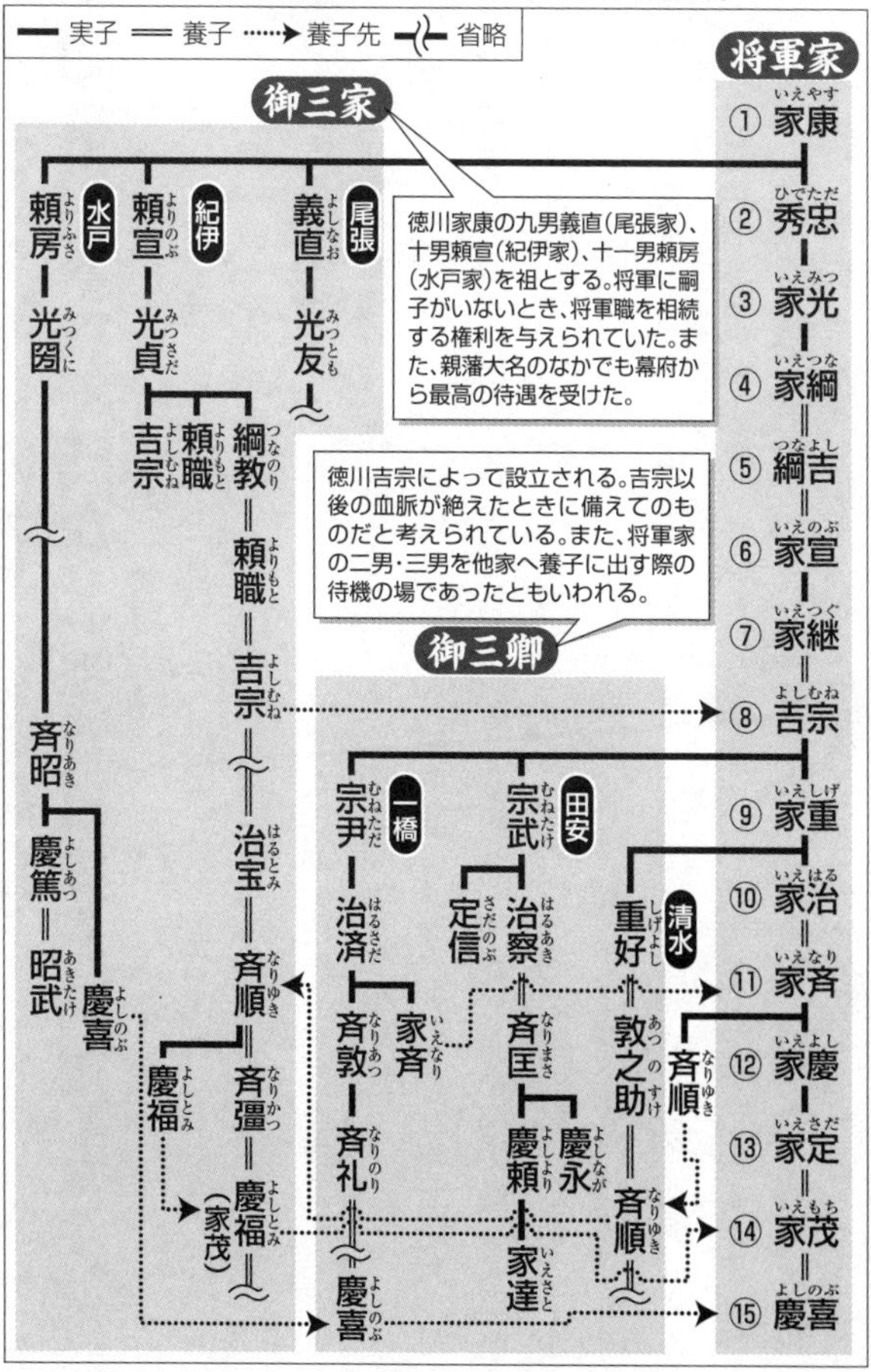

登城の作法

登城日の際は家格や役職に応じて、順番や入れる門などが決まっていた！

大名や諸役人は、毎月一日と十五日の定例日と、正月三ヵ日・五節句・八朔《はっさく》・謡《うたい》初《ぞ》め・嘉定《かじょう》・玄猪《げんちょ》などの行事の日には、行列を仕立てて江戸城に登城することを義務づけられた。

登城の時間も決められており、式典日は朝五ツ（午前八時頃）、普通の日は朝四ツ（午前一〇時頃）だった。

このとき、登城する順番には決まりがあった。普通の日は月番の若年寄、次に他の若年寄、ついで月番の老中、他の老中、それから一般大名の順。式典日の場合は、一般の大名が先んじて登城し、老中、若年寄と続いた。

また、通用門にも細かな規定が設けられていた。

江戸城には全部で九二もの門があったが、そのうち江戸城の正門である大手門は一〇万石以上の譜代《ふだい》大名、西の丸下から三の丸に至る間に設けられた内桜田《うちさくらだ》門（桔梗《ききょう》門）と裏門である平河《ひらかわ》門は五万石以上の譜代大名、といったように、格式によって通ることができる門が定められていたのである。

諸大名の登城のしきたり

諸大名は城内の下乗場（大手三の門外、西丸大手橋際）まで乗り物に乗って入ることができた。

御三家の大名は、本丸玄関前まで乗り物で立ち入ることが許された。

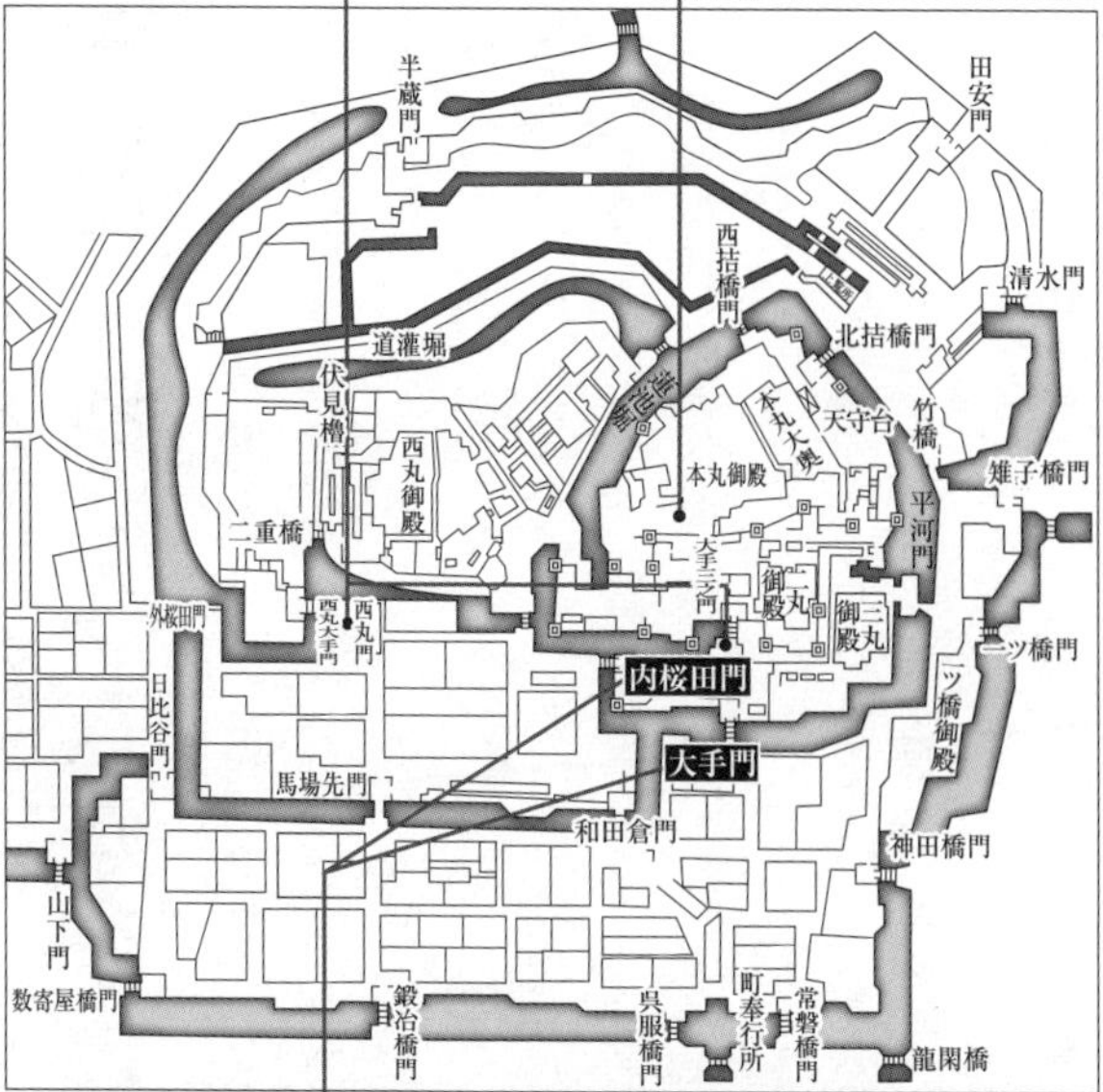

内藤昌『江戸と江戸城』（鹿島出版会）をもとに加筆

諸大名は、通常大手門か内桜田門のどちらかから登城した。江戸城内において輿や駕籠などに乗る資格がない者は、橋から約50メートルほど離れたところにある下馬所で乗り物から降りた。

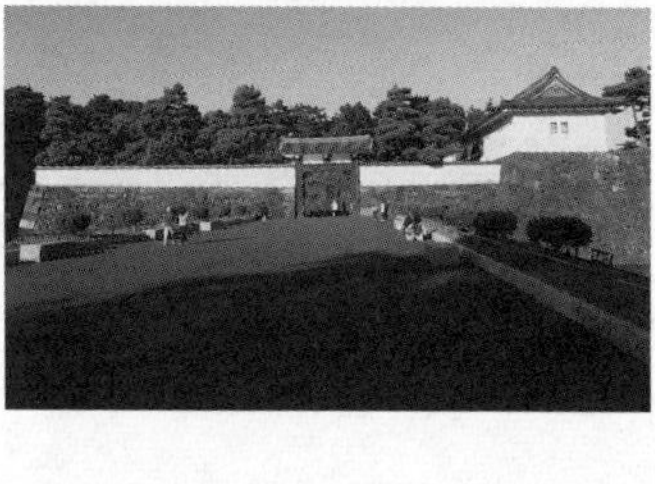

現在の皇居・桜田門。

拝謁の作法

「面を上げよ」と言われても、決して将軍の顔を見てはならない!

江戸の武家社会は、徳川将軍家を頂点とした厳格な身分秩序のもとに成り立っていた。

身分による上下関係は絶対のものであり、身分秩序の維持のためにさまざまなルールが細かく規定された。

たとえば、将軍への拝謁時の作法は次のようになっていた。

将軍は白書院《しろしょいん》上段之間に御簾《みす》を半分ほど垂らした状態で座り、大名らは下段之間のなかほどで平伏した。両手を組み合わせ、鼻に手がつくほど頭を下げる「真《しん》の礼」である。

このとき、将軍から「面《おもて》を上げよ」などと言われても、決して将軍の顔を見ることは許されなかった。将軍の御前《ごぜん》にいることに恐縮し、平伏した額をさらに畳にすりつける作法しかできなかったのである。

また、何かの用があり、将軍に拝謁するときは、将軍から声がかかるまで、次之間で平伏した。

たとえ将軍から「それへ」と声をかけられても、畏《おそ》れ多くて身動きをすること

座礼のランク

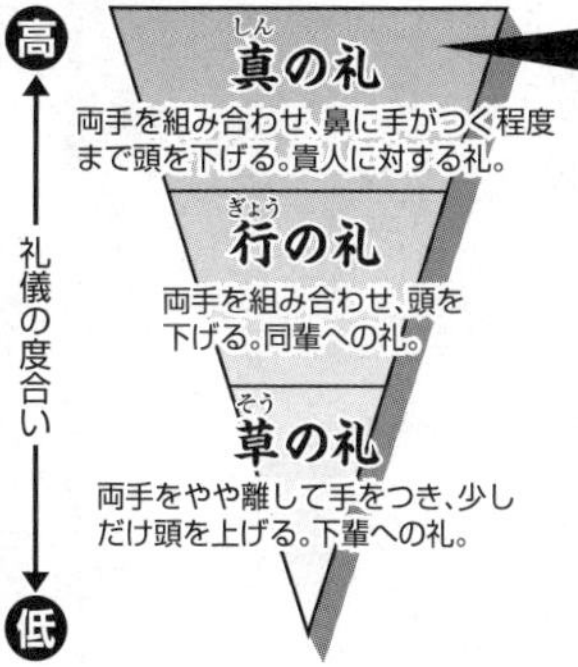
高
真《しん》の礼
両手を組み合わせ、鼻に手がつく程度まで頭を下げる。貴人に対する礼。
行《ぎょう》の礼
両手を組み合わせ、頭を下げる。同輩への礼。
草《そう》の礼
両手をやや離して手をつき、少しだけ頭を上げる。下輩への礼。
礼儀の度合い
低

将軍に拝謁する大名。将軍の顔を仰ぎ見ることは許されなかった。（『徳川盛世録』国立国会図書館蔵）

上下の身分秩序が重んじられた江戸時代にあっては、礼式作法が重要視され、座礼に関してもとても細かい規定があった。

ができないふりをする。

将軍はまるで神のような存在であり、将軍の顔すら知らない者がほとんどだったという。

　このような礼式作法は必ず守るべきものであり、その所作の一つひとつは目付によって監視されていた。

　万が一、礼式作法にかなっていない行動をとったり、畳の縁を踏んだり、障子に脇差が触ったりなどの非礼があったときには、たとえ大名であっても罰せられることもあったのである。

　このような複雑な礼式作法が定められていたからこそ、江戸の社会に安定がもたらされていた、ともいえそうだ。

大名の礼服

身分・儀礼の別によって、事細かに決められていた大名の礼装

上下の身分秩序が重んじられた武家社会にあって、それは礼法のみならず、当然のことながら服装にまで及んだ。

たとえば、将軍宣下《せんげ》の儀に臨む際、将軍から従五位以下までの官職の者は、束帯《そくたい》か衣冠《いかん》を着用することが義務づけられた。

束帯・衣冠ともに、もともとは平安時代の公家《くげ》の正装とされたもので、これが江戸時代にまで受け継がれたのである。

また、年賀の儀の際は、将軍から四位以上の官職の者は直垂《ひたたれ》という武家における最上位の礼服を着用し、一般の大名は大紋《だいもん》という直垂に大きな紋が八つ染め抜かれたものを着用した。

よく時代劇などで裾の部分を引き摺りながら歩く武士の姿を見ることがあるが、これを長裃《ながかみしも》という（163ページ参照）。長裃は、五節句などのゆるやかな行事の際に上位の大名が着用した。

このように、身分によって、また儀礼によって諸大名の服装は事細かに定められており、服装を見れば、どのような身分なのかは一目瞭然であった。

将軍・大名の服装

衣冠

冠《かんむり》

7世紀以降、身分を示すものとして用いられる。

袍《ほう》

将軍家は黒袍に葵紋、四位以上の大名は黒袍、五位の大名は赤袍を身につけた。

蒔絵剣《まきえのつるぎ》

漆(うるし)で描いた文様を金銀粉などで付着させた装飾用の剣。

裾《きょ》

官職によって長さが異なる。

直垂

風折烏帽子《かざおりえぼし》

烏帽子の頂の部分を折り曲げたもの。より動きやすいように機能性が重視されて生まれた。

白小袖《しろこそで》

装束の下には、必ず白無地の小袖を着用することとされていた。

蝙蝠《かわほり》

細い骨組に片面だけ紙を貼りつけた扇を持った。

『徳川盛世録』より
(国立国会図書館蔵)

一般武士の服装

武士としての権威を誇示すべく、平時でも決して気を緩めない装い！

大名と同様、一般の武士も服装が定められていた。

公務のときは、肩衣《かたぎぬ》に袴《はかま》の裃《かみしも》を着用した。肩衣は袖なしの上着のことで、戦国時代まで武家装飾の主流だった素襖《すおう》の様式を踏襲したものだ。

袴には数種類あり、御目見《おめみえ》以上の者は長裃《ながかみしも》を着用したが、御目見以下の者は足元までの長さの切袴《きりばかま》を用いた。

また、旗本《はたもと》は継裃《つぎかみしも》を平服とした。これは、色柄が異なる肩衣と袴を組み合わせたものだ。もともと平服だったが、江戸時代後期に公服として用いられるようになった。平時は小袖《こそで》に羽織《はおり》袴、腰に大小（打刀《うちがたな》と脇差《わきざし》）を差すのが基本スタイルだった。

髷《まげ》や月代《さかやき》もしっかりと手入れをし、草《ぞう》履《り》も決して擦り切れたものは履かなかったという。このように、身なりにはかなり気をつかっていたことがわかるが、これもひとえに、武士が江戸の身分社会でトップに立っていたからである。

武士としての権威を誇示すべく、常に気を緩めなかったのだ。

一般武士の装い

長裃

月代

もともとは戦国時代、兜などをかぶるとき、風通しをよくするために剃られた。それが武士の定番の髪型となり、庶民も武士にならって月代を剃るようになった。

肩衣

袖のない上衣。室町時代以降、武士の正装となる。

熨斗目《のしめ》

腰の部分に文様を織り出した小袖。礼装の下に着用する。

長裃

裾を長く引くように仕立て上げられている。肩衣と合わせて上級武士の式服として用いられた。

継裃

脇差

打刀と脇差の「二本差し」が基本スタイルだが、城内や藩邸内、屋敷内にいるときは、脇差のみを腰に差した。

切袴

武士の通常着。

『徳川盛世録』より（国立国会図書館蔵）

大名の結婚

『武家諸法度』の規定に縛られた、大名の〝不自由な〟婚礼事情

幕府によって、行動の逐一を制限された諸大名は、自由に結婚することも許されなかった。『武家諸法度《ぶけしょはっと》』により、「私《ひそか》に婚姻を結ぶことを禁じ、婚姻に際して届け出を義務づける」とされたためである。

しかも、結婚相手は自分で見つけるものではなかった。江戸時代初期には将軍、もしくは大奥を統制していた春日局《かすがのつぼね》が見つけてきた相手と見合いをした。

こうした形式は、幕藩体制が固まっていない時代にあって、大名同士の婚姻を制限することで、幕府に敵対することを防ごうとしたためである。

やがて幕府の支配が絶対となってくると、『武家諸法度』の婚姻規定にも変化が生じるようになる。

六代将軍家宣《いえのぶ》の時代の宝永《ほうえい》七年（一七一〇）には、「身分の違う者同士の婚姻を禁ずる」とされた。しかしこれによって、結婚をしない大名が増えてしまったようで、宝暦《ほうれき》十二年（一七六二）には「一度は正式な婚姻をするように」との法令が出される始末だった。

大名の婚姻の決まりごと

元和元年（1615）
・私に婚姻を結ぶことを禁ずる
・婚姻に際しては届け出を義務づける

宝永7年（1710）
・身分の違う者との婚姻を禁ずる

享保2年（1717）
・身分の違う者との婚姻を認める

宝暦13年（1763）
・一度は正式な婚姻をするように。再婚以降は自由

天保7年（1836）
・持参金を目当てにした婚姻を禁ずる

大名の婚姻は『武家諸法度』によって制限されたが、年代に応じて規定は変わった。

14代将軍家茂《いえもち》と和宮《かずのみや》の婚礼

右側に座っている男性が14代将軍家茂で、左側に座っている女性が和宮。婚礼にあたっては贅を凝らした婚礼調度を整える必要があった。（楊洲周延『千代田の大奥』「婚礼」国立国会図書館蔵）

参勤交代

見物人の前では威厳ある行列歩き、人がいないと駆け足で宿代を倹約？

参勤交代とは、各藩の大名が将軍に忠誠を示すため、一年おきに江戸に伺候《しこう》して住み、次の一年は国許《くにもと》で暮らす、という制度である。

鎌倉時代、御家人《ごけにん》が地方から鎌倉幕府に出仕《しゅっし》したことにルーツが求められる。戦国時代には、織田信長や豊臣秀吉などが諸大名に命じ、安土《あづち》城や大坂城への参勤（参覲《さんきん》）を強制した。

その後、徳川家康が江戸幕府を開くと、諸大名は家康の歓心を得るために自発的に江戸に参勤し、妻子を江戸に住まわせたのである。

このように、もともと参勤交代は慣習だったのだが、それが制度化されたのは三代将軍家光《いえみつ》の時代の寛永《かんえい》十二年（一六三五）のことだった。『武家諸法度《ぶけしょはっと》』の第二条に「大名・小名、在江戸交替相定む所なり、毎歳夏四月中、参勤いたすべし」の文言が加えられたのである。

基本的に毎年四月が交換期とされたため、前年の秋頃までには参勤のルートの選定、道中の宿の確保、江戸に供《とも》をする者の選抜などを行なっていた。

参勤の行列に同道する人数は石高《こくだか》に応じて決められていたため、大藩ほど行列の規模は大きくなった。

また、行列にはその藩の威光を世間に誇示するという、パフォーマンス的な側面もあったため、他藩の行列には負けぬよう、人数も多くなり、また、服装も華美になったという。

日本最大の加賀藩の場合、一回の参勤に、なんと四〇〇〇人もの家来を引き連れたという。一回の参勤交代にかかった費用は、約四億円ほどだったという。

そのため、各藩ともいかに行列の費用を節約するかに腐心した。


たとえば、往来に人が集まっている場所ではゆっくりと威厳を見せつけるようにして歩き、人がいなくなると、即座に駆け足で進んだ。一日あたりに進む距離を稼ぎ、宿泊代を浮かせるためだ。

行列だけではなく、藩主の江戸での生活費や、幕府や諸藩との交際費も莫大なもので、行列の費用と合わせ、藩財政のじつに三分の一以上にも及んだ。

なぜ幕府は、諸藩にこのような制度を課したのか。

その目的は、幕政の安泰にある。

諸藩に莫大な費用を散財させてその財政力を弱めることで、幕府への反抗をできなくさせたのである。

加賀藩の参勤交代ルート

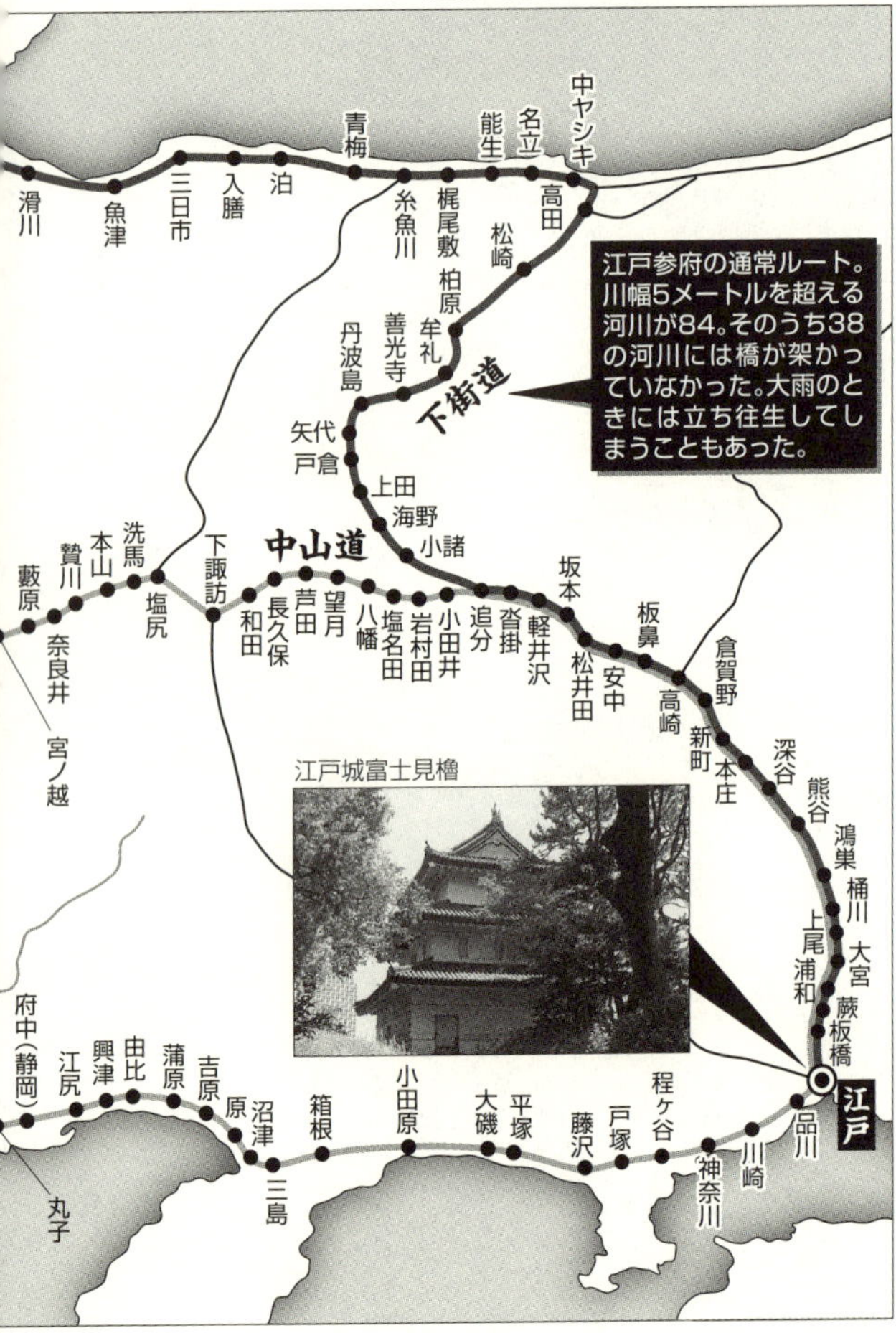
江戸参府の通常ルート。川幅5メートルを超える河川が84。そのうち38の河川には橋が架かっていなかった。大雨のときには立ち往生してしまうこともあった。
下街道
中山道
江戸城富士見櫓
江戸
滑川
魚津
三日市
入膳
泊
青梅
糸魚川
梶尾敷
能生
名立
中ヤシキ
高田
松崎
柏原
牟礼
善光寺
丹波島
矢代
戸倉
上田
海野
小諸
追分
沓掛
軽井沢
坂本
松井田
安中
板鼻
高崎
倉賀野
新町
本庄
深谷
熊谷
鴻巣
桶川
上尾
大宮
浦和
蕨
板橋
藪原
贄川
本山
洗馬
塩尻
下諏訪
和田
長久保
芦田
望月
八幡
塩名田
岩村田
小田井
奈良井
宮ノ越
府中（静岡）
江尻
興津
由比
蒲原
吉原
原
沼津
三島
箱根
小田原
大磯
平塚
藤沢
戸塚
程ケ谷
神奈川
川崎
品川
丸子

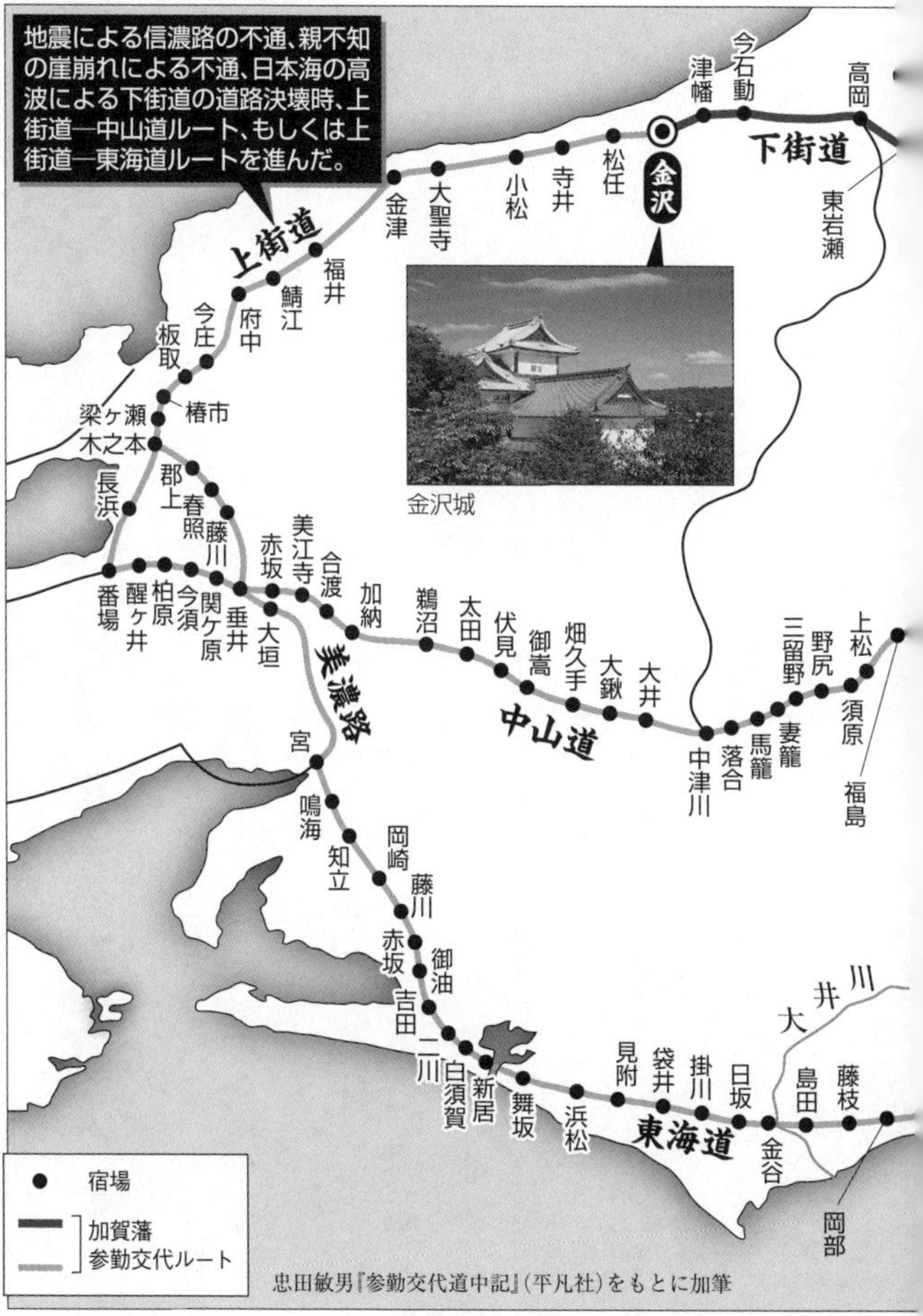

忠田敏男『参勤交代道中記』（平凡社）をもとに加筆

旗本と御家人

「御目見以上一万石未満」が旗本、一〇〇俵未満で御目見できない御家人

武士の職制はさまざまだった。幕臣と藩士に大別される武家社会にあって、徳川将軍家直属の家臣を、旗本《はたもと》・御家人《ごけにん》という。旗本と御家人は「直参《じきさん》」とも呼ばれる。

旗本は、将軍に御目見《おめみえ》（拝謁）できる一万石未満の武士を指す。下限は概ね一〇〇石とされ、五〇〇〇石未満の者が全体の三分の二を占めた。

また、旗本は番方《ばんかた》と役方《やくかた》とに分類することができる。番方は主に将軍や江戸城の警護を任務とする者で、大番《おおばん》や書院番などの役職がそれにあたる。役方は行政職であり、町奉行《まちぶぎょう》や勘定《かんじょう》奉行などがそれである。

一方、御家人は将軍に御目見できない蔵米《くらまい》一〇〇俵《ぴょう》未満の者を指す。領地を与えられ、そこから上がる年貢《ねんぐ》米を俸禄とする旗本とは違い、御家人は幕府から直接米を支給された。

各奉行の下に置かれる与力《よりき》や同心《どうしん》など下級官吏が御家人である。大半が蔵米五〇俵未満で、八丁堀《はっちょうぼり》に組屋敷があったので、「八丁堀の旦那」などと呼ばれた。

武士の区分と構成比

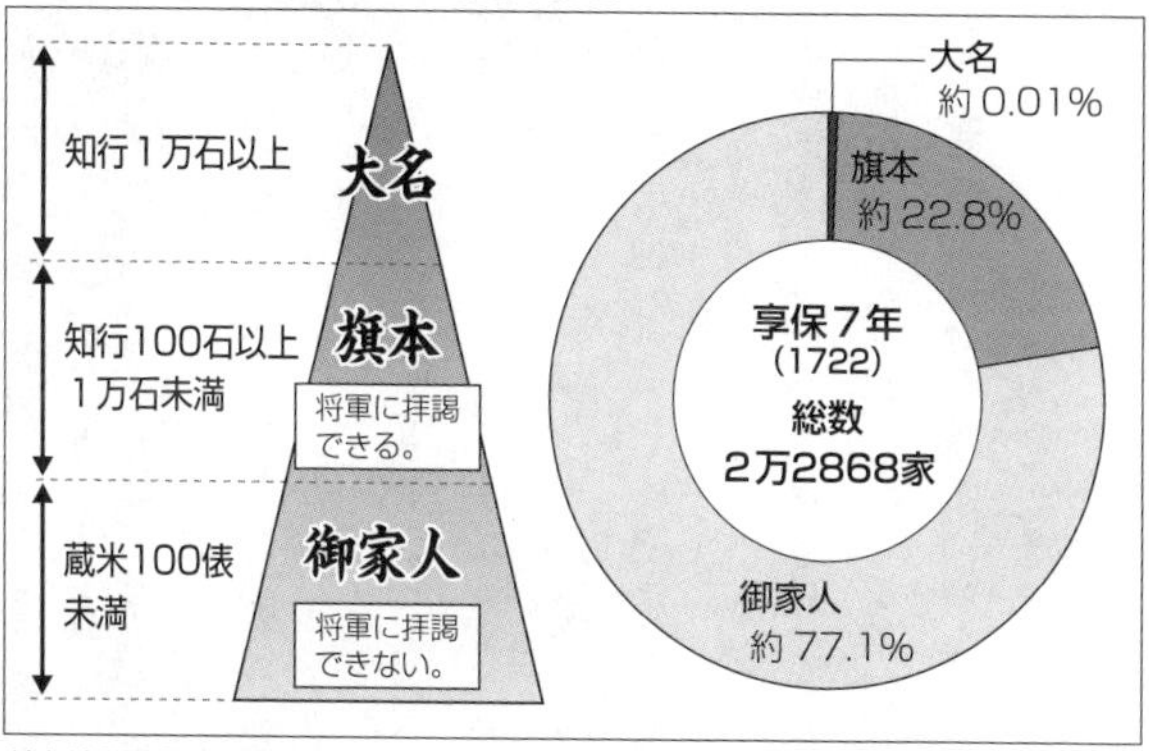

徳川将軍家直属の家臣のうち、圧倒的に多かったのは御家人だった。

八丁堀付近の古地図

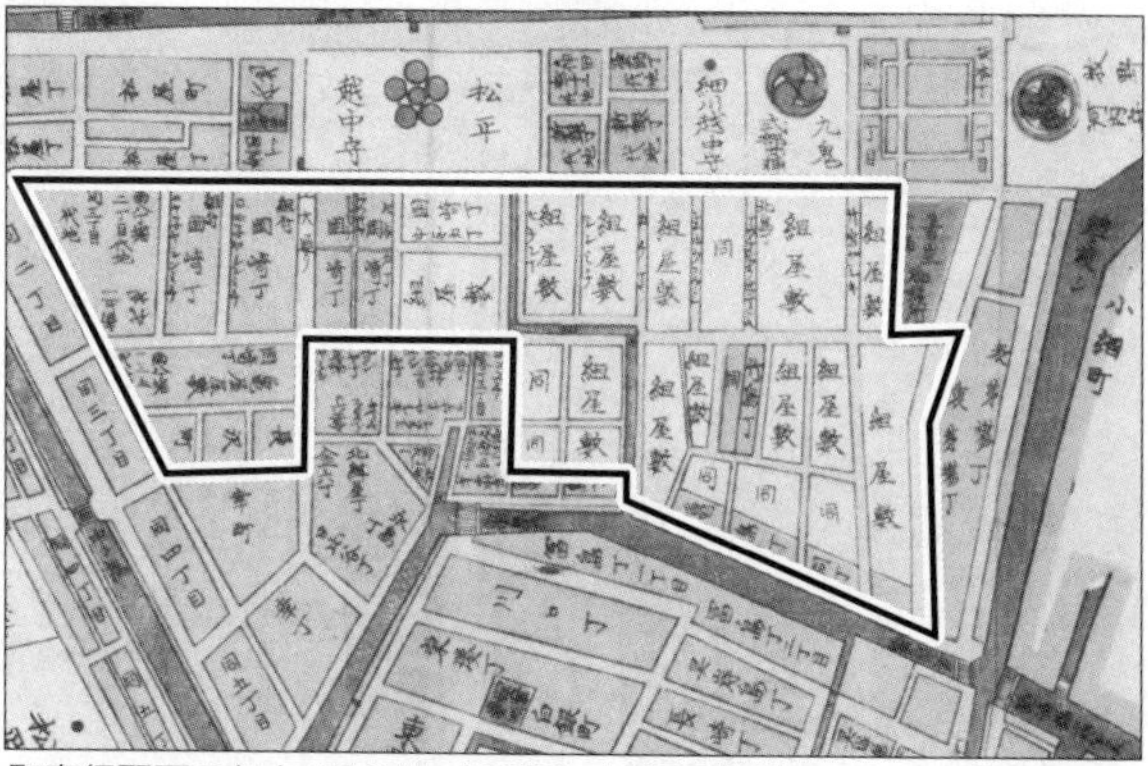

町奉行配下の与力･同心は、八丁堀に拝領屋敷があったので「八丁堀の旦那」と呼ばれたが、その土地の多くは町人に貸して、収入の不足を補っていた。(『江戸切絵図』「築地八町堀日本橋南絵図」国立国会図書館蔵)

比較的緩やかな勤務体制にあって、激務を強いられた「町奉行」！

武士の勤務時間は、役職によってかなりの違いがあった。

たとえば、幕政を担当する最高職の老中の場合、登城（出勤）は昼四ツ（午前一〇時頃）、下城は昼八ツ（午後二時頃）だった。月番制となっていたため、一ヵ月おきに勤務すればよかった。

老中に次ぐ重職の若年寄も月番制だったが、仕事は老中よりも忙しく、朝五ツ（午前八時頃）には登城していなければならなかった。老中の帰宅後に城をあとにした。

また、大名や旗本《はたもと》が将軍に謁見する際、姓名の奏上や進物《しんもつ》の披露、将軍からの下賜品の伝達といった取次ぎの役割を担う奏者番《そうじゃばん》、武士の所行《しょぎょう》を監察する大目付は、老中と同じ勤務体制だった。

このように、江戸時代の武士の勤務時間はだいたい四時間ほどと比較的短い。そのなかにあって、最も多忙を極めたのは町奉行《まちぶぎょう》だった。

朝五ツ（午前八時頃）に奉行所に出、与力たちに指示を与えたのち、昼四ツには江戸城へ向かった。そこで町触《ぶれ》などの

町奉行所の1日

有楽町駅前広場に再現された南町奉行所の石組み。

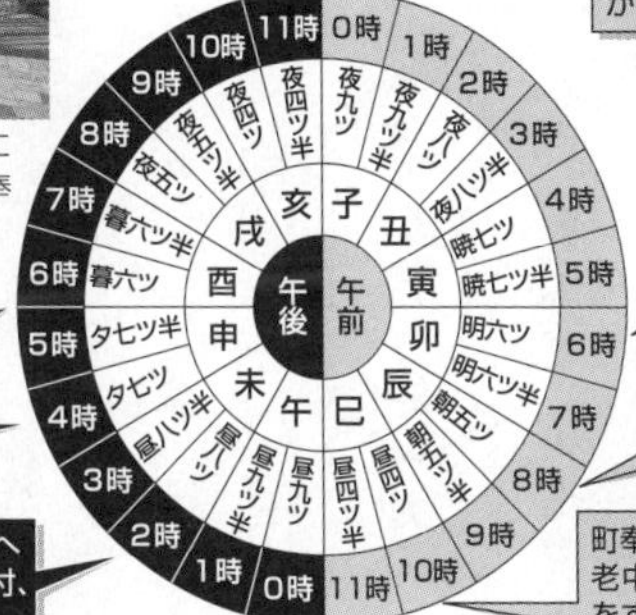
閉門後、町奉行は与力の調査内容、配下の作成書類に誤りがないかを確認する。
奉行所内の屋敷に住まう町奉行が起床。
同心が出勤。訴訟当事者が出頭。
町奉行、江戸城へ向かい、老中と書類のやり取りをする。与力、出勤。訴訟の審問が始まる。
町奉行、奉行所へ戻る。訴訟の受付、処理を行なう。
与力・同心が帰宅。
奉行所閉門。
午前
午後
子
丑
寅
卯
辰
巳
午
未
申
酉
戌
亥
夜九ツ
夜九ツ半
夜八ツ
夜八ツ半
暁七ツ
暁七ツ半
明六ツ
明六ツ半
朝五ツ
朝五ツ半
昼四ツ
昼四ツ半
昼九ツ
昼九ツ半
昼八ツ
昼八ツ半
タ七ツ
タ七ツ半
暮六ツ
暮六ツ半
夜五ツ
夜五ツ半
夜四ツ
夜四ツ半
0時
1時
2時
3時
4時
5時
6時
7時
8時
9時
10時
11時

町奉行の仕事は多岐に渡り、奉行所の閉門後も仕事に取り組んでいた。

草案を練ったあと、昼八ツに下城。奉行所へ戻り、今度は次々と押し寄せてくる訴状に目を通し、裁定を下すという仕事をこなす。

暮六ツ（午後六時頃）、奉行所は閉門となるが、それでも町奉行の仕事は終わらない。夜は配下の調査内容や作成書類に目を通し、誤りがないかの確認作業を行なう。

仕事はいつまでも終わらず、深夜にまで及んだという。

町奉行も月番制であったが、非番の月でも、別の奉行所と連絡を取り合う必要があったため、ゆっくりと休養することはできなかった。

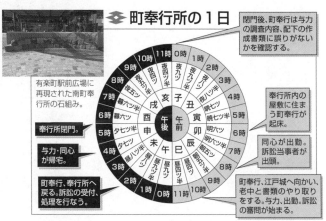

武士の出世

基本的には親の知行を相続するが、「能力＋アルファ」で出世も可能！

基本的に武士は、親の知行《ちぎょう》をそのまま相続し、それをまた子へと受け継がせていった。親が二〇〇石の与力《よりき》であれば、原則として子も二〇〇石が与えられたのである。

ただし旗本《はたもと》のなかには、能力によって出世を遂げる者もいた。とくに出世が期待できたのは、書院番、小姓番《こしょうばん》という将軍の親衛隊的番士である。

たとえば名奉行として名高い町奉行《まちぶぎょう》・大岡越前守忠相《おおおかえちぜんのかみただすけ》の職歴を見ると、書院番士（約三〇〇石）から徒頭《かちがしら》（約一〇〇〇石）、使番《つかいばん》（同）、目付（同）、宇治山田奉行（約二〇〇〇石）、普請《ふしん》奉行（同）、町奉行（約三九二〇石）、寺社奉行（約五九二〇石）と、着実に出世を果たしている。

これもひとえに忠相の能力が優れていたからだったが、出世を遂げたのには別の要因があった。

忠相の出世には、八代将軍吉宗《よしむね》の推薦があったのである。つまり武士の出世には、自分の能力に加え、上役の引き立てが必要だったのだ。

武士の出世ルート

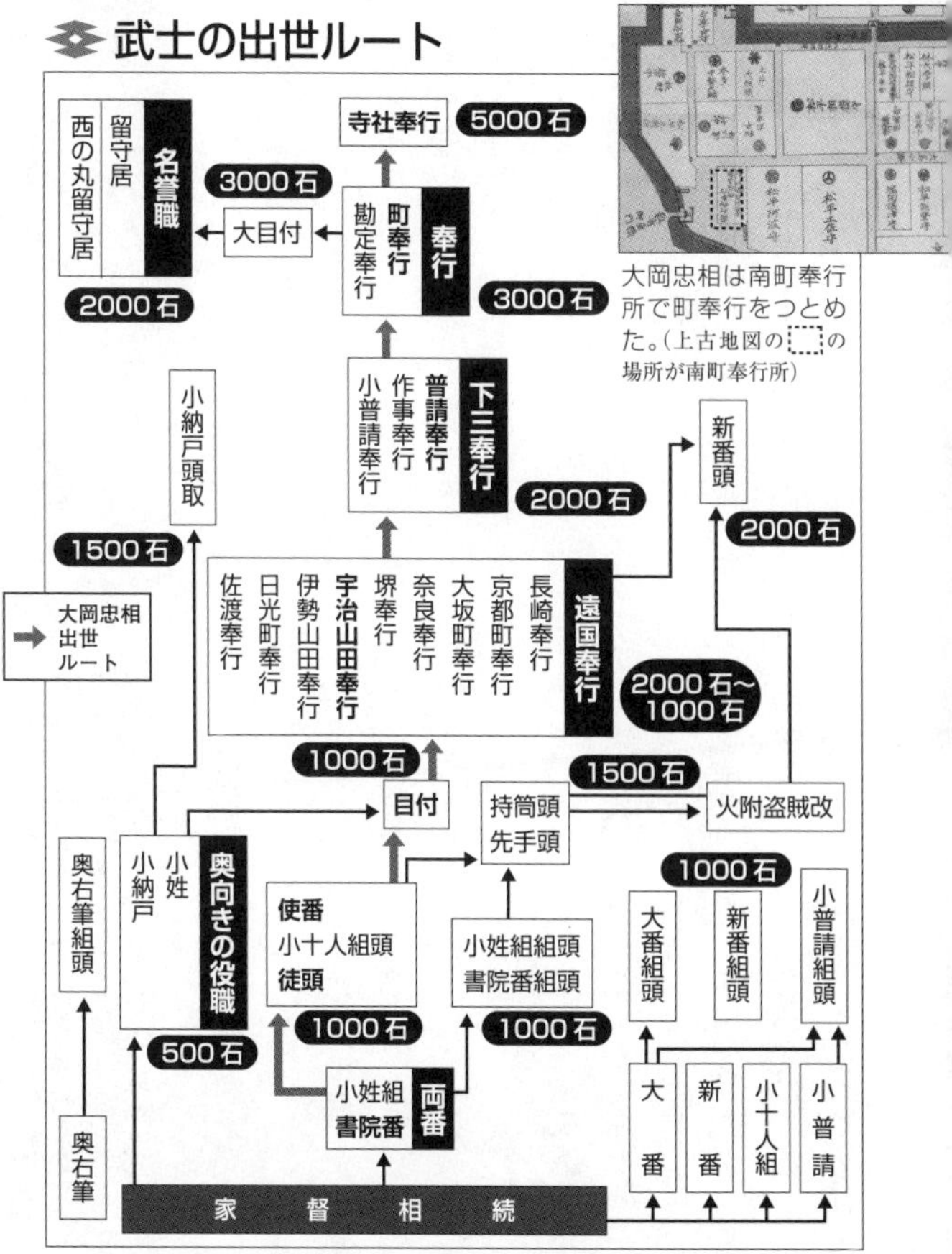

大岡忠相は南町奉行所で町奉行をつとめた。（上古地図の⬚の場所が南町奉行所）

山本博文『教科書には出てこない江戸時代』（東京書籍）をもとに加筆

武士は家ごとに家禄が定められていたが、能力がある者は出世することも可能だった。

武士と札差

俸禄米の現金化で武士が頼った札差は、やがて金貸しとして莫大な財を築く…

江戸時代、旗本《はたもと》や御家人《ごけにん》の給料は米で支給された。これを俸禄米《ほうろくまい》という。ただし、米では商品などの購入ができなかったため、いったん、米問屋に米を持ち込み、現金化しなければならなかった。

その面倒な業務を代行した業者が、札差《ふださし》である。札差は俸禄米の現金化業務を引き受ける代わりに、手数料を受け取ることで生計を立てた。

これが本来の札差の仕事だが、やがて札差は旗本や御家人を相手に高利貸し業を営むようになった。困窮した武士の次期俸禄米を担保とし、利子をつけて現金を貸し付けたのである。

現金を借りる武士はあとを絶たず、札差は莫大な財を築くこととなった。

しかし、栄華は長くは続かなかった。一八世紀後半の寛政《かんせい》の改革では「棄捐《きえん》令《れい》」が出され、旗本や御家人の借金を帳消しにするよう幕府から命じられたのだ。

一九世紀の天保《てんぽう》の改革時には「無利子年賦《ねんぷ》令」が公布された。こうして札差は金貸し業では利益が得られなくなり、徐々に没落していったのである。

札差の仕事と米の流通

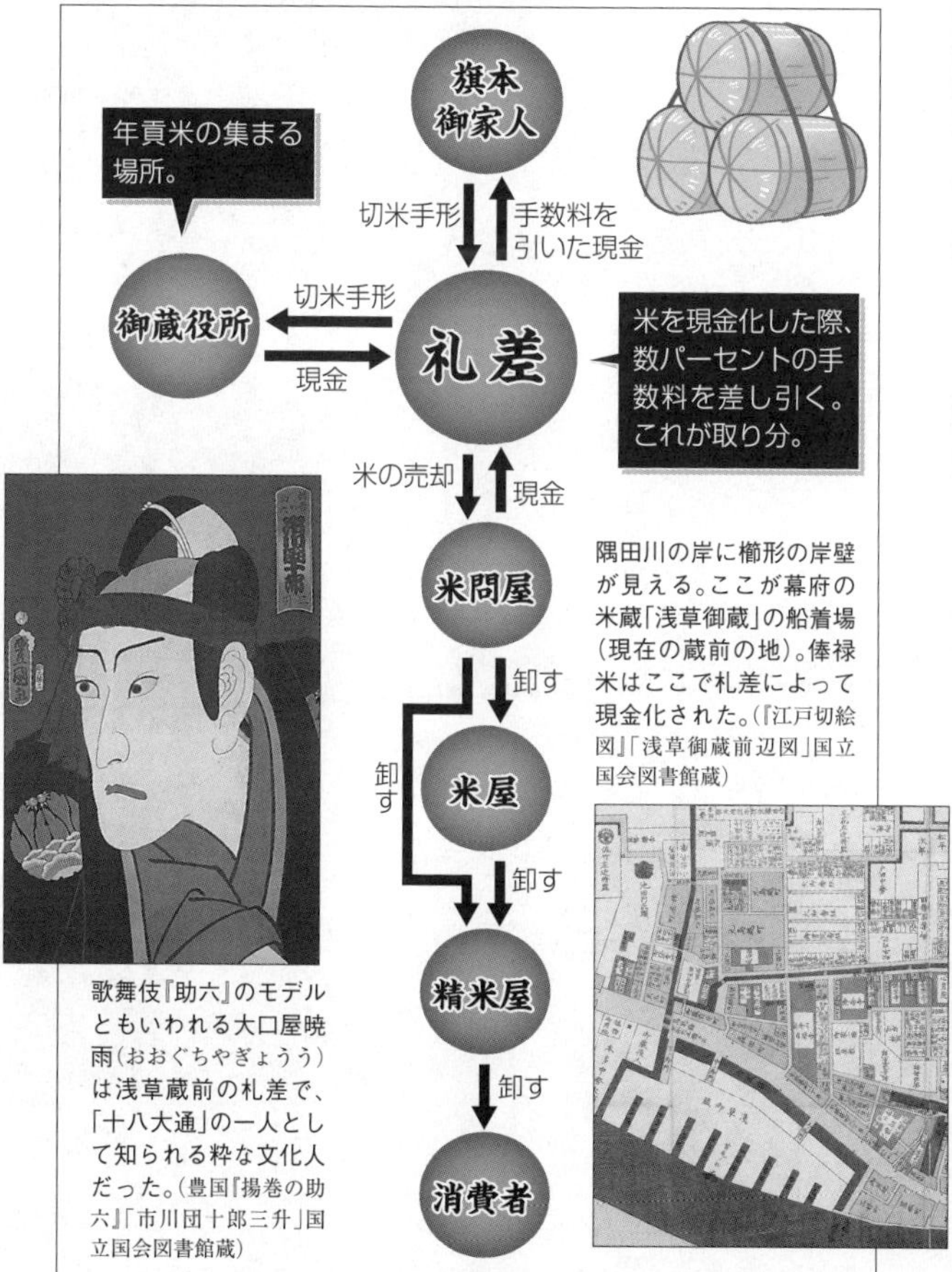

隅田川の岸に櫛形の岸壁が見える。ここが幕府の米蔵「浅草御蔵」の船着場（現在の蔵前の地）。俸禄米はここで札差によって現金化された。（『江戸切絵図』「浅草御蔵前辺図」国立国会図書館蔵）

歌舞伎『助六』のモデルともいわれる大口屋暁雨（おおぐちやぎょうう）は浅草蔵前の札差で、「十八大通」の一人として知られる粋な文化人だった。（豊国『揚巻の助六』「市川団十郎三升」国立国会図書館蔵）

武士の左遷先

失態そのほか、さまざまな理由で、閑職の代表「小普請役」に左遷された!

幕府に仕えていた旗本《はたもと》・御家人《ごけにん》の数は、江戸時代中期頃には二万人以上を数えるようになった。しかし全員が役職に就けるとはかぎらず、なかにはリストラや降格の憂《う》き目にあう者もいた。

そんな彼らのために用意されていた閑職が、小普請役《こぶしんやく》である。

もともと小普請役は、江戸城の屋根や石垣など小規模な修繕・造営を行なう部署だった。小普請役は一般の人夫を派遣し、修理にあたらせた。

ところが、延宝《えんぽう》三年(一六七五)から人夫派遣が金納制となった。つまり修繕の際にかかる費用を負担するだけでよいとされたのだ。

家禄によって金額は異なり、五〇〇石以上の者は一〇両(約一〇〇万円)、一〇〇石以上五〇〇石未満の者は一〇〇石につき一両二分(約一五万円)、五〇石以上一〇〇石未満の者は一両(約一〇万円)、二〇石以上五〇石未満の者は金二分(約五万円)、二〇石未満の者は免除である。この上納金を「小普請金《きん》」という。

つまり、幕府から給料はもらうが、仕

小普請役に追いやられる武士

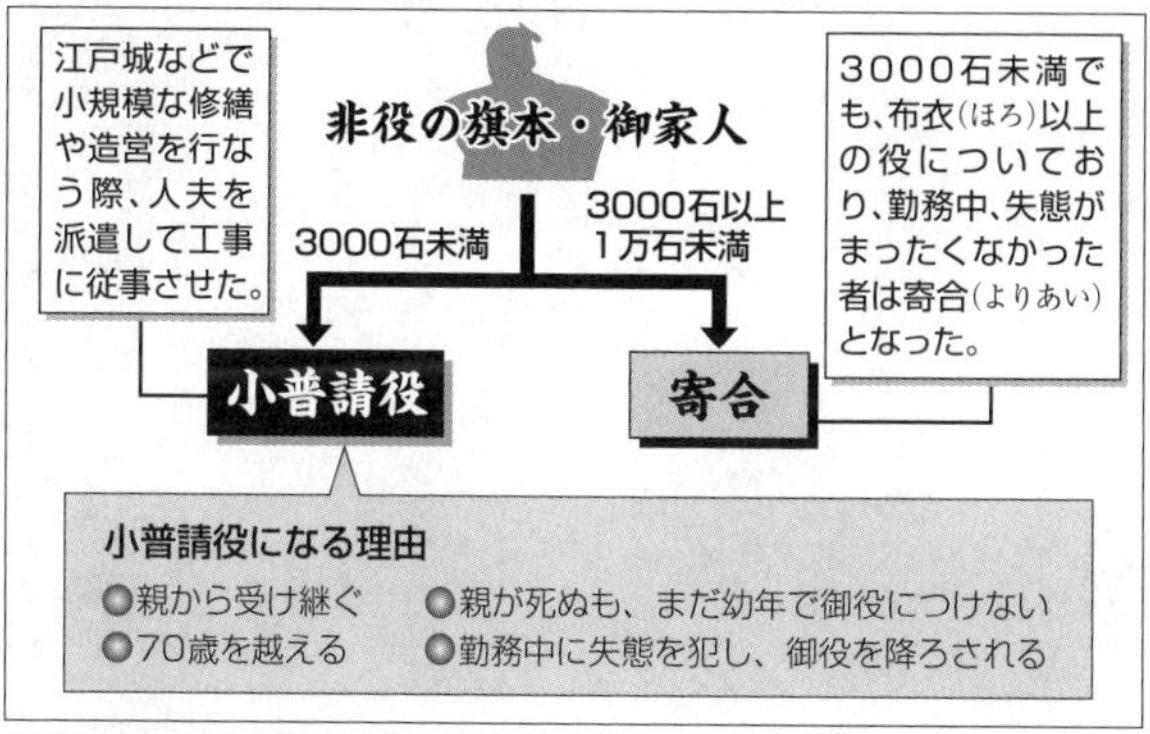

家禄3000石未満の旗本・御家人のうち、無役で上記に該当する者は「小普請役」とされた。

事がまったくない状況へと追い込まれることになったのである。

こうして小普請役は閑職へと転じてしまい、幕府からも「無役」であるとされた。当然、役料（役職手当）もつかず、生活は厳しいものだった。

もちろん好きこのんでこのような閑職に身をやつしたのではなく、それなりの理由があった。「高齢の者（七〇歳以上）」、「一二ヵ月以上病気の者」、「勤務中に失態を犯した者」、「親が早死にしたが、跡継ぎの子がまだ幼く役につけない者」……このような者が小普請役となった。

いったん小普請役についてしまうと、再び役職に復すのは困難だった。

武士の外出

理由のない外泊などもってのほか！門限破りで最悪「御家断絶」も!?

江戸時代、泰平の世にあっても、武士の本分は戦うことである。

万一、領土が敵に攻め込まれるようなことがあれば、命を懸けて将軍や殿様を警護する義務があった。

このような役割を担っていたからこそ、武士が外泊することは許されなかった。いざというときに所在がわからないのでは、役目をつとめることができないからである。

建前上、武士は常に拝領屋敷に待機することを求められた。たとえ非番の日であっても、それは変わらなかった。

しかも武士には門限も定められており、子《ね》ノ中刻（午前〇時頃）前には必ず家に戻っていなければならなかった。もし少しでも過ぎようものなら外泊とみなされ、場合によっては御家断絶という厳しい処分が下されることもあったのである。

時代劇などで、旗本《はたもと》や御家人《ごけにん》が遊廓などで寝泊りするシーンが登場するが、これはまずありえない。旗本や御家人が遊廓で遊ぶときは、門限を考慮して昼前に出かけるのが常であった。

武士の門限

武士が遊廓で遊ぶことができたのは、ほぼ昼間に限られていた。（国貞『吉原遊廓娼家之図』国立国会図書館蔵）

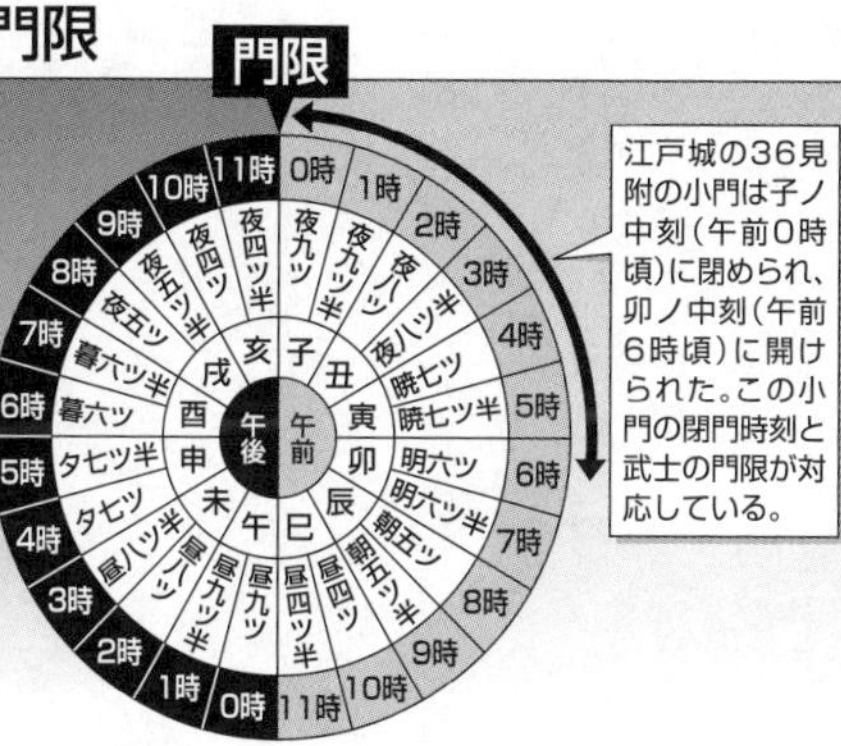
門限
0時
1時
2時
3時
4時
5時
6時
7時
8時
9時
10時
11時
0時
1時
2時
3時
4時
5時
6時
7時
8時
9時
10時
11時
夜九ツ
夜九ツ半
夜八ツ
夜八ツ半
暁七ツ
暁七ツ半
明六ツ
明六ツ半
朝五ツ
朝五ツ半
昼四ツ
昼四ツ半
昼九ツ
昼九ツ半
昼八ツ
昼八ツ半
夕七ツ
夕七ツ半
暮六ツ
暮六ツ半
夜五ツ
夜五ツ半
夜四ツ
夜四ツ半
子
丑
寅
卯
辰
巳
午
未
申
酉
戌
亥
午前
午後
江戸城の36見附の小門は子ノ中刻（午前0時頃）に閉められ、卯ノ中刻（午前6時頃）に開けられた。この小門の閉門時刻と武士の門限が対応している。

幕府は子ノ中刻（午前０時頃）を１日の境と規定。子ノ中刻までに帰宅することを武士に課していた。

もし外泊しなければならないときや、江戸の外に出る際は、事前に上役に届け出て許可を得る必要があった。もっとも、公用目的以外の旅はほとんど許可されることはなかったが…。

とはいえ、まったく旅を楽しむことができなかったというわけではない。

たとえば、非常に旅行が好きで、頻繁に江戸近郊の名所を巡って楽しんでいた村尾正靖（号嘉陵）という武士がいる。彼は早朝、まだ夜が明けない頃から出立して名所へ赴き、その日のうちに自宅へ戻るという小旅行を繰り返した。

うまく時間をやりくりすれば、旅を楽しめないこともなかったようだ。

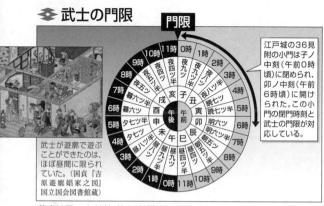

武士の最後の大仕事「家督相続」には、厳格な規定と複雑な手続きがあった

武士にとって、人生最後の大仕事といえるのが家督相続だった。家督を継いだその日から、官位や俸禄、家格・職格を維持し、いかに次の当主に受け継がせるかを考えなければならなかった。

相続のかたちには、父の生存中の相続（隠居相続）と、死後の相続（跡目《あとめ》相続）があった。いずれの場合も、まず幕府に家督の相続を願い出る必要があった。

父から子に職を譲るのではなく、あくまでも将軍から家督を与えられるという意味合いなのだ。幕府の決裁が下りれば、相続の儀が江戸城中にて行なわれた。

相続が認められるのは、あらかじめ幕府に届け出ていた嫡子《ちゃくし》に限られる。嫡子がいれば問題はないが、子に恵まれなかった場合は養子を取る必要があった。

家督相続を目的とする養子には、「通例之養子」、娘と結婚させて家に迎え入れる「婿養子」、弟が兄の養子となる「順養子」、不慮の場合に備えて仮に取る「仮養子」、当主の死で急いで取る「急養子（末期《まつご》養子）」といった種別があった。

江戸時代初期、幕府は諸大名の勢力を

家督相続の例

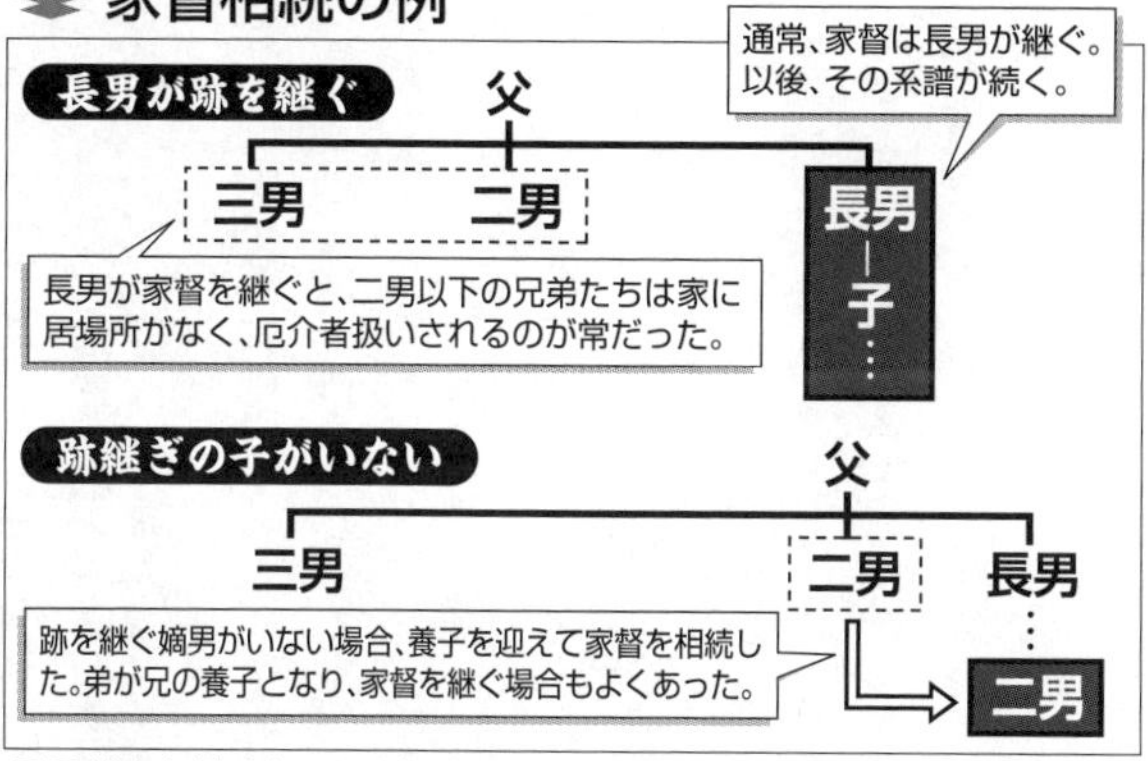

長男が家を継ぐケースが一般的であるが、子に恵まれない、病に倒れたなどの場合は、養子を親族、あるいは他家から迎えて跡を継がせた。

削減すべく、末期養子を一切認めなかった。だが、無嗣《むし》断絶によって改易《かいえき》（所領没収）となる大名家が多く、多数の浪人が生み出されることとなってしまった。

慶安《けいあん》四年（一六五一）には軍学者の由《ゆ》比《い》正雪《しょうせつ》が浪人を率いて幕府に謀反《むほん》を起こそうとした（慶安事件）。この事件は未然に防がれたが、社会不安が増大したため、幕府は一七歳以上五〇歳未満の者に対して、末期養子を取ることを認めた。

ただし無制限に認められたわけではなく、幕府から派遣された役人が直接出願人の生存を確認し、養子縁組が本人の意思なのかを確かめる「判元見届《はんもとみとどけ》」という手続きを経る必要があった。

武士の定年

隠居するにも複雑な手続きが！「ちょんまげ」が結えなくなっても隠居？

武士に定年制度はなかった。そのため、働こうと思えば、何歳になっても働くことができた。

たとえば、御家人《ごけにん》で文人でもあった大《おお》田南畝《たなんぽ》はその著作のなかで、九一歳にして旗奉行をつとめていた奥田土佐守《おくだとさのかみ》という人物の名を記している。

とはいえ、嫡男《ちゃくなん》がいて、五〇歳をすぎた頃になると、そろそろ跡継ぎに任せて引退したらどうかと、周囲からほのめかされていたようだ。

ただし、好き勝手に隠居できたわけではなく、嫡男がいる場合、次のような手順を踏んでリタイアする必要があった。

御目見《おめみえ》以上の武士の場合、まずは上司に隠居を願い出て、許可をいただく。許可が下りれば御役御免となる。次に、その御役を嫡男に継がせるための家督相続願いを提出する。

この決裁が下りたのち、隠居する本人の名代《みょうだい》と相続人は登城して、老中から隠居と相続の申し渡しを受ける。

その後、相続の儀が行なわれ、晴れて嫡男が家督と役職を引き継ぐことになる

隠居の流れ

1. 隠居願い
2. 御役御免
3. 家督相続願い
4. 決　裁
5. 名代の城中出頭
6. 老中の承認
7. 相続の儀

隠　居

隠居をする理由

- 病気や老衰により、御役を果たせない
- 髪がなく、ちょんまげを結えない

武士にとってちょんまげは階級を示す印であり、結えなくなると隠居、もしくは出家を余儀なくされた。（楊洲周延『千代田之御表』「武術上覧」国立国会図書館蔵）

のである。

隠居の理由は、病気または老衰である。ただ、七〇歳を過ぎていれば、病気などの理由がなくても、隠居が許された。

ちなみに、ちょんまげを結えなくなっても隠居した。

ちょんまげは武士の階級を表す印であり、月代《さかやき》を剃らない者は病人か、浪人に限られていた。しかし、歳とともに髪は薄くなり、次第にちょんまげが結えなくなってしまうときがくる。

こうなると、武士は隠居するか、出家の道を選んだ。なかには若くしてはげてしまい、早々に武士を引退する者もいたのである。

身分の売買

町人から武士になる値段、与力一億円、同心二〇〇〇万円！

江戸時代の身分制度は固定されていて、武士の家に生まれた者は、一生武士であり続けるのが普通だったが、例外もあった。武士を捨てる者や、逆に町人から武士になる者もいたのである。

その原因は、武士の困窮にあった。消費経済が盛んになると、商売を通じて富裕となる町人がいる一方で、苦しい生活を強《し》いられる武士も多かった。

武士には昇給がないため、苦しい家計はいつまでも改善されなかった。そうして借金を返すことができず、やむなく武士の身分を売る者が現れるようになったのだ。

武士の株の売買は、通常養子縁組というかたちで行なわれた。つまり買人を自身の後継者として幕府に届け出ることで、実質的に株の受け渡しを行なうのである。

株を購入した町人は、持参金とともに武家の養子に入った。その金額は一般的に与力《よりき》一〇〇〇両（約一億円）、同心《どうしん》二〇〇両（約二〇〇〇万円）が相場だった。

膨大な金額を投じても、武士になりたい町人はたくさんいたのである。

売買された武士の身分

仙台藩の場合

許可	価格
百姓に屋号御免	25両(約250万円)
百姓に麻裃御免	50両(約500万円)
百姓に帯刀御免	50両(約500万円)
百姓に苗字御免	100両(約1000万円)
百姓に絹紬御免	100両(約1000万円)

身分	価格
百姓から組扱並《くみあつかい》	250両(約2500万円)
百姓山伏を百姓人別除外	250両(約2500万円)
百姓から大肝入《きもいり》格	300両(約3000万円)
百姓から組士	500両(約5000万円)
百姓から郷士格	550両(約5500万円)
百姓から大番組	1000両(約1億円)

盛岡藩の場合

身分	価格
浪人から与力格	10石につき50両(約500万円)
新規与力	10石につき70両(約700万円)
与力から給人格	60両(約600万円)
地方給人から盛岡城下給人	40両(約400万円)

出典：深谷克己『江戸時代の身分願望』(吉川弘文館)

困窮のあまり、武士の身分を手放す武士がいたため、たとえ農民でも金を積めば武士になることができた。

敵討

幕府公認の復讐システム！しかし事前に煩雑な手続きが必要だった

敵討《かたきうち》（仇討《あだ》）は幕府公認の復讐の手段である。ただし、町人や農民が敵討をすることは許されず、武士にだけ与えられた特権だった。

また、主君もしくは父・兄などの尊属を殺された場合にのみ許され、弟や妹、家来を殺されたときは、敵討をすることは許されなかった。

敵討をするには、煩雑な手順を踏む必要があった。まずは藩の許可を得なければならない。藩から許可が下りれば、幕府に届け出る。このとき、「公儀御帳《こうぎおんちょう》」に敵討をする者の名が記される。

これにより、はじめて敵討の旅に出ることが正当化されたのである。この手続きを経ずに敵討を行なってしまうと殺人の罪に問われたが、書類さえあればお咎《とが》めはなかった。

しかし、敵討の旅はたいへんな苦労をともなうもので、思いを成就《じょうじゅ》する前に帰参することは許されなかった。

なんと二八年もの長きにわたって敵討の旅に出て、見事、復讐を果たした兄弟もいたという。

敵討の流れ

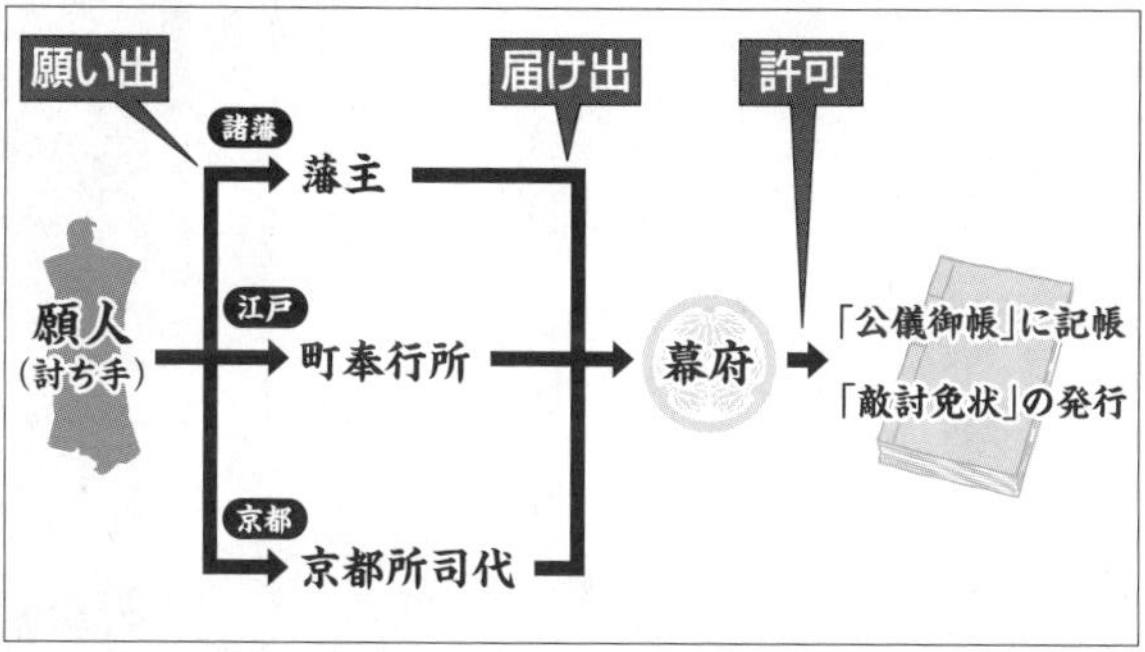

敵討を行なう場合は、幕府に届け出て前もって許可をもらう必要があった。

組織的な敵討——赤穂浪士の討ち入り

主君浅野内匠頭(たくみのかみ)の敵を討つべく、高家吉良上野介(こうけきらこうずけのすけ)を殺害した赤穂浪士たちの行動は美談として江戸市中に語り継がれていった。(葛飾北斎『仮名手本忠臣蔵』「十一段目」国立国会図書館蔵)

武士の教育機関

幕府直営の昌平坂学問所をはじめ、全国に藩校や私塾が多数開校した！

庶民に門戸が開かれた寺子屋《てらこや》に対して、幕臣が教育を受けた場所が昌平坂学問所《しょうへいざかがくもんしょ》である。幕府直轄の教育機関であり、江戸時代の最高学府だった。

昌平坂学問所が開設されたのは、寛政《かんせい》九年（一七九七）。もともと上野忍岡《しのぶがおか》にあった、朱子学《しゅしがく》者・林羅山《はやしらざん》の私塾を湯島に移し、幕府の直営としたものだ。

入学年齢は一四歳から二〇歳と幅があり、当初は四書五経《ししょごきょう》の素読ができることが入学の条件だった。しかし天保《てんぽう》年間（一八三〇～四四）の末期には四書の素読のみへと条件が緩和。慶応三年（一八六七）にはそれすらもなくなり、八歳から入学が認められ、素読の基礎から教えることとされた。また、幕臣に限らず、諸藩の子弟も学ぶことができた。

学問所では、林家を筆頭とした儒者《じゅしゃ》が講師をつとめた。四書五経の素読をはじめ、『史記』や『漢書《かんじょ》』などがテキストの漢学、算術・天文地理に至るまで、じつに幅広い内容の教育が施された。

卒業ののちは、大藩に召し抱えられることも稀ではなかった。

江戸時代の主な学校

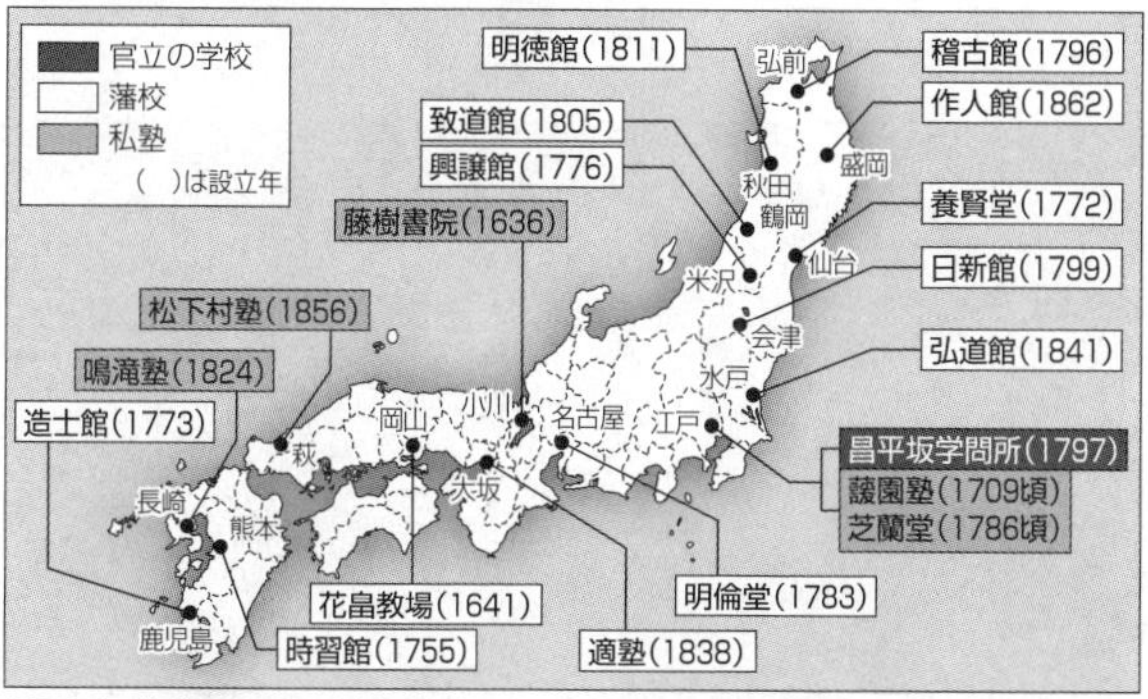

御家人・旗本の子は官校、藩士の子は藩校で学問を学んだ。一方、身分の低い者たちは私塾で勉学に励んだ。

会津藩校日新館。10歳になった藩士の子弟は全員ここに入学した。（日新館提供）

藩校と私塾の開校数

西暦	年号	私塾	藩校
1596~1624	慶長~元和	1	
1624~88	寛永~貞享	1	9
1688~1716	元禄~正徳	1	17
1716~1751	享保~寛延	14	15
1751~1789	宝暦~天明	38	53
1789~1830	寛政~文政	211	84
1830~1868	天保~慶応	802	63

出典：海原徹『日本史小百科　学校』（東京堂出版）

全国の諸藩では、藩士の子弟に教育を施すため、直轄の学校として藩校を設けた。一方、私設の教育機関である私塾では、武士のみならず庶民にも門戸が開かれた。

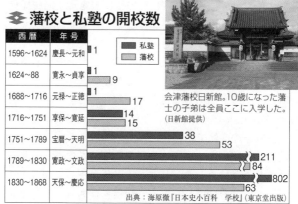

column 江戸の歳時記❷

月見

楊洲周延『江戸風俗十二ヶ月之内八月月見之宴』(国立国会図書館蔵)

江戸では、旧暦7月26日の夜に姿を現す阿弥陀如《あみだにょ》来《らい》と観音《かんのん》・勢至菩薩《せいしぼさつ》を拝めば、幸運をつかむことができると言い伝えられてきた。

そこで江戸っ子は、旧暦7月26日の夕方から湯島《ゆしま》天神《てんじん》や神田明神《かんだみょうじん》の境内《けいだい》、九段坂上《くだんざかうえ》や愛宕山《あたごやま》といった高台、高輪《たかなわ》や品川の海辺など見晴らしのよい場所に行き、月の出を待った。これを「二十六夜待《にじゅうろくやま》ち」という。

これらの名所では、月の出を待つ人々を当て込んだ屋台が多数出店し、人々は月の出を待ちながら飲食を楽しむようになった。しかし、時代が下るにつれてしだいに信仰心は薄れ、二十六夜待ちはもっぱら月見を口実とした宴会の行事へと変貌を遂げていった。

紅葉《もみじ》狩り

楊洲周延『園中の紅葉』(国立国会図書館蔵)

春の花見に対して、秋の行楽といえば紅葉狩りだった。赤や黄色に色づいた紅葉を観賞しに行くというもので、主に教養人たちから風雅な行事として好まれたようだ。

江戸時代に紅葉の名所として知られていたのは、向島《むこうじま》の秋葉《あきば》大権現《だいごんげん》や、品川の海晏寺《かいあんじ》などである。ただ、江戸っ子たちが紅葉狩りを好んだのには、別の理由もあった。じつは紅葉の名所の近くには遊廓があったのである。紅葉狩りに行くことを口実に、こっそり遊廓遊びに精を出していたようだ。

「海晏寺 真っ赤な嘘の つきどころ」という有名な川柳もある。

煤《すす》払《はら》い

楊洲周延『千代田之大奥』「御煤掃」(国立国会図書館蔵)

現代では大晦日《おおみそか》に大掃除を行なうのが一般的だが、江戸時代は12月13日に煤払いを行なった。

当時は薪《まき》を燃やして煮焚きをしていたため、家中が煤まみれになり、年に一度、その煤を払う必要があった。それで大掃除のことを煤払いと呼んだのである。

もともと江戸城の年中行事の一つであったが、それが江戸市中に広まったという。

ただし煤払いにはたんに家のなかをきれいにするだけではなく、1年間の罪や穢《けが》れを祓《はら》い清め、歳神《としがみ》を迎えるという目的もあった。

清浄な身体で正月を迎えるための大切な行事だったのである。

第5章

江戸の一般庶民

町人の生活

庶民の仕事

細分化された仕事の種類により、江戸っ子の失業者は少なかった？

江戸に住む庶民たちは、仕事にあぶれることがなかったといわれる。

その理由は、仕事内容が現代よりもはるかに細分化されていたことにある。

棒手振《ぼてふり》（行商人。「ふり売り」とも）を例にとっても、魚・野菜・茶・箒《ほうき》・甘酒売り…など、じつに多彩だった。

しかも同じ魚売りにしても、鰹《かつお》売り、鯛《たい》売りなどのように、一種類の魚に絞って販売する者もいた。

つまり、行商人だけをとっても、現在のスーパーで売られている商品の種類ほどの仕事があったのである。

たとえば野菜売りであれば、朝一番で野菜を仕入れたあとは、日が傾くまでひたすら江戸市中を歩き回り、野菜を売りさばいた。その日暮らしのため生活は安定したものではなかったが、それでも一日に四〇〇文《もん》（約一万円）ほどの稼ぎがあったという。

文化・文政《ぶんせい》年間（一八〇四〜三〇）の長屋の家賃が月五〇〇文ほどだったので、生活に困らないくらいの収入を得ることは十分に可能だったのである。

江戸庶民の仕事アラカルト

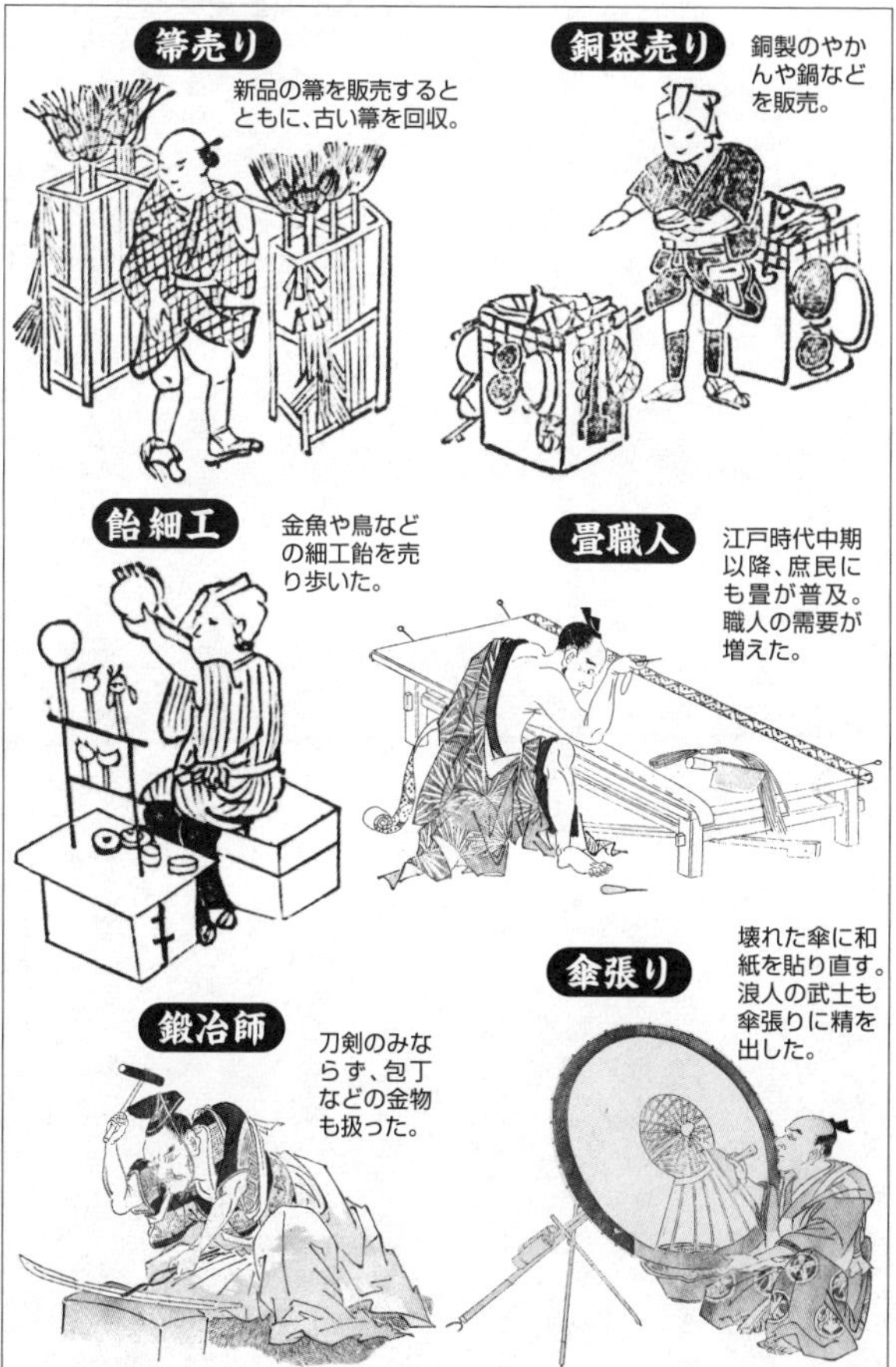

『守貞謾稿』『彩画職人部類』(国立国会図書館蔵)

職人の仕事

外で働く「出職」と家で働く「居職」、人気は大工・左官・鳶の「花形三職」！

「百万都市」江戸の生活と経済を支えたのは、職人である。

職人は、外の現場で働く「出職《でしょく》」と、自宅で作業を行なう「居職《いじょく》」に大別できる。

出職のなかでも、江戸っ子にとって憧れの職業は大工・左官・鳶《とび》職人で、これらは「花形三職」と呼ばれた。なかでも大工の人気が高かった。

大工は、朝五ツ（午前八時頃）から暮六ツ（午後六時頃）まで、一時間の休憩時間を挟み、一日約八時間働いた。給料は日給制で、安政《あんせい》二年（一八五五）の時点で六匁《もんめ》（約一万八〇〇〇円）である。

江戸の町は頻繁に火災が発生したため、大工の食い扶持《ぶち》がなくなることはなかった。

ただし、雨や雪のときは仕事ができず、手間賃も発生しないので、生活は不安定なものだったといえる。

居職は畳職人や鍛冶《かじ》屋などで、主に表店《おもてだな》の下請けとして働く者が多かった。彼らも、日の出とともに仕事を開始、日の入りとともに仕事を終えた。

江戸の「花形三職」

鳶

上棟時のようす。杉の丸太を組み合わせてつくられた足場を軽々と上がっている。

大工

家の建築に使用する木材を鋸(のこぎり)で切ったり、ほぞ穴を削ったりしている。

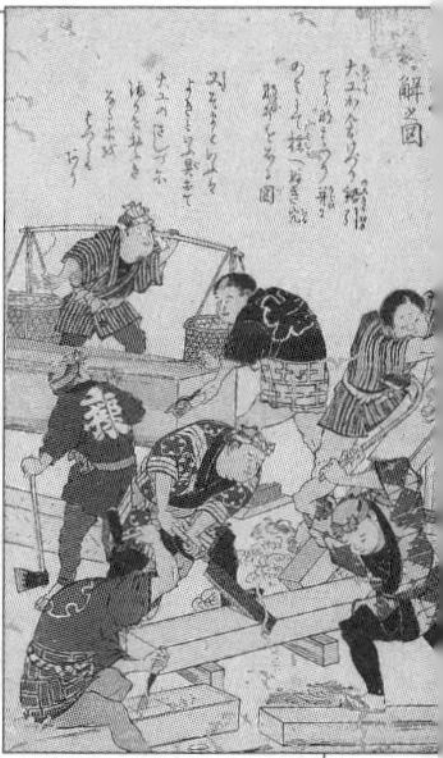

左官

こてで土壁を塗っている。壁の下地に用いられているのは竹小舞(竹を格子状に組み合わせたもの)。

『教草』「衣喰住之内家職幼絵解之図」(国立国会図書館蔵)

大工の1年の収入と支出

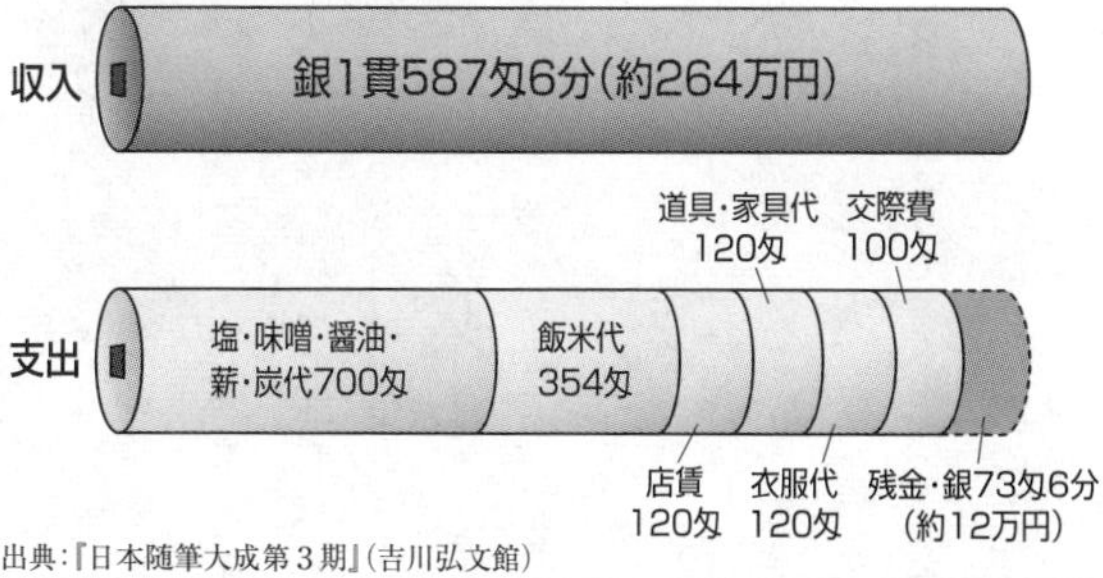
収入
銀1貫587匁6分(約264万円)
支出
塩・味噌・醤油・
薪・炭代700匁
飯米代
354匁
店賃
120匁
衣服代
120匁
道具・家具代
120匁
交際費
100匁
残金・銀73匁6分
(約12万円)

出典:『日本随筆大成第3期』(吉川弘文館)

商人の一生

過酷な丁稚（小僧）奉公から、「番頭」に出世するまでの長い道のり…

商家に奉公する少年を丁稚《でっち》という。江戸では主に「小僧」と呼ばれた。

年の頃はだいたい一一歳から一二歳。まだ遊びたい盛りの年齢であるが、店が開く二時間前、暁《あかつき》七ツ（午前四時頃）には起床し、夜まで雑用にこき使われた。

夜はそろばんや商売の基本を先輩から叩き込まれるので、睡眠不足の生活を余儀なくされた。しかも無給だったので、辛い生活に耐え切れず、闇《やみ》にまぎれて出奔《しゅっぽん》する者もあとを絶たなかった。

呉服の大店《おおだな》・白木屋《しろきや》の丁稚を例にとると、奉公して四年ほどで「子供頭《がしら》」という丁稚のリーダーにつき、八年目には手代《てだい》へと昇進（ここから給料が発生）。

手代を一〇年近くつとめあげると、番頭（支配人）へ昇格。屋敷を構え、妻帯することが許された。

こうしてようやく店のトップの座につくわけであるが、番頭になることができるのは、丁稚一〇〇人に一人。厳しい世界だったのである。さらに、暖簾《のれん》分け（支店出店）が認められたのは、一部の商才に秀でた者のみだった。

丁稚の1日

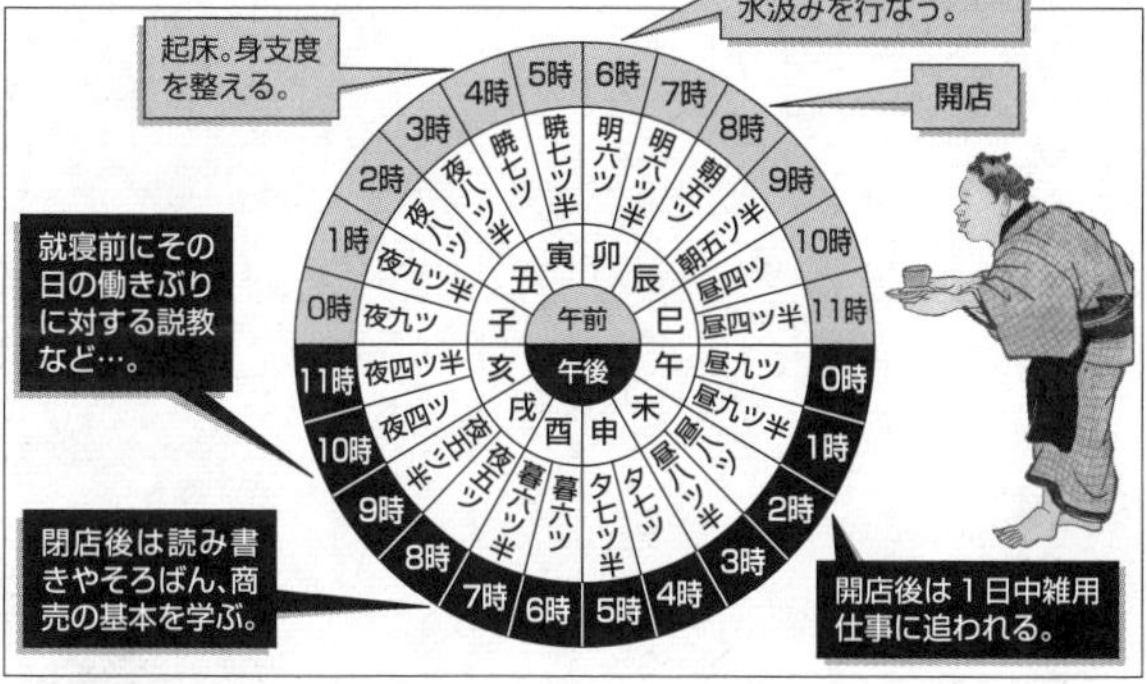

丁稚の仕事はたいへん厳しいものであり、深夜、ひそかに逃げ出す者があとを断たなかったという。

商人の一生

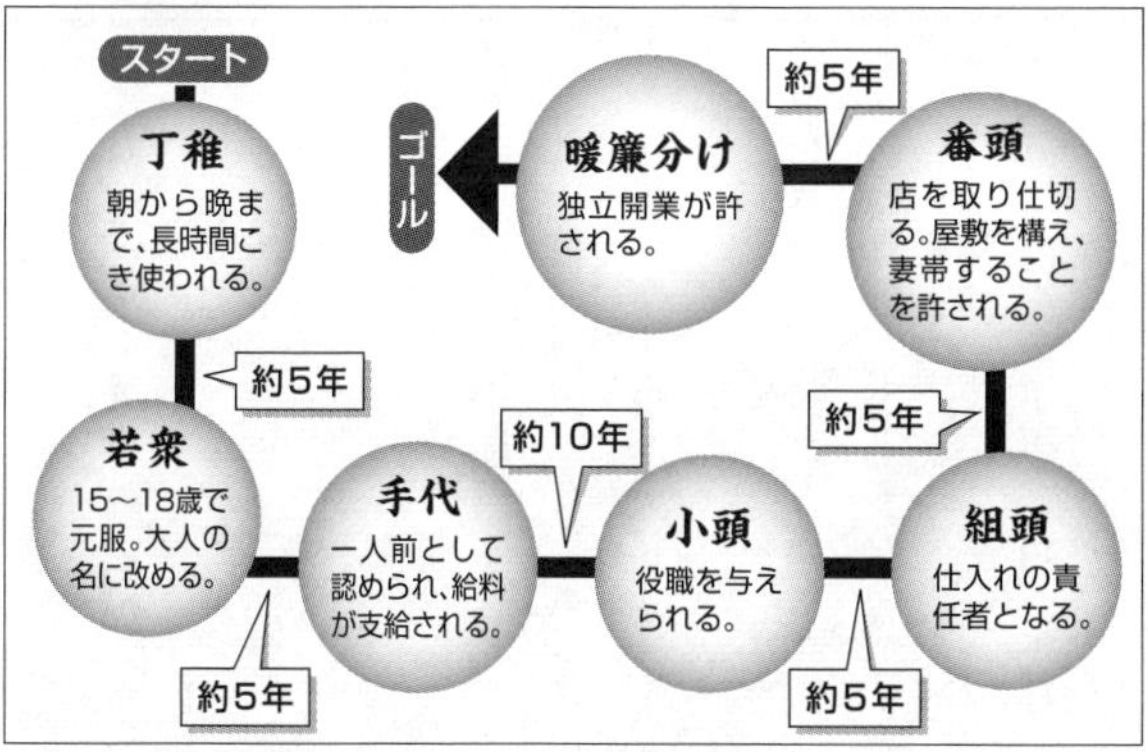

丁稚から番頭になるまで30年ほどの歳月を要したが、ここまで出世を果たすことができた者は100人に1人ほどだったという。

「ちょんまげ」頭に木綿の小袖、職人は半纏・腹掛・股引が定番スタイル

江戸時代の男性は、武士も町人もみなちょんまげ（丁髷）スタイルが基本だった。額から頭頂部にかけて半月形に月代《さかやき》を剃り、髪を後頭部で結んだ髪型だ。

戦国時代の武士が始めたものだが、泰平の世になると、その姿が粋であるとされ、町人もこぞって月代を剃るようになったのである。

江戸中期を代表する本多髷《ほんだまげ》も、武家発祥のものだ。

徳川四天王《してんのう》の一人・本多忠勝《ただかつ》の家中で定められていた髪形で、月代部分を大きく取って髷を高く結い、油を後ろにだけつける、というスタイルだった。

役者がその髪型を取り入れたところ、またたく間に若者の間に広まったという。

髪型は比較的自由に変えることができたが、男性の服装は身分によって決められていたため、そうはいかなかった。

町人は木綿《もめん》の小袖《こそで》が基本。裕福な商人は限られた範囲でおしゃれを愉しみ、縦《たて》縞《じま》の木綿の小袖を好んで着ていた。

職人は機能性を重視、紺《こん》の木綿半纏《はんてん》に股引《ももひき》、腹掛を基本スタイルとした。

大工と商人の服装

大工

半纏の背には屋号などの印が染め抜かれた。職人としての誇りを示すものであり、晴れ着としても用いられた。
仕事柄、機能性を追求。腹掛に股引を着用した。細身に見せるのが粋だと考えられたため、身体の線が強調されるものが好まれた。

手代に昇進すると、ようやく羽織の着用が許された。
見習いの丁稚時代は支給される麻、もしくは木綿製の着物を着た。

商人

『教草』「衣喰住之内家職幼絵解之図」（国立国会図書館蔵）

女の髪型と服装

髷の形や服装の違いによって、未既婚の別や年頃がひと目でわかる！

女性の服装や髪型は、年齢や未既婚の別によって変えるのが基本だった。

娘時代は袖丈《そでたけ》の長い振袖《ふりそで》を着用した。一九歳で元服を迎える、あるいは結婚をした場合は留袖《とめそで》を着るのが一般的だった。なお留袖は、振袖の振部分、つまり長い袖丈を短く留めたことからその名で呼ばれる。

少女時代の髪型は、頭頂部に二つ輪をつくり、髪の先を巻きつけた稚児髷《ちごまげ》。一四歳頃になると、島田髷《しまだまげ》を結った。長い髪を頭頂部で二回折り重ね、その途中を元結で結び留めたスタイルだ。

結婚後は、丸髷《まるまげ》にするのが常識だった。丸髷は正面から見て楕円形になるように髷を広げて結ったもの。

結婚してから三日目、島田髷から丸髷に結い替えて実家に戻り、実親に人妻となった姿を見せる風習があった。

また、既婚女性の証《あかし》は、お歯黒だった。お歯黒に用いる鉄漿《かね》（液体）は、女性が自分でつくった。鉄くずを焼いたものを茶のなかに入れて煮出し、それに五倍子《ふし》（木の虫コブ）の粉を加えてつくる。

髪型と服装でわかる女性の年頃

	髪型	服装
少女時代	**稚児髷**  頭頂部に輪を二つつくり、髪の先を巻きつける。（『時代かゞみ』「文政之頃」国立国会図書館蔵）	**振袖**  袖の長さが特徴。最も長いもので、およそ114センチメートルもあった。（歌川豊国『今様見立士農工商』国立国会図書館蔵）
結婚前	**島田髷**  髷を前後に大きく結い、その途中を元結で締める。（『時代かゞみ』「安政之頃」国立国会図書館蔵）	
結婚後	**丸髷**  髪の形が横に丸い山形をしている。（歌川豊国、国久『江戸名所百人美女』「竪川」国立国会図書館蔵）	**留袖**  元服後、および結婚後は、長い振袖の丈を縫い合わせて短くしてから着用した。（歌川広重『東都上野花見之図』「清水堂」国立国会図書館蔵）

庶民の食事

一日三食、白米を食べてかかった病気、「江戸わずらい」の正体とは?

江戸時代の庶民が現代と同様に、朝・昼・夕の一日三度の食事をとるようになったのは、元禄《げんろく》年間(一六八八〜一七〇四)頃のことである。

また、この頃から白米食が一般に広く普及し、庶民も気軽に白米を食べることができるようになった。

江戸の庶民は、朝に一日分の米を炊く。朝は炊きたてのご飯に味噌汁と漬物。昼は冷や飯と残り物の味噌汁。夜はそれに加えて野菜の煮物や焼き魚、ひじき、いもなどのおかずがもう一品ついた。

この頃の〝料理番付〟を見ると、最も人気があったおかずは「八はいどうふ」だった。これは、細長く拍子木切りした豆腐を、水四杯・醤油二杯・酒二杯の割合の汁で煮立てるというもの。

豆腐は一丁五〇文《もん》(約一二五〇円)ほどで、現在の一丁の約四倍もの大きさがあったという。毎朝、棒手振《ぼてふり》が裏長屋にまで売りに来てくれたので、気軽に買うことができたのである。

一方で白米食の普及は、「江戸わずらい」という病気の流行につながった。こ

裏長屋での食事のようす

白米
元禄年間(1688~1704)頃から白米食が庶民に普及した。朝に1日分のご飯を炊き、昼と夜は朝に炊いた冷や飯を食べた。
おかず
朝は味噌汁と漬物、昼は朝の残り物の味噌汁ですませ、夜は味噌汁と漬物に加え、野菜の煮物や焼き魚などが1品ついた。

『竈の賑ひ』(国立国会図書館蔵)

れは、ビタミンB_1不足で起こる脚気《かっけ》のこと。それまで主食だった玄米や麦飯にはビタミンB_1が含まれていたために問題はなかったが、主食が白米に変わったことで、慢性的な栄養不足に陥ってしまったのである（同様に大坂でも流行）。

脚気を患った人が、地方で雑穀の混じった食事をするとたちまち快方に向かったことから、「江戸わずらい」（大坂腫《ば》れ）という名がついたのである。

なお、食事の際は、一人ひとりがそれぞれ専用の膳（箱膳・一人膳）を使用した。家族が卓袱台《ちゃぶだい》を囲んで食事をとるようになるのは、明治時代に入ってからのことである。

屋台と料理屋

ファストフードから高級料亭まで、独身男の胃袋を満たした外食産業の発展

享保《きょうほう》十年（一七二五）時点の江戸の男女別町人人口は、男性が約三二万人なのに対して、女性は約一八万人。江戸は圧倒的な男性社会だったことがわかる。

これは、単身赴任で国許《くにもと》から出仕する江戸詰の武士や、全国から流入する単身の男性労働者が多かったためだ。

そこで江戸の街では、そのような男性を相手とした外食産業が発達した。

家庭料理を屋台で売る「煮売り屋」や、惣菜・ご飯・汁物をセットにした定食を提供する「一膳飯屋」、高級料亭の「料理茶屋」など、その業態はじつにさまざまで、文化元年（一八〇四）には、江戸市中に六一六五軒もの飲食店が立ち並んでいたという。

また、このような飲食店と並んで人気を集めたのが、安い値段で気軽に食事を楽しめる屋台だった。とくに寿司や天ぷら、そばの屋台に江戸っ子は群がった。

これらの屋台は、町内に一～二軒はあったという。夜から朝まで営業していたので、小腹が空いたときはいつでも利用することができたのである。

江戸のファストフード

寿司

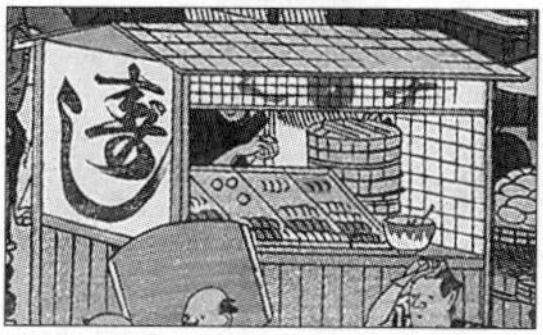

酢飯の上に生魚をのせて握るという現在の握り寿司の原型が誕生。

天ぷら

海老や鱚(きす)などの魚介類を串に刺し、揚げたものを提供した。

そば

江戸っ子に人気の移動屋台。二八そばという名前は、そばの値段が16文(2×8)だったことからといわれる。

だんご

だんご4個で1串だった。江戸のだんごには砂糖蜜がかかっていたという。

しるこ

あずきを砂糖で煮て、そこに白玉や餅を入れたもの。女性から人気があった。

いか焼き

醤油をつけて焼いた香ばしい匂いが江戸っ子を惹きつけた。

歌川広重『東都名所高輪廿六夜待遊興之図』(orion/amanaimages)

多彩な行商人

独特の売り声で「棒手振」が街を流し、庶民は季節を感じながら買い物をした

江戸っ子は、食品など生活必需品は、毎日長屋へ売りにやって来る棒手振《ぼてふり》（ふり売り）から買うことが多かった。

棒手振の特徴は、時間帯や季節に応じたものを売りに来たところにある。

たとえば豆腐は、江戸っ子には欠かすことができなかったので、食事前の一日三回、「と〜ふぃ〜生揚げ〜がんもどき」の売り声とともにやって来た。納豆売りも「なっと、なっと、なっと〜」と、独特の言い回しで頻繁に長屋を訪れた。

夏に繁盛したのは水売りである。「ひゃっこい、ひゃっこい」という呼び声をあげながら冷水や砂糖水、白玉などを販売する水売りは、庶民が暑さを乗り切るのに欠かせない夏の風物詩だった。

また、夏に庶民から重宝されたのが、蚊帳《かや》売りだった。下水の両脇に建っていた長屋では、夏になると大量に発生する蚊に悩まされた。そこで、蚊帳を天井から吊り下げて寝たのである。

「蚊帳ぁ、萌黄《もえぎ》の蚊帳ぁ」という独特の売り声で売り歩く蚊帳売りの姿は、江戸に夏の到来を告げた。

さまざまな棒手振

鰹(かつお)売り

「女房を質に入れても初鰹」と詠まれたように、毎年5月、初鰹が出回る時期はとくに需要が増した。

野菜売り

早朝に市場で仕入れた野菜を夕方まで市中で売り歩いた。

豆腐売り

「と～ふぃ～生揚げ～がんもどき」と声をあげながら、1日に3回、食事前に長屋を訪れた。

水売り

「ひゃっこい」という呼び声で、冷水や砂糖水、白玉などを売っていた。

ところてん売り

ところてんは夏の風物詩であり、庶民は砂糖や醤油をかけて食べた。

古傘買い

壊れた傘を買い取ってくれる。古傘は新たに紙が張り直され、再び売られた。

『守貞謾稿』（国立国会図書館蔵）

三井の新商法

呉服店の商いを根本から変えた、「三井越後屋」の画期的な販売方法とは？

江戸きっての商業地である日本橋の大通りには、大店《おおだな》と呼ばれる大規模商店が立ち並んでいた。なかでも圧倒的な規模を誇っていたのが、三井越後屋《みついえちごや》である。

当時、越後屋のような呉服屋は、大名や豪商などの得意先に出向き、反物《たんもの》一反を単位として販売していた。支払いはツケで、盆と暮の年二回、もしくは暮の年一回に代金を回収。商品先渡しのリスク軽減のため、代金には手数料が上乗せ（掛値）されていた。

しかし越後屋は、画期的な販売方法をとった。まず店内に商品を並べ、商品に値札を付けて値段が明確にわかるようにした。そして販売は現金取引に限定。手数料を上乗せせず（掛値なし）、なるべく安価で商品を提供しようとしたのだ。

また、反物の小さな切れ端を販売し、顧客層の幅を大きく広げた。

この商法は大当たりし、越後屋には連日、大勢の人が訪れる。こうして出店当初は従業員三〇人だった小店は、本店だけで三〇〇人を抱えるまでの大店へと発展した。現在の三越デパートである。

日本橋の大店と三井の商法

幕府御用達の薬種問屋で、オランダ商館長カピタンが定期的に江戸へ参府する際の定宿となっていた。万延2年(1861)に転出。
延宝元年(1673)の開業。「店前現銀(金)売り」や「現銀(金)掛値なし」など、画期的な商法で好評を博す。昭和3年(1928)、商号が「株式会社三越」に改められる。
今川橋
本石町時の鐘
龍閑川
長崎屋
嘉永2年(1849)、日本橋魚河岸近くのこの場所で開業。保存のきく海苔は江戸土産として人気を集めた。
三井越後屋
金座
元和元年(1615)、江戸に出店。当初は蚊帳や畳表を売っていたが、明治になって布団販売を始め、寝具メーカーとして名を馳せる。
山本海苔屋
寛文2年(1662)に日本橋通三丁目に進出し、江戸の三大呉服屋の一店に数えられる。百貨店へと発展したが、平成11年(1999)に閉店。現在、跡地はコレド日本橋となっている。
江戸橋
日本橋
高札場
迷子標
北町奉行所
西川
白木屋
新場
柳屋
○現在も続くもの
●閉店、または移転したもの

「白木屋」のようす(歌川広重『名所江戸百景』「日本橋通一丁目略図」国立国会図書館蔵)

「三井越後屋」のようす(歌川広重『名所江戸百景』「するかてふ」国立国会図書館蔵)

戦略	店先売り	「現銀(金)掛値なし」	切り売り
従来のやり方	呉服を売るときは、大名や武士、豪商などの顧客の屋敷に出向くのが一般的だった。	商品を販売したら帳簿に記録し、年に2～3回程度に分けて代金を回収した。商品の代金には手数料、つまり掛値を上乗せした。	反物1反を単位として販売するのが当たり前だったため値段が高く、庶民が気軽に購入できるものではなかった。
三井のやり方	店先に商品を陳列し、客が自由に選ぶことができるようにした。誰でも気軽に商品を見ることができるので、多くの客を呼び込んだ。	購入時に現金で支払いをするシステムを構築。安く販売するために掛値をなくした。値段をあらかじめ決めたことで、安心して買い物をすることができる。	反物の切れ端を販売することで、値段を安く抑えた。これにより、誰もが気軽に呉服を購入することができた。

伊勢の三井越後屋が江戸へ進出したのは延宝元年(1673)。当初は得意先がなかったため、上記のような大胆な商法を展開した。

お風呂事情

江戸っ子は毎日「湯屋」に通い、ひとつ風呂浴びたあと「二階」で楽しんだ

江戸の町は、夏は蒸し暑く、冬は埃《ほこり》っぽい環境にあったので、人々は毎日入浴して身を清める習慣があった。

しかし、火災が頻発した江戸では、風呂を設けることが許されていたのは、身分の高い武家や一部の裕福な町人だけ。自宅に風呂をもたない人が大半で、当然、長屋にも風呂はなかった。

そこで、人々がこぞって通ったのが湯《ゆ》屋《や》、現代の銭湯だった。

湯屋の営業は明六《あけむ》ツ（午前六時頃）から宵《よい》五ツ（午後八時頃）まで。料金は八～一〇文《もん》（約二〇〇～二五〇円）と手頃だったため、庶民でも気軽に湯屋に通うことができたのだ。

当初は男女混浴が当たり前だったが、風紀を乱すという理由から、江戸時代後期には男湯と女湯が分離されている。

ひとつ風呂浴びたあと、男性は湯屋の二階に上がるのが通例だった。

二階は囲碁や将棋を打ったり、菓子や茶を飲食したりするスペースとなっており、一種の社交場として大いに賑わいを見せていたのである。

銭湯の構造

石榴口（ざくろぐち）

奥が浴室となっている。浴槽の湯の温度を保つために狭くなっている。

サロンへのはしご

2階は男性専用のサロンとなっていた。風呂で身を清めたあと、男衆はここに集まり、話に花を咲かせた。

洗い場

米糠を小袋に詰めたものをせっけんの代わりに使用した。頭髪は海藻のフノリに小麦粉を混ぜたもので洗った。

脱衣場

脱衣場と洗い場には仕切り戸がなかった。

式亭三馬『浮世風呂』（国立国会図書館蔵）

目安箱の献策で吉宗が設立した、赤ひげ先生の無料病院「小石川養生所」

江戸市中には、やたら医師が多かった。現代のように免許も資格も必要なかったため、誰でもなろうと思えば、医者になることができたからだ。

文政《ぶんせい》三年（一八二〇）の頃、江戸市中には住民四〜五〇〇〇人に一人の割合で医者がいたといわれている。当時の主流は漢方医学であり、薬の処方がすべてだったため、支障はなかったのだ。

しかし薬は高額で、貧しい人々は容易に医者にかかることはできなかった。

そのような状況を見かね、町医者の小《お》川笙船《がわしょうせん》（赤ひげ先生）が目安箱に献策し、八代将軍の吉宗《よしむね》が設立を命じたのが、公立の医療機関・小石川養生所《こいしかわようじょうしょ》である。享保《きょうほう》七年（一七二二）のことだった。

小石川養生所は、本道（内科）・外科・眼科を備えた総合病院として誕生した。収容規模は四〇人。通院・入院ともに無料で、入院患者には衣服や布団なども無料で支給された。

そのため入所希望者はあとを絶たず、施設は常に人で溢れる状態となってしまった。

小石川養生所見取図

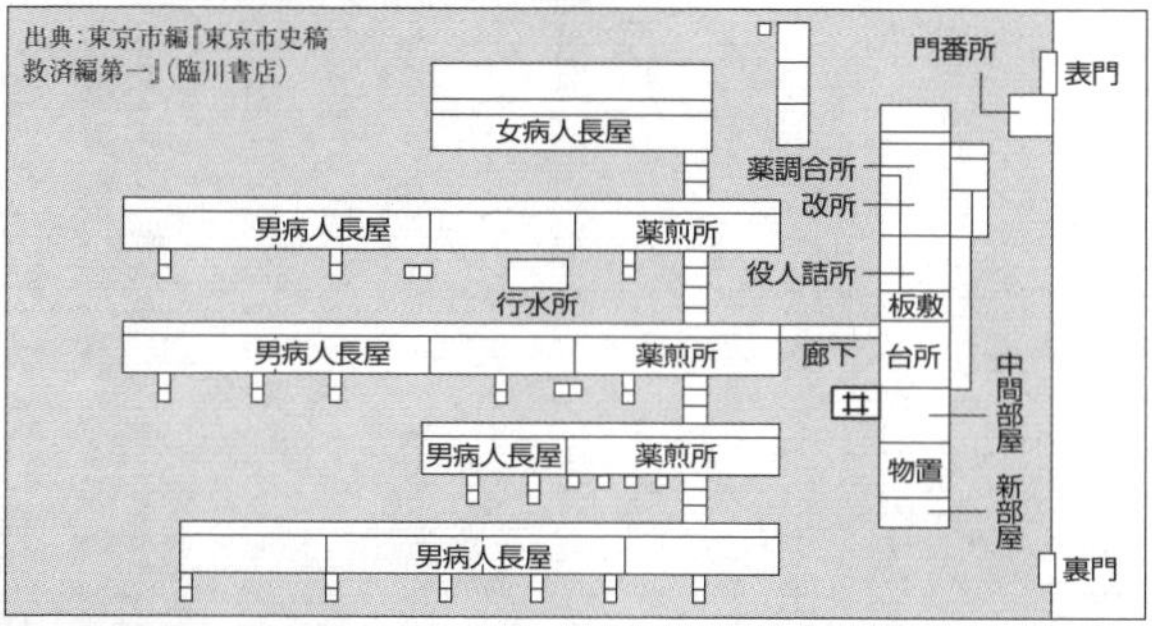

出典:東京市編『東京市史稿 救済編第一』(臨川書店)

養生所は入所希望者があとを絶たず、最終的には上掲のように拡大された。左写真はその跡地につくられた「小石川植物園」。

そこで、翌年には一〇〇人、享保十四年（一七二九）には一五〇人収容へと拡張。また、外来の対応をやめ、入院患者のみに治療を施すようになった。

享保七年から安政《あんせい》六年（一八五九）の間に、小石川養生所にかかった庶民は約三万二〇〇〇人にも及んだという。小石川養生所は多くの庶民を救い続け、幕末まで存続した。

現在その跡地は、東京大学大学院理学系研究科附属植物園（通称小石川植物園）となっている。

旅の流行

名所図会や道中記、伊勢講などによって、庶民の旅心は大いにかき立てられた！

現代同様に、江戸時代の庶民も旅行を大いに楽しんだ。

その背景として、街道の整備が進んだこと、商品流通や農業生産の発達とともに経済的に裕福な家が増えたこと、幕藩体制の安定にともなって規制が緩やかになったこと、などの理由があげられる。

関所を通るには関所手形や往来手形が必要だったが、それさえあれば国内を自由に旅行することが可能だった。

人々の旅心を煽《あお》ったのが、旅行ガイド本の存在だった。全国の名所を絵図つきで紹介した「名所図会《ずえ》」や、街道筋の距離や旅籠《はたご》の宿賃など、旅をする際に必要な情報を記した「道中記」などが数多く出版された。庶民はこれらの本を読み、旅情を大いに刺激されたのである。

とくに、全国の有名寺社や霊山を訪れる、信仰を基本とした参詣の旅が人気を集めた。参詣の旅であれば、幕府から手形が容易に発行されたことも、人気を集めた要因の一つである。

たとえば相模《さがみ》国の霊山である大山《おおやま》は、参拝すれば病気が治るという現世利益《げんぜりやく》の聖地として信仰を集め、関東一円に大山講（講については後述）が形成された。

また、伊勢神宮への参拝は「一生に一度は参拝したい」と謳われるほど人気を集めた。そして、江戸時代を通じて約六〇年周期で「御蔭参《おかげまい》り」と呼ばれる伊勢参詣ブームが到来し、宝永《ほうえい》二年（一七〇五）には三六二万人、明和《めいわ》八年（一七七一）には二〇七万人、文政《ぶんせい》十三年（一八三〇）には四二七万人もの人々が参詣したという。

伊勢神宮が全国にその信仰を広める契機をつくったのは、御師《おんし》と呼ばれる神宮の神官たちだった。

御師は全国の檀那《だんな》のもとを訪れては、そこを拠点として伊勢暦《ごよみ》というカレンダーや大麻《たいま》（お札《ふだ》）を配り歩いた。そして伊勢神宮の霊験《れいげん》を説いては、人々の参詣を促したのである。さらに伊勢参りをする人々のために駕籠《かご》や宿泊所の手配、外宮《げくう》と内宮《ないくう》の案内、豪勢な接待も行なった。こうした御師の活動があって、庶民は伊勢参りを楽しむことができたのだ。

伊勢神宮へ参拝する方法はさまざまあったが、当時、一般的だったのは伊勢講を組織することだった。「講」とは町単位、村単位で組織されることが多く、参拝のための旅費をみんなで積み立てるもの。そして毎年一度、複数の講員が「代参」し、その功徳を持ち帰ったのである。

伊勢への旅

『日本史総覧』(東京法令出版)に加筆

文政13年(1830)の「御蔭参り」のようす
(歌川広重『伊勢参宮　宮川の渡し』)

七里の渡し跡
○ 宿駅
◎ 城下町
関所
渡船
徒渡り
東海道最大の宿場町「宮宿」。熱田神宮が鎮座するこの宿場は、桑名宿と七里の渡しで結ばれていた。
東海道五十三次の四日市宿と石薬師宿の間の宿「日永の追分」。伊勢へ至る分岐点にあたり、旅籠や茶店が立ち並んだ。
美濃
近江
山城
伊賀
大和
河内
伊勢
三河
琵琶湖
七里の渡し（海路）
伊勢参宮街道
伊勢神宮
大坂
守口
枚方
淀
伏見
京都
大津
草津
守山
武佐
愛知川
高宮
鳥居本
番場
醒ケ井
柏原
今須
関ケ原
垂井
大垣
赤坂
美江寺
河渡
加納
鵜沼
太田
伏見
御嶽
細久手
大久手
大井
中津川
落合
馬籠
妻籠
三留野
石部
水口
土山
坂下
関
亀山
庄野
石薬師
四日市
桑名
名古屋
熱田（宮）
鳴海
池鯉鮒
岡崎
藤川
赤坂
御油
吉田
二川
白須賀
新居
舞坂

厳重なチェックを経て刊行！世界でも稀に見る江戸の旺盛な出版活動

初めて営利を目的とした書物が出版されたのは、寛永《かんえい》年間（一六二四〜四四）、京都においてである。一七世紀末の京都では、一万点近くもの書籍が発行されていたという。

ただし発行部数が増えると、幕府は享保《きょうほう》七年（一七二二）に「出版取締令」を公布し、出版の規定を定めた。

それによると、まず著者から預かった原稿の検閲《けんえつ》を行ない、一度試し摺りをしたのち、再び検閲を行なうことが義務づけられた。好色本や将軍家に関わるもの、出所や典拠が不確かな説を述べたものなどは固く禁じられたため、厳重なチェック体制を求められたのである。

風景や美しい女性などを描いた浮世絵の人気は高かった。とくに明和《めいわ》二年（一七六五）頃に数色もの色を重ね摺りした鈴木春信などの「錦絵《にしきえ》」が登場すると、庶民の文化として定着した。

錦絵は絵師・彫師《ほりし》・摺師《すりし》の共同作業によって制作する。絵師が描いた絵をもとに、彫師が色ごとに版木を忠実に彫り、それを摺師が摺りあげて完成である。

出版の流れ

浮世絵を販売する本屋。一番人気は役者絵だった。（歌川豊国『今様見立士農工商』国立国会図書館蔵）

❶ 原稿依頼

どんな内容の本にするのか、著者と打ち合わせを行ない、原稿執筆を依頼する。

↓

❷ 清書

著者からあがってきた原稿を版下書きに清書させる。絵が入る場合は、著者自身で描くか、画工を指定する。

↓

❸ 検閲

清書された原稿を仲間の集まりに提出し、検閲を受ける（写本改め）。重複がないか、問題がないかのチェック。

↓

❹ 板彫り

検閲済みの清書原稿を版木屋に渡す。彫師は原稿を見ながら板に文字を彫る。

↓

❺ 校正

板彫りされた原稿の校正作業を行ない、誤字・脱字を確認する。

↓

❻ 印刷

板彫りされた原稿を摺師に渡して印刷。製本は自分の店で行なうか、製本屋に依頼。

↓

❼ 検閲

摺りあがった本と元の原稿を仲間行事（世話役）に提出し、検閲を受ける。

↓

❽ 販売許可

検閲が終わると「割印之証書」が下付され、出版許可が下される。

↓

❾ 注文取り

見本刷と証書を添えた入銀帳を持ち、各地の書店を巡って本の注文を取る（上方〈かみがた〉で販売する場合は改めて許可を得る）。

浮世絵の制作過程

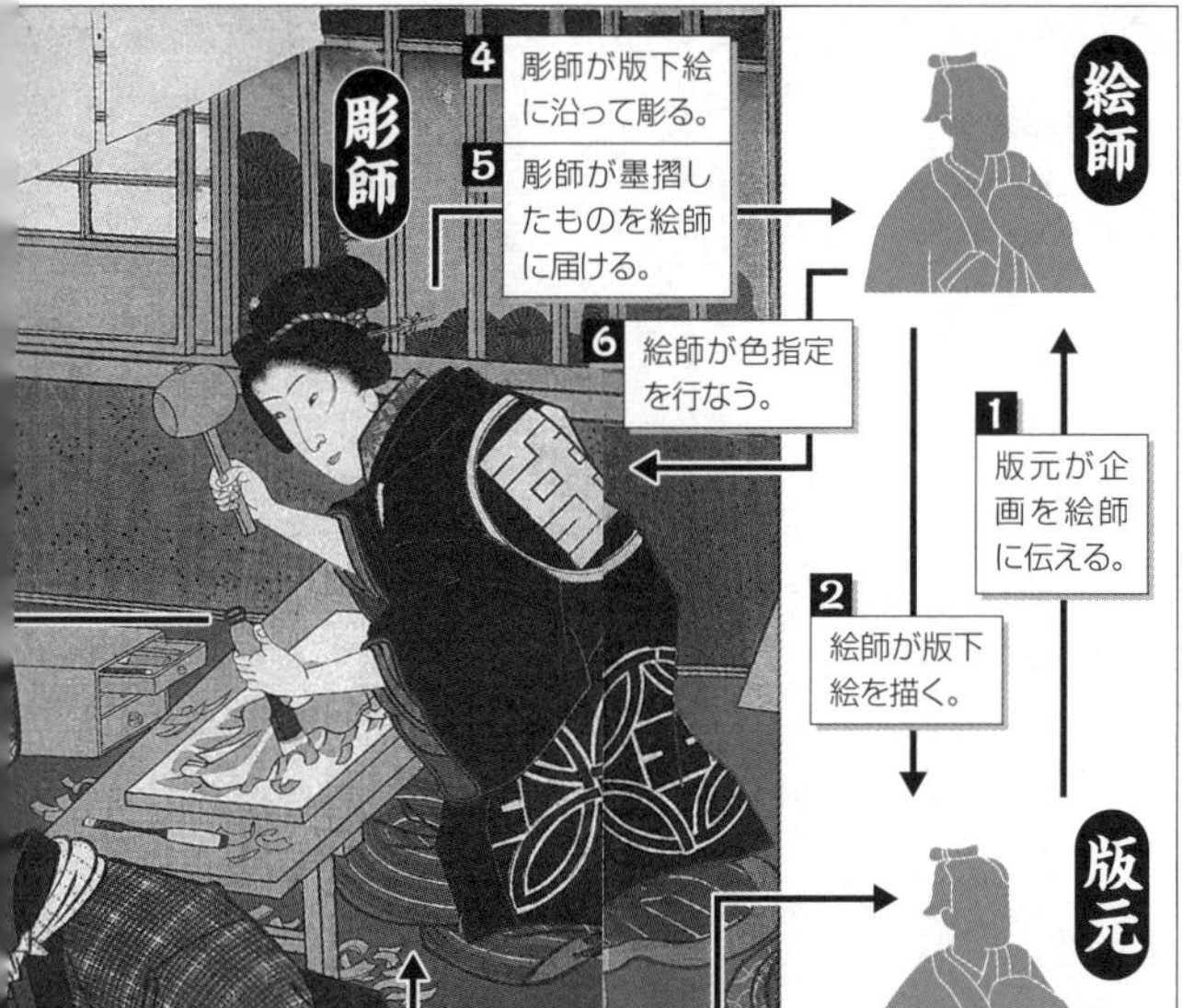

絵師
版元
絵草紙掛の名主
彫師
1 版元が企画を絵師に伝える。
2 絵師が版下絵を描く。
3 検閲を通った版下絵を彫師に届ける。
4 彫師が版下絵に沿って彫る。
5 彫師が墨摺したものを絵師に届ける。
6 絵師が色指定を行なう。

三代歌川豊国『今様見立士農工商』「職人」(部分。町田市立国際版画美術館蔵)

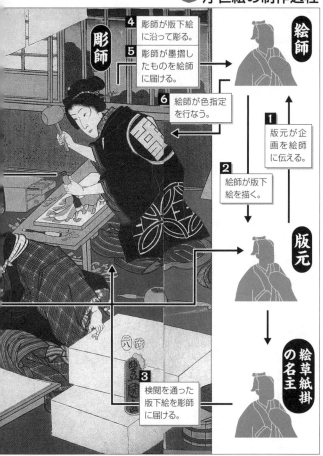

摺師
7
彫師が色版
を作成。
8
摺師が見本
刷りを摺る。
9
絵師と版元が
見本刷りを確
認する。

庶民には格式と値段が高い吉原、懐にやさしい深川や四宿の岡場所

吉原《よしわら》の遊女には、ランクがあった。位の高くない遊女と遊ぶには切見世《きりみせ》に直接行けばよかったが、高級な遊女と遊ぶには、段階を経る必要があった。

まず仲の町の引手茶屋《ひきてぢゃや》へ行き、予算や好みを伝える。そうして一席を設けるが、一度目の「初会《しょかい》」では話をすることもできなかった。お互いに顔見せをする程度でその日は終わる。それでも客は総額で五〇〇〇文《もん》（約一二万五〇〇〇円）ほどの代金を支払わねばならなかった。

次の二度目の面会「裏《うら》」でもまったく進展はないが、初会と同様の費用を払う必要があった。そして三度目、ようやくここで遊女から「馴染《なじ》み」として認められ、床入りすることができたのである。

ここまででかかる費用は約一〇両（約一〇〇万円）。庶民にとっては、夢のまた夢の世界だった。

そこで、庶民たちがこぞって通ったのが、品川・千住《せんじゅ》・内藤新宿・板橋の江戸四宿《ししゅく》をはじめとした岡場所《おかばしょ》と呼ばれる非公認の遊廓だった。最盛期には約二〇〇ヵ所もの岡場所があり、そこで二〇〇

深川七場所

岡場所のなかで、とくに栄えていたのが深川だった。全盛期には深川だけで25ヵ所もの岡場所があったといい、なかでも「深川七場所（ななばしょ）」の人気が高かった。

○人の私娼が働いていたという。

なかでも、吉原に匹敵するほどの賑わいを見せたのが、深川《ふかがわ》だった。江戸市中から見て辰巳《たつみ》（東南）の方角にあったことから、深川の岡場所で働く遊女は「辰巳芸者」とも呼ばれた。

岡場所の利点は、なんといっても値段の安さにある。高くても七〇〇文（約一万七五〇〇円）程度。安いところでは五〇文（約一二五〇円）ほどだった。

そのため岡場所には、職人や商家で働く奉公人などが気軽に足を運んだ。吉原のような堅苦しいしきたりはなかったため、庶民から圧倒的な支持を集めたのである。

庶民の結婚事情

恋愛結婚はほぼ不可能！　お見合いは、屋外で相手の女性を物陰から〝観察〟？

江戸時代は、男女ともに一三歳の頃には結婚が許されていた。

男性の場合は比較的晩婚が多かったようだが、女性の場合は、一五～一八歳までが娘盛りであり、それを過ぎれば「年増《としま》」扱いされた。二〇歳を過ぎてしまうと、「大年増」と呼ばれる始末だった。女性は二〇歳までに結婚をするのが、当たり前だったのだ。

しかし町人にとって自由恋愛はご法度《はっと》。恋愛結婚をしようものなら、「浮気な結婚」とあざ笑われてしまったのである。

では、どのように男女は知り合っていたのか。多くの場合、親戚や大家《おおや》などから縁談を持ちかけられ、見合いをした。ただし、現代のように両人が会って話し合う、というものではなかった。

元禄《げんろく》年間（一六八八～一七〇四）の頃は、茶店や神社の境内《けいだい》などが見合いの場として設定され、そこに連れられて来た女性の姿を、陰から男性が観察するというものだった。

見合いの結果、男性方が気に入れば、仲人《なこうど》を通じて扇子《せんす》を女性に渡す風習があ

江戸っ子のお見合い

あらかじめセッティングされた場所に連れて行かれた女性は、見合い相手の男性の前をさりげなく通り過ぎる。
仲人
見合い相手の女性を遠くから眺める。

鈴木春信『春信婚姻之図』（国立国会図書館蔵）

ったという。

文化・文政《ぶんせい》年間（一八〇四～三〇）になると、見合いは女性の家で行なわれるようになった。といっても、一席が設けられるのではなく、それとなく男性が女性の家を訪れ、品定めをしたのである。

話がうまくまとまれば、現代と同様、媒酌人《ばいしゃくにん》が立てられ、結納《ゆいのう》・輿入《こしい》れが行なわれる。婚礼の儀式は迎え入れる側の自宅で行なわれるのが基本だった。

ただし、相手のことをよく知らずに結婚するため、離婚や再婚は当たり前だった（三行半《みくだりはん》→230ページ参照）。なかには七〇回以上、離婚と結婚を繰り返した女性もいたという。

離婚の方法①

結婚は簡単だが離婚は面倒！離縁状「三行半」をめぐる夫婦の駆け引き

江戸時代、結婚するときはとくに婚姻届を提出する必要もなく、気軽に夫婦になることができた。ただし、離婚するのがたいへんだった。幕府の法により、離婚する際には離縁状が必要だと定められていたからである。

もし離縁状なく離婚した場合は、夫婦ともに罰せられた。また、離縁状を持たずに女が再婚した場合は、重婚罪・姦淫《かんいん》罪に問われたのである。

離縁状は、一般に「三行半《みくだりはん》」と呼ばれる。離婚する理由、のち誰と再婚してもかまわない、といったことを三行半にわたって書き記したことから、その名がつけられた。いわば、三行半は再婚許可証でもあった。

文字が書けない者は、文章の代わりに「鎌と椀」の絵を書いた。すなわち「かまわん」という意味である。ただし、三行半は夫が書く必要があった。

一般に、江戸時代の離婚は夫が妻を追い出すことが多かったと思われがちであるが、実態はそうではなかった。

夫側には、なかなか離婚に応じられな

江戸の離縁状「三行半」

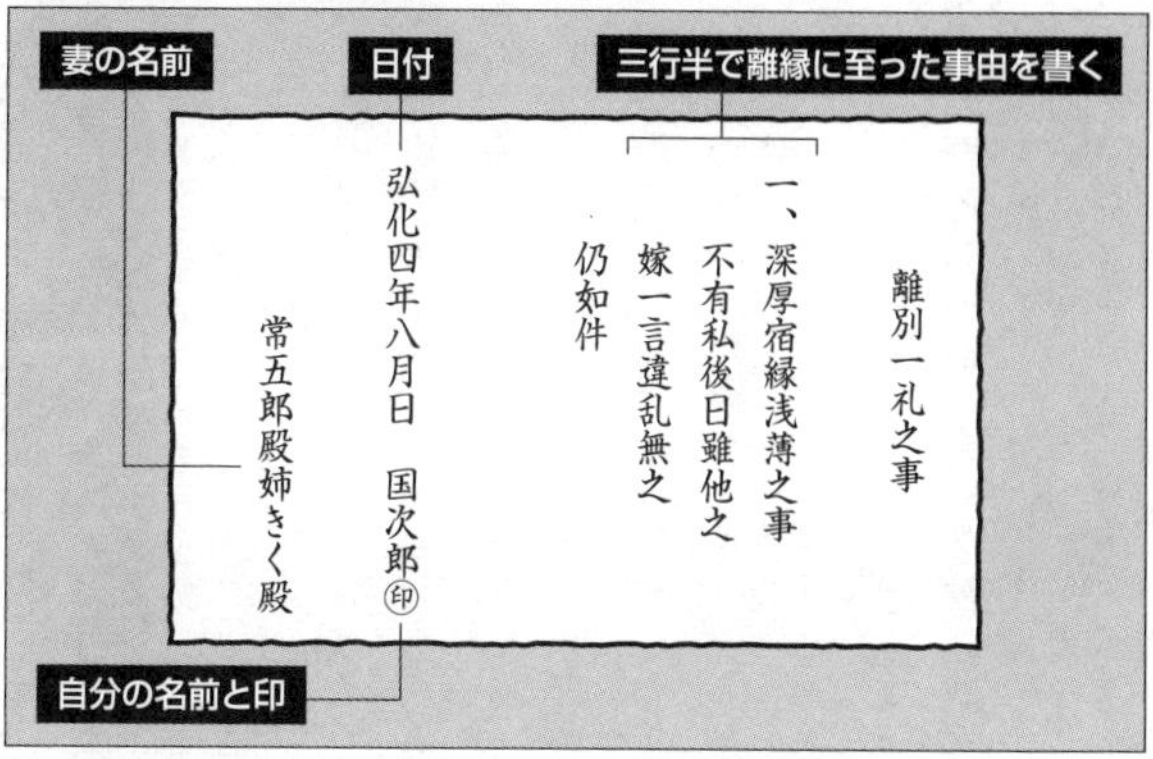

離縁するときは夫から妻へ「三行半」と呼ばれる離縁状が渡された。

い理由があった。たとえば妻が持参金とともに嫁いできたとき、夫側から離婚する場合はそれを返す必要があった。また、妻に去られた夫は甲斐性《かいしょう》なしと見なされ、再婚することも難しかったのだ。

このような理由から、夫側はなかなか三行半を書こうとしなかった、というのが実情だったのである。

しかし妻としてはこれでは困る。三行半がなければ再婚できないからである。

そこで妻は、無理やり夫に三行半を書かせ、それをもぎ取っていった。なかには、最初から離婚を想定し、「先渡し離縁状」を夫に書かせたうえで結婚するという、たくましい女性もいたようだ。

離婚の方法②

どうしても離婚したい妻の最終手段は、「縁切寺」への強行駆け込み！

離婚は「三行半《みくだりはん》」（230ページ参照）によって成立したが、なかには妻が離婚を望んでも、夫が応じない場合もある。

当時、妻から離婚を申し出ることができたのは、「夫が重罪を犯す」、「夫が一〇ヵ月以上失踪する」、「実家に帰って数年間、夫からの連絡がない」というケースのみだった。

それ以外の理由では、たとえ夫に不行跡があったとしても、世間的には離婚が認められなかったのである。

夫が三行半を書かない場合、妻は代官所や武家屋敷に駆け込んで離婚を訴え出るということもあった。

それでも離婚できないときは、縁切寺《えんきりでら》へ駆け込むという強行手段に出た。幕府公認の縁切寺は、鎌倉の東慶寺《とうけいじ》と上州《じょうしゅう》新田《にった》（群馬県）の満徳寺《まんとくじ》の二つがあった。

妻が縁切寺へ向かえば、それを阻止すべく夫が追いかけてくるのが常だった。もし妻が寺へ入る直前で捕まってしまっても、その前に妻の持ち物、たとえば草履《ぞうり》やかんざしなどを寺の敷地内に投げ入れれば、寺に入ったと見なされた。

2ヵ所あった縁切寺

満徳寺

鎌倉時代の開基と伝わる。江戸中期以降、幕府から縁切寺として公認された。檀家をもたず、徳川家の庇護のもと成り立っていたため、江戸幕府が瓦解すると、満徳寺も立ち行かなくなり、明治5年（1872）、廃寺となった。

東慶寺

鎌倉時代の創建。代々尼僧が住職をつとめた。豊臣秀頼の娘で、2代将軍秀忠の養女となった20世天秀尼が家康から縁切寺として認可を受けたことで、江戸時代を通じてその特権を維持した。明治6年（1873）にその役割を終え、禅寺となっていまに至る。

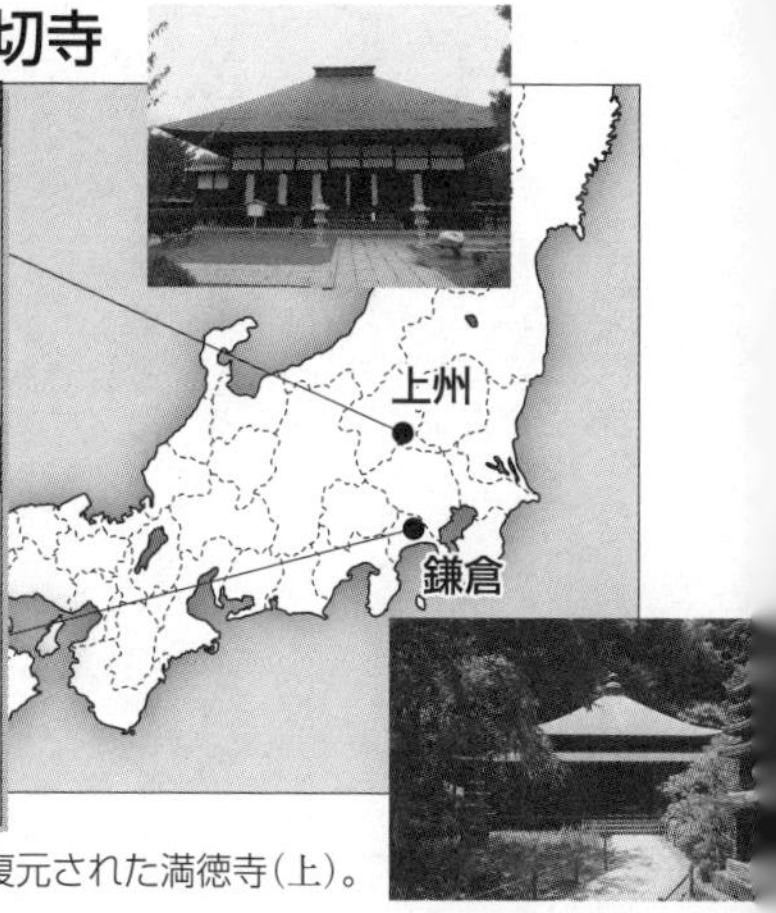

現在も残る東慶寺（右）と復元された満徳寺（上）。

妻が寺の敷地内に入ったと見なされれば、夫は寺へ入ることができず、むやみに連れ戻すことはできなかった。

ただし、妻が無事に駆け込んでも、それで離婚が成立するわけではなく、寺側が双方の事情を聞いたうえで、調停を行なった。晴れて離婚が成立したときは、夫が三行半を書いて妻に渡した。

もし調停で離婚が成立しない場合は、妻はそのまま尼として寺で生活する。満徳寺では三年間、東慶寺では二年経過すれば離婚が成立したのである。

江戸は女性の〝売り手市場〟であり、再婚先はいくらでもあったので、縁切寺は気軽に利用されていたようだ。

庶民の教育機関

江戸時代の教育インフラを担った、世界でも稀な「寺子屋」の初等教育網！

江戸時代は、知識層に限らず、一般庶民の識字率も高かった。泰平の世が続いて経済が発達し、あらゆる階層の人々に読み書きや計算の基本能力が求められたためだ。

庶民の初等教育は、全国に自然発生的に広がった寺子屋《てらこや》という私塾が担った。

寺子屋の名は、鎌倉時代、僧侶が寺院に子どもたちを集め、読み書きを教えたことに由来するという。「手習い」「手跡《しゅせき》指南《しなん》」とも呼ばれ、江戸時代末期には、全国で六万以上の寺子屋が存在していたといわれている。

寺子屋では、一般的に「読み・書き・そろばん」を教えていた。時間は朝五ツ（午前八時頃）から昼八ツ（午後二時頃）まで。その間の昼九ツ（午後〇時頃）に昼食時間があった。

寺子屋によって、教育内容には違いがあった。たとえば商人の子がよく集まる寺子屋では、商用文の読み書きのために崩し字を教えていたという。女子には裁縫を教えるなど、花嫁教育を施すところもあったようだ。

寺子屋の年別開業数

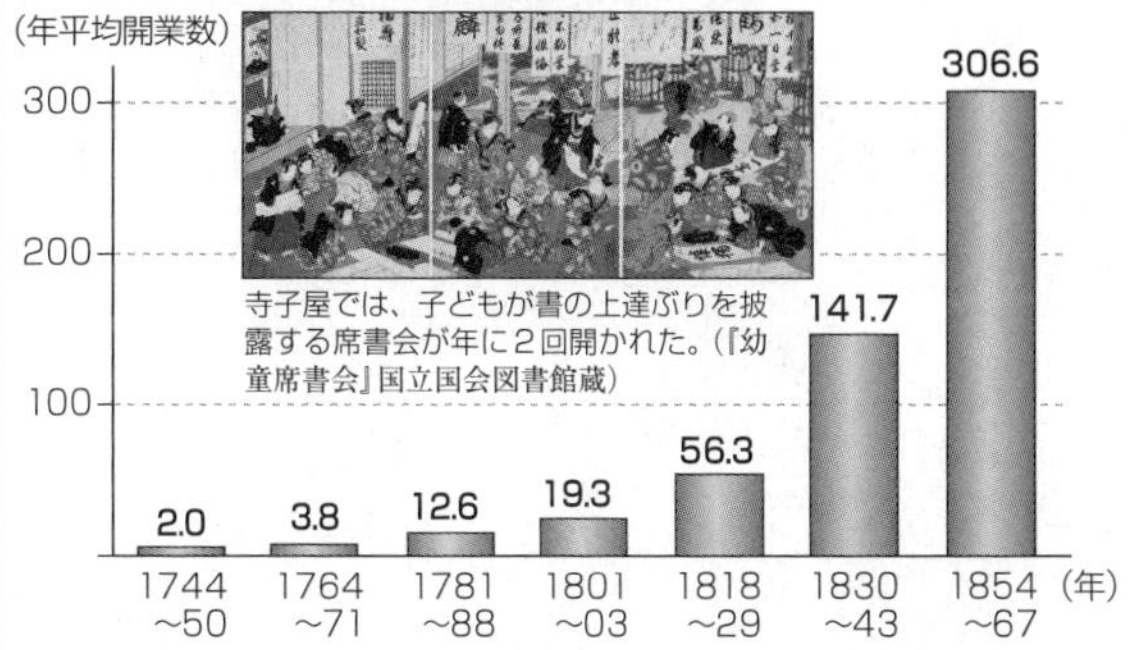
（年平均開業数）
300
200
100
2.0
3.8
12.6
19.3
56.3
141.7
306.6
1744 ～50
1764 ～71
1781 ～88
1801 ～03
1818 ～29
1830 ～43
1854 ～67
（年）

寺子屋では、子どもが書の上達ぶりを披露する席書会が年に２回開かれた。（『幼童席書会』国立国会図書館蔵）

出典：『国史大事典』（吉川弘文館）

当初、都市部を中心として成立した寺子屋は、その後、地方にまで普及。19世紀以降、全国的に寺子屋の数が増大した。

また、寺子屋に通う子どもたちの年齢は七歳から一四歳と、一律ではなかった。そのため、一人ひとりに合わせた個別カリキュラムが組まれていたことも大きな特徴である。

授業料は、どのようになっていたのだろうか。

寺子屋には入学時の束脩《そくしゅう》（礼金）と月並銭（月謝）を納める必要があったが、寺子屋によってその金額は異なっていたようだ。

また、各家の経済状況に合わせて金額を決めていたため、たとえ貧しい家の子どもでも、教育を受けることができるようになっていたのである。

【主な参考文献】

『ハンコの文化史―古代ギリシャから現代日本まで』新関欽哉、『近世日本の人口構造―徳川時代の人口調査と人口状態に関する研究』関山直太郎、『江戸上水道の歴史』伊藤好一、『新しい江戸時代が見えてくる「平和」と「文明化」の２６５年』大石学、『江戸時代の医師修業―学問・学統・遊学』海原亮、『江戸時代の身分願望―身上りと上下無し』深谷克己、『大江戸八百八町と町名主』片倉比佐子、『日本随筆大成第3期』、『国史大事典』（以上、吉川弘文館）／『事典しらべる江戸時代』林英夫・青木美智男編、『絵で見る江戸の女たち』原田伴彦・遠藤武ほか、『絵図でさぐる武士の生活1　職制・儀礼』『絵図でさぐる武士の生活2　生活・文化』『図録近世武士生活史入門事典』武士生活研究会、『大江戸闇黒街―八百八町の犯罪と刑罰』重松一義、『図説江戸の下級武士』高柳金芳（以上、柏書房）／『お江戸の意外な生活事情―衣食住から商売・教育・遊びまで』中江克己、『目からウロコの江戸時代―風俗・暮らしのおもしろ雑学』武田櫂太郎、『江戸人の老い』氏家幹人、『娯楽都市・江戸の誘惑』安藤優一郎、『幕末維新なるほど人物事典』泉秀樹（以上、ＰＨＰ研究所）／『なぜ、江戸の庶民は時間に正確だったのか?』『本当に江戸の浪人は傘張りの内職をしていたのか?』山田順子（以上、実業之日本社）／『なぜ、地形と地理がわかると江戸時代がこんなに面白くなるのか』大石学監修（洋泉社）、『時代劇・時代小説が１００倍面白くなる　なるほど!大江戸事典』山本博文、『日本の歴史12　江戸開幕』藤井譲治（以上、集英社）／『まちかどの芸能史』村上紀夫（解放出版社）／『サラリーマン武士道―江戸のカネ・女・出世』山本博文、『江戸武士の日常生活』柴田純、『江戸城のトイレ、将軍のおまる』小川恭一、『江戸グルメ誕生―時代考証で見る江戸の味―』山田順子、『大江戸えころじー事情』『実見江戸の暮らし』『江戸っ子は虫歯知らず?―江戸文化謎解き編』石川英輔（以上、講談社）／『トイレ考・屎尿考』ＮＰＯ日本下水文化研究会屎尿研究分科会編（技報堂出版）／『江戸の風呂』今野信雄、『一日江戸人』杉浦日向子（以上、新潮社）／『ビジュアルＮＩＰＰＯＮ　江戸時代』山本博文監修、『ビジュアル・ワイド　江戸時代館第2版』竹内誠監修、『一目でわかる江戸時代―地図・グラフ・図解でみる』竹内誠監修、『日本歴史大事典4』、『道具が証言する江戸の暮らし』前川久太郎、『大江戸しあわせ指南　身の丈に合わせて生きる』石川英輔、『大江戸なんでもランキング』中田節子、『江戸の食文化　和食の発展とその背景』原田信男（以上、小学館）／『化粧ものがたり―赤・白・黒の世界』高橋雅夫、『図説庶民芸能・江戸の見世物』古河三樹、『江戸時代の交通と旅』、『御家人の私生活』高柳金芳（以上、雄山閣）『会津藩校日新館と白虎隊』早乙女貢、『楽しく読める　江戸考証読本（一）将軍様と町人編』『楽しく読める　江戸考証読本（二）大江戸八百八町編』『楽しく読める　江戸考証読本（三）大名と旗本編』稲垣史生、『江戸逸話事典』逸話研究会編、『江戸時代「生活・文化」総覧』西山松之助、『江戸大名廃絶物語』『歩きたくなる大名と庶民の街道物語』新人物往来社編（以上、新人物往来社）／『絵が語る　知らなかった江戸の暮らし　庶民の巻』『絵が語る　知らなかった江戸の暮らし　武士の巻』本田豊、『大江戸復元図鑑　庶民編』『大江戸復元図鑑　武士編』笹間良彦（以上、遊子館）／『階層別・江戸の暮らしがわかる本』竹内誠監修（成美堂出版）／『街道で読み解く日本史』宮田太郎監修、『図説世界があっと驚く　江戸の元祖エコ生活』菅野俊輔監修、『江戸人と歌舞伎　なぜ人々は夢中になったのか』田口章子監修、『図説見取り図でわかる！　江戸の暮らし』中江克己（以上、青春出版社）／『岩波日本史辞典』、『日本近世社会の市場構造』大石慎三郎（以上、岩波書店）／『教科書には出てこない江戸時代　将軍・武士たちの実像』山本博文（東京書籍）／『近世賃金物価史史料』小柳津信郎（成工社出版部）／『江戸三〇〇年「普通の武士」はこう生きた―誰も知らないホントの姿』八幡和郎・臼井喜法

主な参考文献

（KKベストセラーズ）／『江戸と江戸城』内藤昌（鹿島出版会）／『江戸のなりたち3　江戸のライフライン』追川吉生（新泉社）／『江戸の化粧―川柳で知る女の文化』渡辺信一郎、『長崎を識らずして江戸を語るなかれ』松尾龍之介、『士農工商1　武士・官吏』奈良本辰也監修、『参勤交代道中記―加賀藩史料を読む―』忠田敏男（以上、平凡社）／『江戸の冠婚葬祭』中江克己（潮出版社）／『江戸の教育力』高橋敏、『現代語訳　武士道』新渡戸稲造著、山本博文翻訳（以上、筑摩書房）／『江戸の教養　遊びと学び』大石学編（角川学芸出版）／『江戸の刑罰』石井良助（中央公論社）／『江戸の寺子屋入門―算術を中心として』佐藤健一編（研成社）／『江戸の社会と御免富―富くじ・寺社・庶民―』滝口正哉（岩田書院）／『江戸の女と恋愛観』有澤真理、『武士は禿げると隠居する　江戸の雑学サムライ篇』山本博文（以上、双葉社）／『江戸の銭と庶民の暮らし』吉原健一郎（同成社）／『江戸の旅と出版文化―寺社参詣史の新視角』原淳一郎（三弥井書店）／『江戸びとの情報活用術』中田節子（教育出版）／『江戸を知る事典』加藤貴編、『江戸衣装図鑑』菊地ひと美、『江戸城　その全容と歴史』西ヶ谷恭弘、『日本服飾史』増田美子編、『徳川幕府事典』竹内誠編、『日本史小百科　武道』二木謙一、加藤寛ほか編、『日本史小百科　学校』海原徹、『日本史小百科　遊女』西山松之助編（以上、東京堂出版）／『江戸を読む技法』山本博文（宝島社）／『江戸時代日本の家―人々はどのような家に住んでいたか』大岡敏昭（相模書房）／『江戸時代のお触れ』藤井讓治（山川出版社）／『史上最強カラー図解　江戸時代のすべてがわかる本』大石学編（ナツメ社）／『江戸時代の歴史』原田伴彦（明石書店）／『江戸時代人と動物』塚本学（日本エディタースクール出版部）／『江戸時代制度の研究』松平太郎（武家制度研究会）／『江戸時代役職事典』川口謙二・池田孝ほか（東京美術）／『江戸美味い物帖』平野雅章（廣済堂出版）／『ふるさと東京　江戸風物誌』佐藤高（朝文社）／『江戸厠百姿』花咲一男（三樹書房）／『三井財閥とその時代』堀江朋子（図書新聞）／『史料が語る　江戸の暮らし122話』『史料が語る　江戸期の社会実相一〇〇話』日本風俗史学会編（以上、つくばね舎）／『面白いほどよくわかる江戸時代　社会のしくみと庶民の暮らしを読み解く！』山本博文監修（日本文芸社）／『小松菜と江戸のお鷹狩り　江戸の野菜物語』亀井千歩子（彩流社）／『笑ってなっとく　絵解き江戸の常識50選』西田知己（東洋書店）／『色恋江戸の本　知らなくてもいい面白話』板坂元編（同文書院）／『江戸風物詩　史実にみる庶民生活』川崎房五郎（桃源社）／『図解江戸城をよむ　大奥　中奥　表向』深井雅海（原書房）／『図説江戸の学び』市川寛明、石山秀和、『図説大奥の世界』山本博文、『図説浮世絵に見る江戸っ子の一生』『図説浮世絵に見る江戸吉原』佐藤要人監修、『江戸の性』中江克己、『風俗江戸東京物語』岡本綺堂（以上、河出書房新社）／『図解・江戸の暮らし事典』河合敦、『図説大江戸さむらい百景』渡辺誠、『図説江戸1　江戸城と将軍の暮らし』『図説江戸2　大名と旗本の暮らし』『図説江戸3　町家と町人の暮らし』平井聖監修、『図説江戸4　江戸庶民の衣食住』『図説江戸5　江戸庶民の娯楽』『図説江戸6　江戸の旅と交通』『図説江戸7　江戸の仕事づくし』竹内誠監修、『図説江戸8　大江戸捕物帳』秋山忠弥監修、『幕末大全上巻　黒船来航と尊攘の嵐』（以上、学研パブリッシング）／『切腹　日本人の責任の取り方』山本博文（光文社）／『早わかり江戸時代』河合敦、『超雑学読んだら話したくなる江戸・東京の歴史と地理』安藤優一郎（以上、日本実業出版社）／『続・江戸町人の生活』今戸栄一編、『甦る江戸文化　人びとの暮らしの中で』西山松之助（以上、日本放送出版協会）／『大江戸を遊ぶ　「のむ・うつ・かう」の風俗百科』渡辺誠（三修社）／『大江戸災害ものがたり』酒井茂之、『藩校　人を育てる伝統と風土』村山吉廣（以上、明治書院）／『大日本貨幣史別巻』大蔵省編（歴史図書社）／『大名の日本地図』中嶋繁雄（文藝春秋）／『地図で読み解く江戸・東京　江戸の暮らしが見えてくる』江戸風土研究会著、津川康雄監修（技術評論社）／『徳川将軍家と鷹狩り』（徳川記念財団）／『日本商業史』横井時冬（金港堂）／『日本人の住まい　生きる場のかたちとその変遷』宮本常一（農山漁村文化協会）／『日本人の心　武士道入門』山本博文（中経出版）

本書は、本文庫のために書き下ろされたものです。

知的生きかた文庫

図解《ずかい》！ 江戸時代《えどじだい》

著　者　「歴史ミステリー」倶楽部（れきしみすてりーくらぶ）
発行者　押鐘太陽
発行所　株式会社三笠書房
〒102-0072 東京都千代田区飯田橋3-3-1
https://www.mikasashobo.co.jp
印　刷　誠宏印刷
製　本　若林製本工場

ISBN978-4-8379-8374-3 C0130

本書へのご意見やご感想、お問い合わせは、QR コード、
または下記 URL より弊社公式ウェブサイトまでお寄せください。
https://www.mikasashobo.co.jp/c/inquiry/index.html

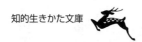

知的生きかた文庫

日本は外国人にどう見られていたか
「ニッポン再発見」倶楽部

幕末・明治期に日本にやって来た外国人たちは、何を見、何に驚き、何を考えたのか？　彼らが残した膨大な文献のなかから、興味深い記述を厳選紹介！

地図で読む日本の近現代史
「歴史ミステリー」倶楽部

なぜ日本は領土問題を多く抱えているのか？　なぜ日本国憲法は戦争を放棄したのか？——日本の近現代史を知れば、ニュースがより深く理解できる！

地図で読む幕末・維新
「歴史ミステリー」倶楽部

教科書では絶対に伝わらない、最高に熱く濃密な「この時代」の魅力を、地図情報とチャートで多角的に再現！　こんなにもわかりやすい「幕末・維新」！

地図で読む日本の歴史
「歴史ミステリー」倶楽部

こんな「新しい視点」があったのか！　市街地図、屋敷見取り図、陣形図……あらゆる地図を軸に、日本史の「重大事件」に迫る！　歴史の流れがすぐわかる！

書き替えられた日本史
「歴史ミステリー」倶楽部

鎌倉幕府の成立は1192年ではない？　聖徳太子の事績は虚構!?　最古の貨幣は「富本銭」？　…いつの間にか変わった「日本史の常識」を徹底解説！

C50266